Elisabeth Dreisbach, Ich aber meine das Leben

ELISABETH DREISBACH

Ich aber meine das Leben

CHRISTLICHES VERLAGSHAUS GMBH
STUTTGART

3. Auflage 1984

Umschlagfoto: Fotokunst-Verlag Groh, München
Gesamtherstellung: Druckhaus West GmbH, Stuttgart
ISBN 3-7675-7028-9

»Was, Sie leben noch?«

Verwundert blickte ich die Frau an, die soeben das Erholungsheim betreten hatte, um hier einige Tage auszuspannen. Sie mochte empfinden, daß sie mir eine Erklärung schuldig war, und fuhr fort: »Ich dachte, Sie seien schon gestorben. Aber ich freue mich natürlich, daß Sie . . .« Nun war unser Gast sichtlich verlegen.

Ich versuchte, der Frau darüber hinwegzuhelfen: »Nicht wahr, Sie haben gemeint, Schriftsteller, deren Bücher man vielleicht schon vor etlichen Jahren gelesen hat, müßten bereits tot sein.«

Sie errötete, bestätigte aber meine Vermutung: »Ja, so etwa ist es. Wie schön, daß ich Sie nun persönlich kennenlerne. Seien Sie mir nur nicht böse wegen meiner ungeschickten Worte.«

»Aber nein, wie sollte ich Ihnen deshalb böse sein!«

»Wissen Sie, ich bin nur eine einfache Frau. Und da kann einem so etwas schon passieren.«

Es war nicht das erstemal, daß ich etwas Ähnliches erlebte – und jedesmal freute ich mich, daß ich noch am Leben war und noch Gelegenheiten hatte, meine Aufgaben zu erfüllen – vielleicht – das hoffte ich sehr – noch Bücher schreiben und im Dienste Gottes stehen zu können.

Es war einige Zeit später. Mein Mann und ich lebten schon im Ruhestand. Wir saßen am Frühstückstisch. Die Postbotin hatte gerade etliche Briefe gebracht. Bevor wir gemeinsam unsere Morgenandacht hielten, öffnete mein Mann die Umschläge, schob mir die an mich gerichteten Briefe zu und begann einen für ihn bestimmten Brief zu lesen. Plötzlich sah ich, wie er stutzte und den Kopf schüttelte. »Ich möchte nur wissen, wie die Leute auf so etwas kommen.«

Er sah meinen erstaunten Blick und fuhr fort: »Hör

nur, was ein mir völlig fremder Mensch schreibt: Ich habe erfahren, daß Ihre Frau gestorben ist und möchte Ihnen mein tiefempfundenes Beileid aussprechen . . .« Es folgten noch einige wohlmeinende Trostworte. Einen kurzen Augenblick sahen mein Mann und ich uns an. Dann zog über unsere Gesichter ein frohes Lächeln. Über den Frühstückstisch hinweg reichten wir uns die Hände – es bedurfte keiner Worte. Jeder von uns wußte, was im Herzen des anderen vorging: Gott sei Dank, wir dürfen noch beisammen sein! Dieser gemeinsame Dank kam auch in der darauffolgenden Morgenandacht zum Ausdruck.

Das Gerücht über mein Sterben war wohl daher gekommen, weil man erfahren hatte, daß ich wegen meines kranken Herzens ins Krankenhaus mußte. Aber ich lebte – und lebe noch heute, und das bedeutet, weitere Aufträge zu haben.

Als ich im Krankenhaus lag, nahm ich mir vor: Wenn ich wieder hergestellt bin, werde ich ein Buch schreiben, das den Titel haben soll: Die letzte Wegstrecke.

Nicht, daß ich lebensmüde gewesen wäre – aber es ist naheliegend und verständlich, daß ernste Krankheitsnöte Gedankengänge wachrufen, denen man in Zeiten der Gesundheit weniger Raum gibt. Dennoch muß ich von mir sagen, daß ich mich schon in den Tagen meiner Kindheit und dann mein ganzes Leben lang oft mit dem Tod beschäftigt habe. Nun, da ich vom Alter her wirklich auf der letzten Wegstrecke bin, tue ich's immer bewußter.

Aber was heißt schon letzte Wegstrecke? Hängt das unbedingt mit dem Alter oder Älterwerden zusammen? Mir fällt gerade in dieser Zeit auf, wie viele Todesanzeigen vom Sterben junger Menschen berichten. Ganz abgesehen von den vielen schrecklichen Unglücksfällen, bei denen Männer und Frauen im besten Alter und oft auch Kinder und Jugendliche dahingerafft werden.

Aus diesen Erwägungen heraus wurde mir klar, daß mein neues Buch nicht den Titel tragen dürfe: Die letzte Wegstrecke. Da fiel mir eines Nachts der Titel zu, der in mir eine große Freude auslöste: *Ich aber meine das Leben.*

Wiederholt bin ich gebeten worden, eine Fortsetzung des Buches »Als flögen wir davon« zu schreiben. Es ist das Buch, in dem ich aus meinem persönlichen Leben erzähle. Ich war damals sechzig Jahre alt, als ich es schrieb, und meinte, es als einen gewissen Abschluß meiner schriftstellerischen Tätigkeit betrachten zu müssen. Wenn nun dieses neue Buch erscheinen wird und Gott mich gesund erhält, habe ich bereits mein fünfundsiebzigstes Lebensjahr vollendet. Welch eine Gnade! Und was alles habe ich in den dazwischenliegenden fünfzehn Jahren erlebt! Wie vielen Menschen bin ich begegnet! Manche gaben mir Einblick in ihr Leben. Mir selbst wurde in der Abenddämmerung meines Daseins noch das Glück der Zweisamkeit geschenkt. Ich habe geheiratet und lebe nun mit meinem Mann im sogenannten Ruhestand. Vierzehn Bücher sind von mir seit der Vollendung meiner Autobiographie erschienen. Das hätte ich damals wirklich nicht zu hoffen gewagt.

Nun darf ich noch einmal ein neues Buch beginnen. Ich möchte darin manche meiner Lebenserfahrungen weitergeben – nicht, weil ich glaube, Außergewöhnliches schildern zu können, sondern aus tiefer Dankbarkeit gegenüber Gott, der mir, je älter ich werde, immer größer erscheint. Ihm habe ich unendlich viel zu danken! Darum ist es mein Wunsch, daß alles, was ich hier niederschreibe, für meine Leser zum Segen wird. Auch über den Tod und das Sterben möchte ich meine Gedanken zum Ausdruck bringen – aber immer meine ich dabei das Leben.

Eigenartig, meine allererste Kindheitserinnerung hängt mit dem Tod und mit den Tränen meiner Mutter zusammen. Das war anläßlich der Beerdigung meiner kleinen Schwester, die schon als Säugling starb. Wir lebten damals in Hamburg, wo auch ich geboren wurde. Wir fuhren zum Friedhof. Ich saß auf dem Schoß meiner Mutter in einer Droschke. Mein Vater, der vierzig Jahre lang als Offizier im evangelistischen Dienst der Heilsarmee stand, hielt selbst die Beerdigung seines Töchterchens. Unvergeßlich ist mir das stille Weinen meiner Mutter. Unvergeßlich aber bleibt mir auch ihre Antwort, als ich später fragte: »Wo ist Deborah jetzt?«

»Beim Heiland«, erwiderte sie. Irgendwie bedeutete mir das Trost, obgleich ich damals noch nicht hätte zum Ausdruck bringen können, wie sehr ihre Antwort bei allem Schmerz von Zuversicht erfüllt war.

In jener Zeit sang meine Mutter mit uns damals noch kleinen Kindern – keines von uns besuchte schon die Schule – Lieder, die von Himmelssehnsucht erfüllt waren. Sie prägten sich tief in mein Kinderherz ein. Ich habe sie bis zum heutigen Tag nicht vergessen:

Fort, fort, mein Herz, zum Himmel!
Fort, fort, zum Himmel zu!
In diesem Weltgetümmel
ist für dich keine Ruh.
Wo Gottes Lämmlein weidet,
ist eine Stätt bereitet:
Da, da ist deine Ruh;
fort, fort, zum Himmel zu.

Oder das andere Lied:

Wer weiß den Weg nach der oberen Stadt?
Habe das Treiben hier unten so satt.
Die Gassen beflecket, nur blutiger Streit,
in Mauern verstecket sich giftiger Neid.
Droben in Zion endet der Schmerz.
Ach, nur nach Zion sehnt sich mein Herz!

Man mag die Frage stellen und Bedenken äußern, ob diese Texte passend sind für Kinder, ob sie die jungen Herzen nicht beschweren. Ich muß das verneinen. Der tiefe Glaube unserer Eltern und die innige Verbundenheit mit Gott prägten unser Familienleben, in dem solche Gedankengänge nicht nur einen bestimmten Raum einnahmen, sondern bewußt gepflegt wurden.

Doch war es nun keinesfalls so, daß ich fröhlich ans Sterben gedacht habe. Der Gedanke an den Tod hat mir immer Furcht, ja, Grauen eingeflößt. Noch heute bin ich skeptisch, wenn Menschen so leichthin sagen: »Ich fürchte mich nicht vor dem Tod!« Gewiß, ich bin davon überzeugt, daß uns die Todesfurcht genommen werden kann durch den, der den Tod besiegt hat: Christus. Von daher liebe ich auch das schlichte Gebet von Paul Gerhardt:

Wenn ich einmal soll scheiden,
so scheide nicht von mir,
wenn ich den Tod soll leiden,
so tritt du dann herfür;
wenn mir am allerbängsten
wird um das Herze sein,
so reiß mich aus den Ängsten,
kraft deiner Angst und Pein.

Ohne ihn sind wir nicht imstande, dem Tod furchtlos ins Auge zu sehen. Er wird ja in 1. Korinther 15, 26 auch der letzte Feind genannt, der vernichtet werden soll. Außerdem sollten wir wissen, daß bei der Schöpfung des Menschen das Sterben nicht vorgesehen war. Erst nach dem Sündenfall wurde es über die Ungehorsamen verhängt. Darum schreibt Paulus in Römer 6, 23: *»Der Tod ist der Sünde Sold.«* Unter Sold verstehen wir hier Bestrafung. Also: Der Tod ist die Folge der Sünde, des Abfalls von Gott. Ist es da nicht natürlich, daß wir uns vor ihm fürchten?

Über dem Abschnitt der Bibel, aus dem dieses Wort entnommen ist, steht die Überschrift: Das neue Leben. In seinen letzten Versen wird deutlich ausgesprochen, daß das Ende der Ungerechten, der Gottlosen, der Tod ist. Dann aber heißt es weiter: *»Nun ihr aber seid von der Sünde frei und Gottes Knechte geworden . . . das Ende aber ist ewiges Leben« (Römer 6, 22).*

Davon soll hier die Rede sein, trotz des Wissens über den Tod, fröhlich und überzeugt.

In unserer Familie haben wir oft das Lied gesungen:

Heimatland, Heimatland, o wie schön bist du!
Herzinnig sehn' ich mich
nach dir und deiner ewgen Ruh.
Die Welt ist meine Heimat nicht,
mein Herze ist nicht hier.
O Heimat, über'm Himmelszelt,
mein Herze ist bei dir!

Schon als Kind hatte ich beim Singen immer so etwas wie ein schlechtes Gewissen. Das stimmte doch gar nicht! Ich sehnte mich keineswegs nach der ewigen Ruhe der Heimat über dem Himmelszelt. Wie schön war es hier auf der Erde, die ich entgegen dem, was in dem Lied zum Ausdruck kam, als meine Heimat empfand. Wenn ich von einem Todesfall hörte oder auch an einer Beerdigung teilnahm, etwa beim Tod einer Schulkameradin, dann fragte ich mich: Warum weinen sie jetzt alle? Wenn es im Himmel so viel schöner ist als hier auf Erden, dann müßten sie sich doch freuen und weiße Kleider anziehen und nicht die traurigen schwarzen Gewänder. Irgend etwas stimmt da doch nicht!

Und doch betete ich manchmal am Abend in meinem Kinderbett: »Lieber Gott, laß mich in dieser Nacht noch nicht sterben!« Ja, vielleicht gemeinsam mit Vater und Mutter, meinen drei Brüdern – aber diesen Weg mußte ja doch jeder allein gehen! Das war mir schon damals bewußt. Trotz allem Draufgängertum und Unternehmungsgeist, der mich erfüllte, war ich immer ein ängstliches Kind.

Obgleich ich nur ungern ans Sterben dachte, hätte ich die sehnsuchtsvollen Himmelslieder meiner Mutter doch nicht missen mögen. Sie hüllten mich mit meiner Angst gleichsam in einen schützenden Mantel.

Vor allem war ich mir nicht sicher, ob ich vor Gott bestehen könnte wenn ich vor seinem Angesicht zu erscheinen hatte. Zwar wollte ich immer ein gutes Kind sein, aber mit dem Gehorsam gegenüber meinen Eltern haperte es oft. Und wenn mich meine drei Brüder reizten, wehrte ich mich sehr heftig. Nein, man konnte mich nicht unbedingt friedliebend und verträglich nennen. In der Schule war ich oft vorlaut und unruhig. Zu den Streichen, die meine Geschwister anstellten, ließ ich mich leicht verleiten, anstatt sie zum Guten zu mahnen. In Berlin habe ich das Geld, das wir im Kindergottesdienst in das Kollektenkörbchen einlegen sollten, ebenso wie meine Brüder einmal dazu verwandt, den Heimweg nicht zu Fuß zurückzulegen, sondern mit der Pferdedroschke zu fahren. Das kostete damals 10 Pfennig. Ich war auch dabei und habe mich nicht zurückgehalten, als meine Brüder einer alten Frau, die drei Hunde ausführte, herzlos »Hundemutter« nachschrien. O ja, ich wußte ganz genau, daß ich kein braves Kind war, obgleich ich mir immer wieder große Mühe gab und darüber Tränen vergoß, weil es mir so oft nicht gelang. Kein Wunder, daß ich als Schulkind am Abend immer wieder dachte, obgleich unsere Mutter vor dem Schlafengehen bereits mit uns gebetet hatte: Ich will lieber noch einmal beten, falls ich diese Nacht sterben muß. Irgendwie wollte ich die Gunst des lieben Gottes durch ein nochmaliges Gebet erkaufen.

Ich war noch im Kindesalter, als mich schon die letzten Worte Sterbender interessierten. »Was hat er oder sie noch gesagt?« fragte ich. Wie sehnte sich mein junges Herz danach, auch einmal so sterben zu können wie mein junger, noch nicht zwanzigjähriger Onkel, von dem uns meine Mutter erzählte, daß er triumphierend in die ewige Welt Gottes gegangen sei. Zu den Anwesenden im Sterbezimmer hatte er mit leuchtenden Augen gesagt: »Jetzt kommt Jesus mit den Engeln, mich zu holen. Ja, Herr, ich bin bereit!«

So war ich immer hin und her gerissen von Todesangst und Himmelssehnsucht.

Es gibt Menschen, die es nicht ertragen, daß man in ihrer Gegenwart vom Sterben redet. Sie vermeiden es auch möglichst, über einen Friedhof zu gehen. Und doch ist nichts so sicher wie der Tod. Schon oft habe ich in meinen Vorträgen, Andachten oder Predigten gesagt: Die bewußte Beschäftigung mit dem Tod hilft, in rechter Weise zu leben. Man handelt, redet, schweigt, urteilt und reagiert anders, wenn man weiß, daß das Leben hier auf Erden begrenzt und der Tod nicht das letzte ist.

»Woher wollen Sie das wissen?« hat man mich oft gefragt. »Sind Sie dessen so sicher?«

Ich kann darauf nur mit Worten der Bibel antworten:

»Es ist dem Menschen gesetzt, einmal zu sterben, und danach das Gericht.«

Ist es nicht letztlich der Gedanke an das kommende Gericht, das dem Menschen Angst vor dem Sterben einflößt? Oder ist es das Fremde, das Nichtwissen? Keiner, der gestorben ist, konnte je ins Leben zurückkehren und berichten, was er erlebt hat. Vom Diesseits ins Jenseits kann man auch nicht zu zweit oder mehrere zugleich gehen, selbst wenn Menschen im gleichen Augenblick abgerufen werden. Diese Wegstrecke muß jeder alleine zurücklegen. Ob darin nicht auch der Grund aller Todesfurcht liegt?

Mir ist vor Jahren der Gedanke an das kommende Gericht in einem gänzlich neuen Licht erschienen, ja, in einem wunderbaren Licht. Da sagt Jesus in Johannes 5, 24: *»Wahrlich, wahrlich, ich sage euch: Wer mein Wort hört und glaubet dem, der mich gesandt hat, der hat das ewige Leben und kommt nicht in das Gericht, sondern er ist vom Tode zum Leben hindurchgedrungen.«*

Ich hatte dieses Wort schon oft gelesen. Aber als mir dafür die Augen aufgetan wurden, als ich seine Größe erfaßte, da war es mir, als hätte ich ein unbeschreiblich herrliches Geschenk empfangen. Muß bei dieser Zusage Christi nicht alle Todesfurcht in einem Augenblick von uns weichen? Eine große, unsagbare Freude erfüllte mein Herz, und immer, wenn wieder einmal die Angst vor dem Sterben nach mir greifen will, muß ich mir nur dieses Wort ins Gedächtnis zurückrufen, und ich werde still und froh. Das ist in der Tat Leben und nicht Tod.

Ewiges Leben beginnt ja nicht erst im Jenseits, sondern schon hier auf Erden und wird in geheimnisvoller Weise dem geschenkt, der an Jesus Christus glaubt und sein Leben ihm unterstellt. Ewiges Leben ist nicht abhängig von unseren guten Werken, sondern ein Geschenk der Gnade Jesu Christi für den, der an ihn und an sein für uns vollbrachtes Opfer glaubt.

Dieses Wissen verändert die Situation vollständig. Ich muß mich nicht in mühevollem Tun anstrengen, um mir den Himmel zu verdienen, sondern er ist mir bereits geschenkt. Tod, wo ist dein Stachel? Hölle, wo ist dein Sieg? Die Annahme dieses Geschenks verpflichtet zum Dank, den ich durch völlige Hingabe meines Lebens an Gott zum Ausdruck bringen kann.

Unlängst erzählte mir eine Dame vom Sterben ihrer Mutter. »So möchte ich auch einmal aus dieser Welt gehen«, sagte sie. »Ich war dabei, als sie die Augen für immer schloß. Sie ist wirklich würdig gestorben.«

Würdig sterben! Wer von uns möchte das nicht? Aber ist das in unsere Hand gegeben? Gewiß, der eine ist vielleicht tapferer als der andere. Es gibt Menschen, die von Natur aus viel Mut haben und unerschrocken sind. Aber reicht das aus, um würdig sterben zu können? Bringt eine solche Aussage nicht eine gewisse Selbstsicherheit zum Ausdruck, die ein Mensch, der, belastet mit körperlichen Nöten, dem letzten Augenblick entgegensieht, kaum noch aufzubringen vermag? Kann man erwarten, daß jemand, der unter heftiger Atemnot oder großen Schmerzen leidet, noch soviel Willenskraft aufbringt, um in Würde zu sterben? Ich meine, wenn wir im Vertrauen auf Gottes Barmherzigkeit dem Tod getrost ins Angesicht blicken können, dann ist das Gnade und Gottes Geschenk an uns. Wir können nichts Besseres tun, als zu beten: Mein Gott, ich bitt' durch Christi Blut, mach's nur mit meinem Ende gut. Nichts hab' ich zu bringen – nicht einmal Würde – alles, Herr, bist du!

Kurz bevor die schwedische Schriftstellerin Clara

Nordström starb, schrieb sie mir mit ihrer noch immer klaren und sehr harmonischen Schrift einen Brief, in dem es unter anderem heißt: ». . . Ich liege auf meinem letzten Lager und warte auf den Abruf. Ich habe keine Angst. In mir ist ein tiefer Friede und ein großer Dank.«

Wer ihre Bücher – »Bengta« und andere, vor allem aber jenes, in dem sie aus ihrem Leben erzählt – gelesen hat, der weiß, was diese hochbegabte und doch so kindlich gläubige Frau alles durchlitten hat. Ihr ganzes Leben war Kampf. Auf die Höhen der Freude und des Glücks wurde sie ebenso geführt wie durch Tiefen namenlosen Leides und größter Enttäuschung. Nur durch die Kraft ihres kindlichen und doch so großen Glaubens war sie imstande, durchzuhalten. In wunderbarer Weise durfte sie unter den Lasten reifen, die sie innerlich trug.

Ein alter katholischer Priester war ihr letzter Seelsorger. Er wurde ihr auf der letzten Wegstrecke zur großen Hilfe. Er geleitete sie auch zu Grabe und sprach dort von dem wunderbaren Frieden, der von ihrem Kranken- und Sterbebett ausgegangen war.

Ein anderes Erlebnis: Ich besuchte eine mir bekannte ältere Dame, die ich viele Jahre nicht gesehen hatte. Wir wußten uns manches von den Erlebnissen der vergangenen Jahre zu berichten, vor allem von den wunderbaren Führungen Gottes. Freudig bekannten wir, daß es sich lohnt, Jesus Christus nachzufolgen, dessen Wort im Wechsel der Zeiten das einzig Beständige sei.

Diese Dame erkrankte. Sie lebte bei ihrem Sohn, einem Arzt, der sie auch betreute. Obgleich es ihr an nichts fehlte, was das Leben angenehm machen konnte, wurde ihre Himmelssehnsucht immer stärker. »Wann darf ich denn endlich heimgehen?« fragte sie fast täglich ihren Sohn, wenn er nach ihr schaute.

»Wenn Gottes Stunde für dich da ist«, antwortete er, der ebenfalls ein bewußter Christ ist. Eines Morgens fand er seine Mutter in Tränen aufgelöst.

»Nun habe ich gestern abend so gemeint, meine letzte Stunde sei gekommen oder ich darf in dieser Nacht heimgehen – und nun bin ich immer noch da. Wie lange dauert es denn noch?«

»Hab Geduld, Mutter!« tröstete sie der Sohn. »Es ist sicher bald soweit, dann darfst du heimgehen.« Kurz darauf starb sie.

Werden wir da nicht unwillkürlich an das Lied erinnert, das in früheren Jahren so oft gesungen wurde und das man heute leider kaum noch hört:

Laßt mich gehn, laßt mich gehn,
daß ich Jesum möge sehn;
meine Seel ist voll Verlangen,
ihn auf ewig zu umfangen
und vor seinem Thron zu stehn.

Es gibt aber auch andere Erlebnisse. Vor einiger Zeit besuchte ich eine achtzigjährige Dame, eine hochintelligente, liebenswerte Frau. Sie leidet schon länger an einer schmerzhaften Krankheit. Ich war kaum in ihrer Wohnung, da sagte sie mir: »Wenn ich nur schon tot wäre. Am liebsten würde ich in den nächsten Minuten umfallen und nicht mehr zu mir kommen. Oft bewege ich in mir den Gedanken an Selbstmord.«

Als ich daraufhin mit ihr über das Leben nach dem Tode sprach, sagte sie: »Daran glaube ich nicht, und ich wünsche auch nicht, in einer anderen Welt weiterzuleben.«

Ich wünsche es nicht! Ist hierfür unser Wünschen und Wollen maßgebend? Für uns Christen kommt doch nur das in Frage, was die Bibel sagt. Viele Stellen sprechen unzweideutig von dem, was nachher kommt.

Wie klar und tröstlich spricht Jesus von dem Zukünftigen: »*Euer Herz erschrecke nicht! Glaubet an Gott und glaubet an mich. In meines Vaters Hause sind viele Wohnungen. Wenn's nicht so wäre, würde ich dann zu euch gesagt haben: Ich gehe hin, euch die Stätte zu bereiten? Und wenn ich hingehe, euch die Stätte zu bereiten, so will ich wieder kommen und euch zu mir nehmen, damit ihr seid, wo ich bin« (Johannes 14, 1–3)*. Menschen, die mit Christus rechnen, wissen von dieser lebendigen Hoffnung und leben ihr entgegen.

Vor mir liegt eine Todesanzeige. Ein Mann, in der Mitte des Lebens, ein hochbegabter Musiker, ist gestorben. So sehr uns diese Nachricht erschüttert hat, so froh waren wir gleichzeitig über das, was wir von seinem Heimgang hörten. Als er sein Ende nahen fühlte, und seine Frau noch mit ihm gebetet hatte, kam über seine Lippen der Name, von dem uns die Schrift sagt, daß in keinem anderen Heil sei. Dreimal sprach er ihn aus: Jesus!

Wenn seine Gattin auf die Todesanzeige den Vers setzen ließ: *Ich will den Herrn loben allezeit. Sein Lob soll immerdar in meinem Munde sein,* so sehe ich darin ein deutliches Zeichen dafür, daß sie erkannt hat, wie wunderbar trotz aller vorausgegangenen körperlichen Not das Sterben ihres Mannes war, der sich als Letztes mit Jesus Christus befaßte. Wer so stirbt, der stirbt wohl. Und: »*Wer den Namen des Herrn anrufen wird, der soll errettet werden« (Joel 3, 5).*

Ich habe mich oft mit jenem Mann beschäftigt, von dem uns in der Leidensgeschichte Jesu erzählt wird. Wir begegnen ihm, nachdem Jesus bereits ausgelitten hatte: Joseph von Arimathia, ein frommer Ratsherr, der auch ein Jünger Jesu war, allerdings heimlich, weil er sich vor den Juden fürchtete. Er wartete auf das Reich

Gottes, heißt es von ihm in der Schrift. Dieser Mann bat Pilatus um den Leichnam Jesu, nachdem dieser am Kreuz gestorben war. Er beteiligte sich auch an der Kreuzesabnahme. Zu ihm gesellte sich Nikodemus, ein Mitglied des Hohen Rates, der einmal in der Nacht zu Jesus gekommen war, um ihn nach den Geheimnissen des Reiches Gottes zu fragen – also auch ein Wartender. Fürchteten die beiden vorher, sich öffentlich zu diesem Jesus von Nazareth zu bekennen, so war es ihnen nun ein Herzensanliegen, wenigstens dem toten Herrn einen Liebesdienst zu erweisen. Sie nahmen ihn vom Kreuz. Auf den Bildern sieht man dabei auch noch Johannes, der als einziger der zwölf Jünger Jesu bei ihm ausgehalten hatte, und einige Frauen, unter ihnen Maria, die Mutter des Heilands.

Joseph von Arimathia hatte sich ein Felsengrab gekauft, ein neues Grab, in dem noch kein Toter gelegen hatte. Wie oft mag er dort vor dieser Gruft mit dem Gedanken gestanden haben: Hier also werde ich einmal liegen. Sicherlich hat er sich auch mit der Frage beschäftigt: Und dann? Ist damit alles aus? Was für einen Sinn hat das Leben, wenn plötzlich alles ausgelöscht ist? Oder geht es doch noch weiter? Vielleicht hat er sich auch gefragt, nachdem er sein Grab Jesus überlassen hatte, wo er nun für sich ein neues Grab finden würde.

Und dann kam nach drei Tagen die unfaßliche Kunde: Das Grab ist leer. Jesus liegt nicht mehr dort, wo man ihn hingelegt hat. Er, Joseph von Arimathia, eilte zu der Felsenhöhle und stand fassungslos davor. Die verschiedenen Aussagen drangen an sein Ohr: Seine Jünger haben den Leichnam gestohlen! Engel sind gesehen worden, und die Frauen, die bei der Kreuzigung ausgehalten hatten und bei der Grablegung zugegen waren, behaupten sogar, dem Herrn selbst begegnet zu sein und ihn gesprochen zu haben. Ist so etwas zu glauben? Jesus soll von den Toten auferstanden sein?

Joseph von Arimathia stand kopfschüttelnd vor seinem leeren Grab. Wie gerne würde er es bejahen, daß der Herr lebt. Hat man davon nicht auch schon gehört, daß er oft vor seinem Tod seinen Jüngern gesagt habe, es würde Außergewöhnliches geschehen? Doch hier war nun das leere Grab!

Vielleicht hatte der fassungslose Mann inzwischen Gelegenheit gehabt, Petrus und Johannes zu sprechen oder sonst einen, der dabei war, als Jesus plötzlich trotz der verschlossenen Türen im Kreise seiner Jünger stand und sie grüßte: »Friede sei mit euch!« Er lebte also wirklich?

Immer wieder stand Joseph von Arimathia vor dem leeren Grab. Aber er empfand plötzlich kein Schaudern, keine Angst mehr. Irgendwie war das nicht mehr dasselbe Felsengrab. Jesus war hindurchgegangen. Vielleicht hätte der einsame Mann es nicht vermocht, es in Worten auszudrücken, was in ihm vorging. Wenn dem so war, daß dieser Nazarener lebte, dann hatte er mit seiner Auferstehung auch diesem Grab den Schrecken des Todes genommen. War damit nicht auch ihm die Gewißheit gegeben, daß er auferstehen würde?

Wie gut kann ich die Gedankengänge des Mannes aus Arimathia verstehen. Ja, so ist es. Der auferstandene Herr ist durch seine Auferstehung auch durch unser Grab hindurchgegangen und hat ihm die Schrecken des Todes genommen! Wer an mich glaubt, sagt Jesus, der wird leben, ob er gleich stürbe.

Sowohl Joseph von Arimathia als auch Nikodemus gehörten zu denen, die auf das Reich Gottes warteten. Auf das Warten, auch auf unsere Erwartung kommt es letztlich an. Worauf warten wir?

Ich wurde unlängst gebeten, im Laufe einer Freizeit für Senioren über das Thema zu sprechen: Mit frohem Herzen alt werden. Vor dreißig Jahren hätte ich nicht gewagt, darüber zu reden. Man muß selber erst auf der absteigenden Linie des Lebens sein, um diese Gedankengänge bewußt zu bewegen. Alt werden möchten wir alle, aber alt sein will keiner. Anläßlich dieses Referats stellte ich auch dort die Frage: Worauf warten wir?

Ein junger Mensch wartet anders als ein älterer. Planung, Zielsetzung und Wünsche sind voller Hoffnung.

»Worauf soll ich denn noch warten?« fragt resigniert manch alter oder auch nur älter gewordener Mensch. Ehe, Familie, Besitz, Erfolg, Geld und Gut – alles bekommt ein anderes Gesicht, wenn die Lebenskräfte schwinden, wenn körperliche Schwäche die Pläne durchkreuzt und man einfach nicht mehr kann, wie man will.

Man muß nur einmal versuchen, in den Gesichtern älterer Menschen zu lesen. Wieviel Freud- und Hoffnungslosigkeit, wieviel Resignation begegnet einem da. In der Tat, man sieht unter ihnen wenig wirklich frohe Menschen. Ihr oft stumpfer Gesichtsausdruck scheint zu fragen: Was bleibt mir? Was hat mir das Leben noch zu bieten? Wohl habe ich mein Auskommen, ich leide keine Not, aber sonst? Wer braucht mich noch? Wer wartet auf mich? Wem bedeute ich noch etwas? Natürlich gibt es auch andere Männer und Frauen, die aus ihrem Leben noch etwas machen, die ihre Hände nicht tatenlos in den Schoß legen. Sie freuen sich an ihren Kindern und Enkeln. Sie pflegen Verbindungen mit der Nachbarschaft, lieben die Natur. Sie teilen ihren Tag sinnvoll ein und finden genügend Gelegenheiten, hier und da nützlich zu sein. Aber ein großer Prozentsatz älterer Leute scheint nichts mehr vom Dasein zu erwarten. Kann man das überhaupt noch Leben nennen? Gleicht es nicht mehr einem Dahinvegetieren? Worauf warten wir? Ein Mensch, in dem alles Warten erloschen ist, lebt stumpfsinnig dahin.

Allerdings hat man heute auch bei jungen Menschen oft den Eindruck, daß sie auf nichts mehr warten und schon in ihrer Jugend vom Leben enttäuscht sind. Ob es daher kommt, daß sie sich vieles vorwegnehmen, wozu sie noch gar nicht reif sind – aus der unbestimmten Angst heraus, das Leben könnte an ihnen vorbeigehen?

In Lukas 2 wird uns von zwei Menschen erzählt, die ebenfalls wie Joseph von Arimathia und Nikodemus zu den Wartenden gehörten. Der eine ist Simeon, von dem wir nicht mit Sicherheit sagen können, daß er schon ein alter Mann war. Die Maler haben ihn gewöhnlich als solchen dargestellt, vielleicht aus dem Grunde, weil er, nachdem er das Jesuskind auf den Armen seiner Mutter als den erwarteten Messias erkannt hatte, die Worte ausrief: *»Herr, nun lässest du deinen Diener im Frieden fahren, wie du gesagt hast; denn meine Augen haben deinen Heiland gesehen« (Lukas 2, 29).* Das also war die Sehnsucht und das Ziel seines Lebens gewesen, den von Gott gesandten Erlöser der Menschheit zu erkennen. – Da diese Erwartung nun erfüllt war, wußte er, daß ihm nichts Größeres mehr begegnen konnte. Nun war er bereit, im Frieden heimzugehen. Also auch er, Simeon, gehörte zu den Wartenden. Wir wissen über ihn und sein Wesen nur wenig. Aber das, was uns davon gesagt wird, ist für ihn bezeichnend: Er war fromm, gottesfürchtig und wartete auf den Trost Israels, und der Heilige Geist lebte in ihm. Wie könnte es anders sein, als daß ein solcher Mensch von dem rechten Warten erfüllt ist? Ich kann mir nicht vorstellen, daß auf seinem Gesicht Resignation zu lesen war oder daß seine Augen freudlos blickten.

Es gibt auch in unserer Zeit Menschen, die durch dieses von Gott gewirkte Warten geprägt sind. Man kann sie Segensträger, Boten des Friedens und der Freude nennen. Ob wir zu ihnen gehören?

Im gleichen Kapitel wird uns auch von Hanna berichtet, einer Witwe von nahezu 84 Jahren. Sie lebte im Tempel und diente Gott mit Fasten und Beten. Man bedenke: eine Frau in diesem Alter! Was heißt das wohl, wenn von ihr gesagt wird: *Sie kam nimmer vom Tempel.* Das will doch sagen, daß sie im Hause Gottes daheim war, daß sie Gott zugewandt lebte und nach all den Erfahrungen ihres Erdendaseins nichts so sehr wünschte als dies, ihre ganze Zeit in der Gemeinschaft mit Gott zuzubringen. Sie gehörte zweifellos zu denen, die das Wort Gottes ernstnahmen, das in Psalm 32, 8 steht: *»Ich will dich mit meinen Augen leiten.«* Das aber setzt voraus, Auge in Auge mit Gott zu leben. Welch ein großes Wort!

Als Maria und Joseph das Kind Jesus nach damaliger Sitte in den Tempel trugen, um es Gott darzubringen, trat auch Hanna hinzu. Über sie, die ebenfalls Wartende, kam das große Erkennen: Er ist der Messias! Und sie pries und lobte Gott *und redete von ihm zu allen, die auf die Erlösung Jerusalems warteten (Lukas 2, 38).*

Auch hier ist keine Altersresignation, keine Hoffnungslosigkeit, sondern Freude am Herrn, die bis ins hohe Alter ihre Stärke ist.

Wenn ich sage, daß es älteren Leuten besonders schwerfällt, etwas loszulassen, dann weiß ich das aus eigener Erfahrung. Ich würde es sonst nicht wagen, solches zu behaupten. Die Erkenntnis, ich kann nicht mehr so wie früher oder ich soll und darf nicht mehr so leben, wie ich es bisher gewohnt war, will nur schwer in uns eingehen.

Der eine muß sich von seinem Beruf trennen, an dem er mit ganzem Herzen hing. Der andere muß sich von irgendwelchen Liebhabereien, etwa Gartenarbeit, Wandern oder Sport lösen, weil sein Gesundheitszustand es fordert und der Arzt ihm den Rat gibt: Machen Sie langsam! Schonen Sie sich! Dieses »Sich–schonen« kann einen geradezu aufregen. »Soll ich denn etwa die Hände in den Schoß legen? Dann kann man mich gleich begraben!«

Wie schwer mag es beispielsweise manchem Landwirt fallen, seinen Hof dem Sohn zu übergeben, wenn er es kräftemäßig nicht mehr schafft, ihn zu bewirtschaften. Und wie mag er daran schlucken müssen, wenn dieser oder die Schwiegertochter ihn ermahnen: »Vater, laß das! Es ist zuviel oder zu schwer für dich! Du weißt doch, daß dich der Arzt gewarnt hat.« Nein, viele junge Menschen können nicht verstehen, was Vater oder Mutter empfinden, wenn sie »ausgeschaltet« werden. Es geht auch ohne sie, mögen sie noch so sehr in ihrem Innern meinen, daß sie selbst, die sie mehr Erfahrung haben, es doch viel besser könnten als die Jungen. Manchmal gibt es dann harte, lieblose Worte; denn nicht immer ist der ältere Mensch imstande, in der Weisheit des Gereiften zu schweigen.

Loslassen, das will gelernt sein. Ich erinnere mich gut, wie über meinen von Natur aus zu Frohsinn veranlagten Vater es fast wie Schwermut kam, als er sich schon mit sechzig Jahren pensionieren lassen mußte. Die Ärzte rieten ihm wegen seines Herzleidens, in den Schwarzwald zu ziehen und sich möglichst zu schonen. Nur dann könne er seiner Familie noch erhalten bleiben. Er hatte einen Herzinfarkt gehabt. Damals war das noch nicht ein so allgemein bekannter Begriff wie heute. Lange Zeit hatte er im Krankenhaus gelegen und sich nicht erholen können. Liegend war er dann mit dem Zug von Essen nach Karlsruhe und von dort aus im Krankenauto nach Herrenalb gebracht worden, wo mein ältester Bruder ganz in der Nähe des Waldes eine Wohnung für die Eltern eingerichtet hatte. In den fast vierzig Jahren im Dienst der Heilsarmee hatten meine Eltern keine eigenen Möbel besessen. Alle paar Jahre wurden sie versetzt und kamen jedesmal in vollständig eingerichtete Dienstwohnungen. Es wäre viel zu kostspielig und umständlich gewesen, bei den vielen Versetzungen jedesmal die Möbel transportieren zu müssen. Uns Kindern gefiel das sehr gut. In jeder neuen Wohnung fanden wir eine andere Einrichtung vor – einmal sehr einfach, das andere Mal mehr unseren Vorstellungen und Wünschen entsprechend. Nun aber bezogen meine Eltern zum erstenmal eine Wohnung mit eigenen Möbeln. Dafür stellte ihnen die Heilsarmee eine bestimmte Summe zur Verfügung. Viel war es nicht, aber die Eltern waren gewöhnt zu sparen und hatten im Dienst für Gott nie persönliche Ansprüche gestellt. Sie wußten ja, nachdem sie sich als junge Menschen diesem Werk zur Verfügung stellten, daß sie ein einfaches Leben gewählt hatten. Nie konnten sie sich Sonderwünsche leisten.

Nun also gab es eigene Möbel! Mein Vater war viel zu krank, als daß er sie nach eigener Wahl hätte aussuchen können. Meine Mutter konnte ihn in jener Zeit nicht verlassen. So schickten sie das für Möbel bestimmte Geld kurz entschlossen dem ältesten Sohn, der damals in Pforzheim tätig war, und beauftragten ihn, die Wohnungseinrichtung zu kaufen. Es war schon für alle ein

Ereignis. Diese Möbel waren nun das Eigentum unserer Eltern. Nein, es waren wirklich keine teuren Möbel, aber wir fanden sie alle schön und waren darüber glücklich. In jener Zeit waren wir Geschwister schon alle berufstätig und kamen nur besuchsweise nach Hause.

Aber trotz der schönen Wohnung, trotz der herrlichen Gegend und der guten Schwarzwaldluft lag über meinem Vater ein Schatten. Dann und wann kam sein Humor wieder zum Vorschein. Er war nie ein Kopfhänger gewesen und bemühte sich nun, das Schöne und Beglückende der augenblicklichen Lage zu sehen und sich daran zu freuen. Freundlich stimmte er meiner Mutter zu, wenn sie einen bunten Wiesenstrauß nach Hause brachte und ihn fragte: »Ist der nicht schön?«

»Doch, Mama, wunderschön!«

Oder wenn meine Mutter fragte: »Hörst du das Flöten der Amsel auf der Spitze des Lindenbaumes?«, dann nickte er. »Ja, ich höre es.«

Wann hatte er in Berlin oder Hamburg, in Königsberg oder Leipzig aus solcher Nähe eine Amsel jubilieren hören? Dennoch drückte ihn das Heimweh nach seiner Arbeit in den Großstädten, wo er sich ein Leben lang um die Alleingelassenen und Gestrandeten gekümmert hatte. Da halfen kein noch so schöner Waldspaziergang und kein bunter Wiesenstrauß oder Vogelgesang.

Das Loslassen fiel ihm unsagbar schwer. Um meiner Eltern willen gab ich damals meinen Dienst in der Heilsarmee auf, in der auch ich zehn Jahre lang als Leiterin von Missionsstationen tätig gewesen war, und zog zu ihnen nach Herrenalb. Ich wollte meiner Mutter beistehen, wenn es das Leiden des Vaters erforderte.

Wie oft habe ich ihn besorgt angeblickt. Ich sah, daß er litt. Nein, er wollte nicht undankbar sein! Ihm ging es – äußerlich gesehen – so gut wie seit Jahren nicht. Die Pension war zwar nicht üppig, aber sie reichte aus. Sein Gesundheitszustand hatte sich gebessert, und im Schwarzwald gewann er neue Freunde. Aber er konnte es einfach nicht verwinden, daß er seine geliebte Arbeit frühzeitig hatte aufgeben müssen. Erst als man ihn verschiedentlich in Herrenalb bat, einen Gottesdienst in der Kapelle der Evangelischen Gemeinschaft zu übernehmen oder dann und wann auch eine Bibelstunde in der etwa eineinhalb Stunden entfernten Filialgemeinde Loffenau, wich wenigstens stundenweise der Schatten von seinem Gesicht.

Bald fühlte er sich wieder soweit erholt, daß er meinte, eine Evangelisationsreise in verschiedenen Städten Deutschlands durchführen zu können. Er wollte so gerne noch einmal die alten, ihm liebgewordenen Arbeitsplätze aufsuchen. Seit seiner Eheschließung war er es gewöhnt gewesen, daß meine Mutter an seiner Seite mit ihm tätig war. Die Heilsarmee bietet der Frau die gleichen Möglichkeiten wie dem Mann. Als Divisionsoffiziere (Distriktsleiter) mußten unsere Eltern viele Reisen unternehmen. Doch diesmal konnte meine Mutter ihn nicht begleiten.

Ich hatte zu jener Zeit in Herrenalb gerade mein erstes Kinderheim eröffnet und meine Eltern zu mir in das Heidehaus genommen. Wir standen in der Aufbauarbeit. Meine Mutter glaubte, mir zur Seite stehen zu müssen und bat meinen Vater, die Reise nicht gerade jetzt zu unternehmen. Aber er ließ sich nicht halten. Zu sehr sehnte sich sein »heimwehkrankes Herz« danach, wenigstens für einige Wochen die geliebte Arbeit tun zu können. Sehr ermattet kehrte er zurück. Es war für ihn wohl doch zu anstrengend gewesen. Als man ihn wenige Tage später erneut bat, einen Gottesdienst in Herrenalb zu übernehmen, sagte er freudig zu, ohne zu ahnen, daß es sein letzter Dienst für Gott sein würde. Er starb während des Gottesdienstes. Wir konnten ihn gerade noch von der Kanzel an den Platz meiner Mutter führen, wo er in ihren Armen seinen letzten Atemzug tat. Ohne Kampf, ohne Zittern und Zagen ging er in die andere Welt, während die Gemeinde in tiefer Ergriffenheit das Lied anstimmte: »Gott ist getreu!«

Zwei Tage vorher hatte er mit mir über seinen Tod gesprochen: »Ich glaube, daß er bei mir einmal sehr schnell kommen wird. Es ist nicht der Gedanke ans Sterben, der mir schwerfällt. Aber daß ich euch, die ihr mir die Liebsten seid, verlassen muß, das macht mir zu schaffen. Könnten wir doch alle miteinander gehen!«

Das Uns-Loslassen-Müssen fiel ihm schwer. Und dann hat Gott es doch so wunderbar gemacht. Wir, die wir in unmittelbarer Nähe die letzten Augenblicke seines Erdendaseins erlebten, hatten den Eindruck, daß er völlig unbeschwert und ohne Angst in die andere Welt ging, daß ihn das Loslassen nun nicht mehr beschwerte.

Ich persönlich bemühe mich gerade jetzt, während ich dieses Buch schreibe, diese Lektion zu lernen. Seit meinem zwanzigsten Lebensjahr stehe ich im Dienst für Gott an Menschen. Nach vorausgegangener schwerer Krankheit, die fast fünf Jahre dauerte und mich monatelang ans Bett fesselte und danach lange Zeit nur auf einen Stock gestützt gehen ließ, sah ich das Leben mit anderen Augen an. Wenn ich vorher, meinen Neigungen und Wünschen entsprechend, Pläne gemacht hatte – an lebhaften Vorstellungen fehlte es mir nie –, so ergab sich jetzt eine völlig neue Situation: nämlich die Erfahrungen der hinter mir liegenden Jahre, daß durch alles Planen ein Strich gezogen werden kann und alle Wünsche zunichte gemacht werden können. Durch schmerzvolle Leiden reifer geworden, als es vielleicht meinem damaligen Alter entsprach, hatte ich nach meiner Genesung nur den einen Wunsch, im Dienst an Menschen stehen zu dürfen; vor allem aber Gott zu dienen, der mir in der langen Krankheitszeit den Blick für das Wertbeständige geöffnet hatte.

Schon immer hatte ich mich zu Kindern hingezogen gefühlt, und es war mir geschenkt, zu ihnen Zugang zu finden. Das ist so bis zum heutigen Tag geblieben. Aber ich sehnte mich bald danach, nicht nur an Kindern zu arbeiten, sondern für Hilfsbedürftige jeden Alters da zu sein. Immer stärker glaubte ich darin meine Lebensberufung zu erkennen. In meinem Buch »Als flögen wir davon« habe ich bereits eingehend darüber berichtet. Nachdem ich einige Zeit als Erzieherin tätig gewesen war, besuchte ich die Ausbildungsschule der Heilsarmee in Berlin. Am Leben meiner Eltern hatte ich gesehen, wie erfüllt und befriedigend ein Dasein im Dienst für Gott sein kann. Da sie diesen in der Heilsarmee ausübten, war es naheliegend, daß auch ich in dem gleichen Werk tätig wurde. Ungeahnte Möglichkeiten boten sich mir darin. Die Berufung, evangelistisch tätig zu sein, blieb bestehen, auch als ich nach Jahren in die evangelische Landeskirche geführt wurde und in ihr ebenfalls ein reiches Tätigkeitsfeld fand.

Wenn ich heute als Vierundsiebzigjährige zurückblicke, so kommt über mich ein großes, frohes Staunen und Wundern. Gaben, die mir von Gott gegeben waren, wurden zu Aufgaben; sei es, daß ich als Schriftstellerin oder in der Wortverkündigung tätig war. Ich durfte erleben, daß Tausende meine schlichten Bücher lasen, die auch der einfache Mensch verstehen kann. Je länger desto mehr wurde mir klar, daß das letztlich nicht mein Werk, sondern Gottes Gabe war, die mich befähigte, einen so großen Leserkreis anzusprechen, dem ich damit Trost, Hilfe und Wegweisung geben durfte. Noch heute, nachdem ich über vierzig Jahre schreibe, antworte ich meinen Lesern mit einem Vers, der ausdrücken soll, wie sehr mir meine Gabe zur Aufgabe wurde:

Nichts, was ich weitergab, gab ich von mir.
Es war mir alles erst von Gott gegeben.
In überschwenglich reichem Maß
erfüllt mit Gnade er mein Leben.
Und aus der Gabe wurde Auftrag mir,
und dieser wieder machte reich mir meine Tage.
Was kann ich Bessres tun, als daß ich stets
für solches Geben-Nehmen Dank ihm sage.

Ich kann nicht besser zum Ausdruck bringen als durch diese Verse, daß es nie um mein eigenes Können oder Tun ging, wenn ich in den verflossenen Jahren in vielen Vorträgen und Predigten und beim Schreiben meiner Bücher tätig war. Es bedeutete mir immer große Freude, wenn es mir geschenkt war, meinen Zuhörer- und Leserkreis anzusprechen, und ich dann dankbar spüren durfte, daß mir sowohl das gesprochene als auch das geschriebene Wort abgenommen wurde. Gabe ist Aufgabe.

Als ich vor zwei Jahren wegen meines Herzens ins Krankenhaus kam, meinte der Chefarzt, ich müsse wohl langsam daran denken, daß ich nicht mehr die Jüngste sei, und mein bisheriges Tempo bremsen. Daß ich mich mit damals zweiundsiebzig Jahren nicht mehr zu den Jungen zählen konnte, war mir klar. Aber deswegen fühlte ich mich noch längst nicht alt. Ich fragte: »Aber Herr Chefarzt, dann und wann einen Vortrag halten, das darf ich doch noch?«

Er schaute mich lächelnd an. »Tun Sie das denn gerne?«

»Und wie gerne!« antwortete ich und hätte ihm am liebsten ausführlich von meinen Gelegenheiten, ja, von meinem Lebensauftrag, berichtet. Aber Ärzte haben bekanntlich immer wenig Zeit. So wiederholte ich nur: »Dieser Dienst macht mir große Freude, und ich sehe darin eine wichtige Aufgabe.«

»Nun gut«, erwiderte der Arzt. »Was einen froh macht, vermittelt ja meistens auch neue Kraft. Aber bitte, nicht übertreiben!«

Was hieß schon übertreiben? Kannte ich nicht das Wort: Die Freude am Herrn ist meine Stärke! Und bedeutete die Verkündigung des Evangeliums nicht Freude am Herrn?

Mein Mann mahnte mich zwar immer wieder, wenn aus verschiedenen Gemeinden Anfragen kamen mit der Bitte, einen Vortrag oder eine Predigt zu halten: »Denke an die Worte des Arztes: Nicht übertreiben!« Ich sagte auch nicht überall zu, denn manchmal machte mir der Kreislauf zu schaffen, und für das Herz nahm ich regelmäßig meine Mittel ein, aber es wurden dann doch viele Dienste in Kirchen und Vortragssälen. Dabei erlebte ich, was ich so oft bei meinen Eltern beobachtet hatte: Der Dienst für Gott, die missionarische Aufgabe erfüllte mich mit großer Freude und gab mir tiefe innere Befriedigung. Nie ließ mich mein Mann alleine in die verschiedenen Städte oder Dörfer reisen, in die man mich zum Dienst rief. Entweder fuhr er mich in unserem Wagen hin, oder er begleitete mich im Zug. Da wir beglückenderweise eines Sinnes sind, freute auch er sich immer wieder mit mir an den mir gebotenen Möglichkeiten. An manchen Orten übernahm er selbst die Einführung in das Thema, während mir das Referat blieb. So haben wir immer wieder die Freude gemeinsamer Arbeit erfahren.

Als ich vor einigen Monaten gebeten wurde, in Wiesbaden in einer Kirche zu predigen und am Nachmittag in der Stadtmission einen Vortrag zu halten zu dem Thema: »Leben mit der Angst«, ging es mir zeitweise nicht gut. Darum hielt ich es für besser, mein Kommen aus gesundheitlichen Gründen in Frage zu stellen. Man bedauerte dies, ließ mich aber wissen, daß man weiter dafür beten werde, weil Gott imstande sei, mir die zu diesem Dienst nötige Kraft zu schenken.

»Dürfen wir zweifeln, wenn diese Menschen uns mit ihrem Glauben beschämen?« fragte ich meinen Mann. Weil es mir kurz vor dem Himmelfahrtstag, an dem ich diesen Dienst tun sollte, wieder besser ging, glaubten wir, darin ein Zeichen von Gott zu sehen und sagten zu. Nach dem Gottesdienst, in dem ich die Predigt zu halten hatte, erlitt ich einen körperlichen Zusammenbruch und wurde mit Verdacht auf Herzinfarkt ins Krankenhaus gebracht. Dabei bleibt mir das Bibelwort bedeutsam, das ich vor Beginn des Gottesdienstes in der Sakristei gelesen hatte. Ich fühlte mich unsagbar elend, so daß ich mich fragte, wie ich in diesem Zustand die Predigt halten sollte. Im allgemeinen bin ich nicht dafür, daß man wahllos die Bibel aufschlägt und für sich irgendeinen Vers als bedeutsame Weisung in Anspruch nimmt. Dabei kann man auf die für die augenblickliche Situation unmöglichsten Gedankengänge stoßen. Doch erlebt man auch, daß ein Bibelwort gleichsam richtungweisend auf einen zukommt. So ging es mir.

In meiner mich beunruhigenden körperlichen Schwachheit griff ich also nach der Bibel, die auf dem Tisch der Sakristei lag. Mich bewegte der Wunsch, von Gott durch irgendeinen Vers in diesem Augenblick ein Wort der Ermutigung und der Bestätigung zu empfangen. Da fielen meine Augen auf den letzten Vers des 26. Psalms, in dem es heißt: *»Mein Fuß geht richtig. Ich will den Herrn loben in den Versammlungen.«*

War mir vorher der Gedanke gekommen, daß ich vielleicht doch einen Fehler gemacht hatte, als ich trotz der in den vorausgegangenen Tagen erlebten Schwächezustände nach Wiesbaden gefahren war, so glaubte ich nun, dieses Wort als eine direkte Antwort Gottes annehmen zu dürfen. Mein Fuß geht richtig. Ich hatte doch keine Vergnügungsfahrt unternommen, sondern wollte in der Tat den Herrn loben durch die Predigt, die ich zu halten hatte. Es war wunderbar, wie ich daraufhin die Kraft bekam, um den von mir erbetenen Dienst tun zu können, obgleich sich das Gefühl der körperlichen Schwachheit während des Redens fast noch steigerte, so daß ich mich immer wieder fragte, wie ich durchhalten soll. Auch bewegte mich der Gedanke an den Tod meines Vaters während der Predigt sehr stark. Wenn ich nun auf der Kanzel sterben würde, wie es bei ihm gewesen war?

Mein Mann hat mir nach dem Gottesdienst gesagt, er habe nicht das Geringste von einem Schwächezustand bemerkt, ich hätte ruhig und freudig gesprochen wie sonst auch. Jemand hat die Predigt auf Tonband aufgenommen und sie uns gesandt, nachdem ich wieder aus dem Krankenhaus entlassen worden war. Als ich sie hörte, wunderte ich mich selbst, wie klar und kräftig meine Stimme klang. Gott hatte mir die Kraft gegeben, ihn in der Versammlung zu loben.

Aber dann kam ich eben doch ins Wiesbadener Krankenhaus und gleich auf die Intensivstation. Glücklicherweise stellte sich heraus, daß ich keinen Herzinfarkt hatte. So wurde ich bald in ein Einzelzimmer verlegt. Die darauffolgenden zwei Wochen, in denen Gott mich in die Stille führte, ließen mich bald erkennen, daß auch diese Erkrankung Fügung war. Wohl mußte ich immer wieder besorgniserregende Schwächezustände durchstehen, und ich habe mich mehr als einmal gefragt, ob nun der Augenblick gekommen sei, an dem ich von Gott in die andere Welt gerufen werde. Mir war es ein großer Trost und eine Hilfe, daß mein Mann bei mir sein konnte. Wir beteten viel zusammen und sprachen ganz bewußt über das Ende. Manchmal war ich zu schwach, um in eigenen Worten mit Gott zu reden. Da waren mir die vielen Liedverse, die ich auswendig kannte, eine große Hilfe. In mir stiegen die Himmels- und Ewigkeitsgesänge auf, die mich meine Mutter gelehrt hatte, als ich noch ein kleines Mädchen war.

Schon immer war es mir ein Bedürfnis, meine Gedanken und Empfindungen aufzuschreiben. In meiner Jugend führte ich regelmäßig Tagebuch. Während meiner langen Krankheitszeit schrieb ich Lieder und Gedichte. Ich besitze längst nicht mehr alle, doch erinnere ich mich an einige, die ich während jener Zeit verfaßte, in der ich viele Monate bettlägerig war. Mit 17 Jahren schrieb ich folgendes Gebet:

Ich komm zu dir aus lautem Weltgetriebe
und sehne mich nach deiner Vaterliebe.
Bei dir nur find' ich die ersehnte Ruh.
O neige dich zu mir, mein Vater du!

Oft bin ich matt und brauche deine Gnade.
Allein kann ich nicht geh'n auf dunklem Pfade.
So reich mir deine starke Vaterhand.
Bring du mein Herz zur Ruh. Mein Vater du!

Selbst in Tagen großer körperlicher Schwachheit drängte es mich, das festzuhalten, was mich in jenen Tagen in Wiesbaden am meisten beschäftigte. Ich schrieb:

Nun bin ich nicht mehr weit
von jenen grünen Auen,
wo ich als Gottes Kind
darf meinen Heiland schauen
und, wie sein Wort mir sagt,
darf bei ihm bleiben allezeit.
Was tut's, wenn ich noch eine Weile
ruh im Grabe,
wenn ich nur die Gewißheit habe,
daß er zu seiner Zeit
mich zu der Stätte leitet,
die er als Wohnung
mir hat zubereitet;
wo ich dann ruh' ganz nah
an seinem Herzen,
des freu' ich mich schon jetzt
im Tal der Schmerzen.
Wir wissen's nicht,
vielleicht ist's nur ein Schritt
von hier bis dort,
vielleicht wird nur der Leib
zur Ruh getragen
und unsre Seele, das sind wir,
darf jubelnd sagen:
Nun bin für ewig ich daheim

im Vaterhaus.
Wir wissen's nicht,
ob wir gleich sind bei ihm,
dem wir auf Erden uns schon übergaben.
Was ist für ihn schon Zeit und Raum! Eins ist gewiß,
die Zusage wir haben:
Wir werden bei ihm leben allezeit.

Die Ärzte waren der Meinung, daß ich einen Herzschrittmacher benötige. Es war mir nicht leicht, mich dazu durchzuringen. Doch wenn es sein mußte . . . Bewußt versuchte ich mich darin zu üben, mich einfach in die Hände Gottes fallen zu lassen. Mein Mann ermutigte mich immer wieder: »Es wird dir nichts geschehen, als was Gott hat ersehen und was dir dienlich ist.«

Da man im Krankenhaus in Wiesbaden Herzschrittmacher nicht einbaut, entschloß ich mich für das Diakonie-Krankenhaus in Schwäbisch Hall, das uns von unserem Schwager sehr empfohlen wurde, der dort ebenfalls wegen seines Herzens gelegen hatte. So lag ich dann bald im nächsten Krankenhaus, anstatt in unser Heim zurückkehren zu können, wonach ich mich so sehr gesehnt hatte.

»Vielleicht hast du auch hier eine Aufgabe zu erfüllen«, sprach mir mein Mann mutmachend zu. In Wiesbaden konnte ich mit verschiedenen Schwestern, die mich betreut hatten, in ein persönliches Gespräch kommen. Einige stellten sich mir als Leser meiner Bücher vor. Andere gewährten mir auch Einblick in ihre persönlichen Nöte und Probleme. Nie habe ich versucht, ihnen meine eigene Meinung aufzudrängen, aber immer hat es mich glücklich gemacht, sie darauf hinweisen zu können, daß wir mit unseren Anliegen zu Gott kommen dürfen. Der Weg zu ihm ist aber nur durch Christus möglich.

Im Diakonie-Krankenhaus in Schwäbisch Hall war es dann nicht anders. Ich durfte nicht lange liegen. Wegen meines Herzens mußte ich kleine Wege machen, wozu sich in dem direkt neben dem Krankenhaus gelegenen Wald die beste Möglichkeit ergab. Auf den Arm meines Mannes gestützt, ging ich nun langsam, Schritt für Schritt, immer noch bald ermüdend. Auf diesen kurzen Spaziergängen traf ich mit Menschen zusammen, die auch in Krankheitsnot waren; junge und alte. Meistens sprach ich sie an. Diese Art, auf Menschen zuzugehen, habe ich wohl von meinem Vater geerbt.

Als wir noch Kinder waren, haben wir ihn oft nicht verstehen können und manchmal fast entrüstet gesagt: »Aber Papa, man kann doch nicht jeden wildfremden Menschen einfach ansprechen!« Es konnte geschehen, daß mein Vater einer Verkäuferin in einem Geschäft die Hand reichte und fragte: »Geht es Ihnen nicht gut? Sie sehen so blaß aus.« Beim Fortgehen sagte er meist: »Ich wünsche Ihnen Gottes Segen!« Wir hielten das damals für unangebracht. Längst habe ich in mir die gleiche Neigung entdeckt.

Auf diese Weise kam ich mit manchen Patienten ins Gespräch. Und als der Ehemann einer Dame, die nur wenige Zimmer neben dem meinen lag, mir vor kurzem deren Todesanzeige sandte, war ich froh, daß ich immer wieder Gelegenheit gesucht hatte, mit ihr zu reden und auch zu beten. Ich war dankbar, daß Gott immer noch Aufträge für mich hatte.

Vor mir sehe ich eine Lehrerin, die mit einem Buch in der Hand an mir vorbeiging, als ich auf der Terrasse in einem Liegestuhl lag. Der Titel des Buches war mir nicht unbekannt. Ich sprach sie daraufhin an und erkundigte mich nach ihrem Ergehen.

»Ich habe Krebs«, antwortete sie offenherzig, wenn

auch zögernd. Dann aber konnte sie nicht weitersprechen, weil Tränen ihre Stimme erstickten. Im gleichen Augenblick war mir klar, daß ich eine Gelegenheit suchen mußte, um mit ihr zu sprechen. Wenige Tage später ergab sie sich. Ich sprach zu ihr über den Sinn des Lebens und wies sie auf das ewige Ziel hin.

Wenn Gott uns die Augen öffnet über unsere Ichbezogenheit, die in jedem unerlösten Menschen ihre Wurzeln hat und sich auch bei Christen immer wieder zeigt, lenkt er unseren Blick auf Menschen, die unsere Hilfe nötig haben. Wenn wir im Bemühen, ihnen zu helfen, etwas aus dem Bereich unserer eigenen Erfahrungen weitergeben, ohne ihnen unsere Meinung aufzudrängen oder sie belehren zu wollen, ist das für den anderen schon eine Hilfe. Wir werden staunen, welche Fülle von Möglichkeiten sich uns bietet, wenn wir uns selbst nicht mehr so wichtig nehmen. Es würde dann wohl kaum einen älteren Menschen geben, der dann noch klagen könnte: Mich braucht niemand mehr! Wozu bin ich überhaupt noch da?

Bitten wir doch Gott, daß er uns offene Augen gibt für die Menschen unserer Umgebung, denen wir dienen können. Und achten wir solche Aufgaben nicht für gering.

Eines Tages, ich fühlte mich noch recht elend, führte mich mein Mann in Schwäbisch Hall ein Stück weit in den Wald. Auf einer Bank sahen wir eine Frau im mittleren Alter sitzen. Sie schien Schmerzen zu haben. Noch mehr aber hatte ich den Eindruck, daß sie unter Depressionen litt. Wir grüßten sie und fragten, ob wir uns neben sie setzen dürften. Es dauerte nicht lange, und wir waren im Gespräch mit ihr. Sie erzählte uns, daß nach einem Autounfall, bei dem sie sich einige Brüche zugezogen hatte, die Genesung nicht fortschreiten wollte. Sie war Lehrerin und hatte junge Mädchen zu unterrichten und aufs Examen vorzubereiten. Ihre Tätigkeit war zum Inhalt ihres Lebens geworden. Sie sehnte sich danach, wieder Dienst tun zu können, war nun aber zur Untätigkeit verurteilt. Schwere Gedanken belasteten sie. Würde sie je noch einmal in den Schuldienst zurückkehren können? War sie in ihrer jetzigen Verfassung überhaupt in der Lage, wieder Kontakt zur Jugend zu finden? Wie eine dunkle Wolke lastete die Schwermut über ihr. Sie konnte sich selbst davon nicht befreien. Es war zum Verzweifeln.

Mit allgemeinen Redensarten kann man einem solchen Menschen nicht helfen. Aber wenn der Betroffene etwas von der Kraft des Glaubens spürt und unsere Bereitschaft, ihn anzuhören, dann ist das schon eine Hilfe. Ich weiß nicht, was aus der Lehrerin geworden ist. Aber immer, wenn ich innerlich an sie erinnert werde, befehle ich sie Gott an.

»Glauben Sie wirklich, daß das Gebet einen Sinn hat?« fragt mancher.

»Ja, daran glaube ich, denn es heißt in der Heiligen Schrift: Das Gebet des Gerechten vermag viel, wenn es ernstlich ist.«

»So zählen Sie sich also zu den Gerechten?« meine ich den Zweifler nicht ohne Hohn fragen zu hören. Und ich könnte mir denken, daß er sich über meine Antwort wundert. »Ja, ich glaube, daß ich mich zu den Gerechten zählen darf, aber nicht deshalb, weil ich fromm genug wäre. Auch nie und nimmer wegen meiner guten Taten, sondern allein aus Gnaden. Gerecht durch den, von dem es in der Schrift heißt: Gott hat den, der von keiner Sünde wußte, Christus, für mich zur Sünde gemacht (indem er meine Schuld und die aller Menschen auf ihn legte), damit ich durch ihn gerecht werde.

Zu diesem Wort muß man einen inneren Zugang finden, um es in seiner ganzen Tiefe verstehen zu können. Hier geht es in der Tat um Gnade und nicht um Verdienst. Gnade aber ist unverdienter Freispruch, und darum darf derjenige, der Christus als seinen persönlichen Heiland angenommen hat, sich gerecht nennen.

Von daher weiß ich aus einer inneren Freudigkeit heraus für die zu beten, denen ich begegne oder die mir von Gott an den Weg gestellt werden. Ich glaube fest daran, daß Beten eine Macht ist, ja, vielleicht sogar die allergrößte Macht, die Gott uns anvertraut.

Worte sind Macht,
Gedanken sind Kräfte.
Stärker als beides ist das Gebet.

Während meiner Zeit im Krankenhaus bin ich vielen Menschen begegnet. Ältere Männer erzählten mir, daß sie schon zweimal einen Herzinfarkt gehabt hatten und voller Sorge waren, daß sich noch ein dritter einstellte. Da war jener alte Herr, der sich viel lieber im Krankenhaus aufhielt, wo ihn die Schwestern besser betreuten, als die Seinen zu Hause, wo keiner für ihn Zeit hatte und er sich je länger desto mehr als Last vorkam. Weder seine Frau noch die erwachsenen Kinder brachten die Geduld auf, die ein solch kranker Mensch benötigt. Immer wieder bat er, noch länger bleiben zu dürfen, wenn darauf die Rede kam, daß er in Kürze aus dem Krankenhaus entlassen werden sollte.

Fiel mir der Gedanke schwer, die liebgewordene Arbeit aufgeben zu müssen, so merkte ich im Krankenhaus von Tag zu Tag mehr, daß Gott mich aus seinem Dienst nicht entlassen hatte. Er war eben nur anderer Art und ein Dienst am einzelnen, doch mindestens ebenso wichtig wie der vor einer großen Zuhörerschaft. In Ansprachen oder bei Vorträgen habe ich oft gesagt:

Notzeiten sind Offenbarungszeiten und können, wenn man sich zu ihnen recht einstellt, zu wertvollen Segenszeiten werden.

Erst kürzlich sagte mir eine Frau: »Mein Mann ist seit seiner schweren Krankheit viel milder geworden.«

Eine Diakonisse, die sehr darunter leidet, daß sie wegen ihrer schwachen Gesundheit immer wieder den Dienst aussetzen muß, erzählte mir, sie habe in demselben Krankenhaus, in dem sie sonst pflegerisch tätig ist, wieder einmal als Patientin liegen müssen und sei darüber sehr unglücklich gewesen. Da habe ihr eine Bettnachbarin eine unvergeßliche Lektion erteilt, indem sie ganz schlicht zu ihr sagte: »Jetzt hat Ihnen Gott eben wieder einmal einen Sonderurlaub gewährt.«

Urlaub stellen wir uns im allgemeinen anders vor. Frohe, erholsame Tage, Wanderungen, Zusammensein mit Freunden oder Angehörigen am Meer, in den Bergen . . . Aber abseits stehen, Schmerzen ertragen, schlaflose Nächte, quälendes Grübeln und Fragen: Warum nur? Das soll Sonderurlaub von Gott sein? Es fällt uns schwer, dazu ein Ja zu finden. Doch oft erkennen wir es dann später, wenn diese unerwünschten Urlaubstage vorüber sind: Es war gut und richtig so. Gott hatte mir etwas zu sagen. Ich wurde in die Stille gezwungen, die ich in gesunden Tagen in dieser Weise nicht gehabt hätte.

Als ich auf der Intensivstation im Krankenhaus von Schwäbisch Hall lag, besuchte mich ein blinder Pfarrer, der dort als Seelsorger tätig ist. Ich beschäftigte mich in jenen Tagen wieder viel mit dem Tod und meinte, das sei richtig und notwendig. Fast kam es mir wie ein Unrecht vor, mich mit Zukunftsplänen zu befassen. Höchstens der Gedanke an meinen Mann, der dann alleine zurückbleiben würde, gab meinem Denken noch eine andere Richtung. Während unseres Gespräches sagte ich dies meinem Besuch. »Ich bin mir darüber nicht ganz klar, Herr Pfarrer: Ist es in meiner jetzigen Situation nicht notwendig, sich ganz auf das Leben nach dem Tod einzustellen? Allerdings, wenn ich an meinen Mann denke . . .«

»Wir müssen es lernen, zweigleisig zu leben«, antwortete mir der Blinde, von dem ich den Eindruck habe, daß er zuweilen mehr sieht, als wir Sehenden. »Zweigleisig insofern, daß wir – ob wir krank sind oder nicht – uns täglich mit dem Jenseitigen beschäftigen, uns danach ausrichten und darauf vorbereiten. Andererseits hat Gott uns aber als ein köstliches Geschenk das Leben hier auf Erden anvertraut. Wir dürfen und sollen uns freuen an all dem Schönen, das uns umgibt: in der Natur, in den Menschen, in der Ehe, in unseren Kindern, in der Freundschaft mit wertvollen Menschen, in guter Musik und Büchern und vielem anderen. Doch dieses alles sollen wir haben, als hätten wir es nicht. Das heißt, unser Herz darf sich davon nicht völlig einnehmen lassen. Zweigleisig fahren, das bedeutet, sich intensiv und ganz bewußt mit dem Ewigen zu befassen, sich auf die Heimat im Licht zu freuen und seine Tage von der Ewigkeitshoffnung erfüllen zu lassen. Ebenso müssen wir uns aber auch dem Leben hier auf Erden zuwenden mit all seinen Aufgaben, Freuden und Leiden. Dabei lernen wir nie aus.«

Ich glaube, es war an demselben Tag, als ich mit zwei Frauen ins Gespräch kam. Die eine – ich schätze sie etwas mehr als fünfzig Jahre – hatte an einer Andacht teilgenommen, die ich hielt. Sie sagte am Schluß unter Tränen zu mir: »Ich möchte gern so handeln, wie Sie es in Ihrer Ansprache als erstrebenswert hinstellten, aber Sie glauben nicht, wie schwer das für mich ist. Alle sind in meiner Familie gegen mich, sogar mein eigener Sohn.«

Die andere Frau hatte ihren achtzigsten Geburtstag bereits hinter sich. Wir wechselten miteinander einige Worte. Im Laufe dieses kurzen Gespräches sagte sie, nicht etwa resignierend, sondern mit fröhlichem Gesicht: »Ich habe gar nicht gewußt, wieviel man noch zu lernen hat, wenn man alt ist.« Auch sie hat Schwiegertöchter und Schwiegersöhne und lebt mit einigen von ihnen im gleichen Haus. Längst nicht mit allen Lebensgewohnheiten und Ansichten ihrer Enkelkinder ist sie einverstanden. Aber sie übt sich, liebevoll zu schweigen, wenn sie merkt, daß ihre Auffassungen nicht bejaht werden, und versucht, durch Güte anders Gesinnte zu überzeugen. Sie hütet sich vor einem raschen Urteil. Sie bemüht sich, nicht heftig zu reagieren, wo sie es von ihrem Temperament her in früheren Jahren bestimmt getan hätte. So bleibt sie bis ins hohe Alter hinein eine Lernende. Sie läßt sich auch etwas sagen.

»Oma, mit diesem Kleid kannst du unmöglich in die Stadt gehen. Wir werden dir in den nächsten Tagen ein neues kaufen. Such dir etwas Schönes aus.«

»Aber die Kleider sind heute doch so sehr teuer.«

»Du hast eine gute Rente, Oma, und kannst es dir bestimmt leisten.«

Und sie lernt es, sich etwas sagen zu lassen, auch Kritik, die nicht in jedem Fall liebevoll ausfällt.

»Oma, das verstehst du nicht!« Wie oft mußte sie sich das schon anhören. Sie findet die Musik zu laut und zu aufdringlich, wenn nicht sogar abstoßend, für die sich ihre Enkel begeistern. Aber sie hütet sich, dagegen zu reden. Sie lernt es zu warten, bis auch die Jugend ihre Lebenserfahrungen macht. Und wenn sie es nicht mehr erlebt – liebe Zeit, so arg lang wird die vor ihr liegende

Wegstrecke nicht mehr sein – sie will auch in ihrem Urteil barmherzig werden.

Noch im hohen Alter lernen. Gewiß, manches hätte man sich in früheren Jahren schneller oder leichter aneignen können. Aber ganz stimmt es doch nicht, wenn man sagt: Was Hänschen nicht lernt, lernt Hans nimmermehr! Im Alter wird man behutsamer, vorsichtiger, oft auch nachsichtiger. Gewiß, es gibt Menschen, die mit zunehmendem Alter immer gehässiger, launenhafter, ja, unausstehlich werden. Aber meistens kam das schon in jüngeren Jahren bei ihnen vor. Sie haben nie gelernt, an sich zu arbeiten. Wie gut ist es darum, wenn man weiß: Solange ich auf dieser Erde lebe, bin ich nie fertig, habe ich immer noch zu lernen.

Es ist schon viele Jahre her, als meine damals etwa zwölfjährige Patentochter mich bei einer Wanderung aufforderte, mitzusingen. Sie hatte ein fröhliches Lied angestimmt. Eltern und Geschwister sangen kräftig mit, und von mir war sie es sonst auch nicht anders gewöhnt.

»Warum singst du nicht?« fragte sie ein wenig ungeduldig.

»Ich muß auf meinen Weg achten«, erwiderte ich. »Du siehst ja, hier im Wald liegt so viel feuchtes Laub. Da muß ich aufpassen, daß ich nicht ausrutsche und hinfalle.«

Das leuchtete ihr ein. Aber nach einer Weile fragte sie erneut: »Mußt du immer noch auf den Weg achten?«

»Immer noch«, gab ich zur Antwort. »Ein ganzes Leben lang!«

Sie verstand nicht gleich, was ich meinte, aber dann schien sie zu begreifen: »Ah, jetzt weiß ich! Du meinst nicht nur wegen des nassen Laubes, sondern auch sonst.«

»Ja, so ist es! Man rutscht so schnell aus, wenn man nicht auf seinen Weg achtet. Ein heftiges Wort, eine ungeduldige Antwort, eine zornige Reaktion, eine vielleicht ungewollte Unfreundlichkeit. Man kann nicht früh genug damit anfangen, auf seinen Weg zu achten. Auch ihr Jungen solltet euch darin üben.«

»Aber jetzt ist der Weg eben, Omi«, sagte sie. In meinem Flüchtlingskinderheim war ich für alle die Mutti. Inzwischen waren etliche Jahre vergangen, und ich wurde für alle Kinder im Oberböhringer Kinderheim die Omi, und auch die Kinder meiner Freunde, mit denen ich achtzehn Jahre lang gemeinsam tätig war, nannten mich so. »Jetzt kannst du bestimmt mitsingen, Omi«, fuhr sie fort.

Ihr zuliebe stimmte ich nun mit ein. Zwar gab es auf diesem Weg immer wieder Unebenheiten. Aber mit ein wenig Umsicht und vorsichtigem Schreiten war beides möglich: Auf seinen Weg zu achten und dabei fröhlich zu singen. Das will gelernt sein; denn es ist nicht leicht, wenn man von Natur aus nicht zu den fröhlich Singenden gehört. Doch glaube ich, daß man es noch im Alter lernen kann, wenn nämlich Gott uns die Augen öffnet für all die Möglichkeiten, die wir noch haben.

Du sagst, du seist arm und bist doch so reich.
Du bist deines Reichtums dir nur nicht bewußt.
Bleib nachdenkend steh'n. Erkennst du nicht gleich
im göttlichen Lichte, was längst du gewußt?
Was unterging nur im Gehetze der Zeit,
was dir ging verloren in Kummer und Leid,
was du aber immer besessen – du hast es nur vergessen.
Allein deine Zeit ist Reichtum und Gut.
Zeit ist zugleich Gnade, drum nütze sie gut.
Denn jegliche Stunde und jeglicher Tag,

der nicht ausgewertet – erscheinen dir mag
am End deines Lebens als furchtbare Last.
So prüfe dich heut, ob genutzet du hast
die dir von Gott anvertraute köstliche Zeit.

Nicht ausgewertet im Maßstab von heut,
nicht haschend nach eitler Vergänglichkeit,
nein, nach dem Maßstab der Ewigkeit.
Nur wer in dienender Liebe sich übt,
nur wer den andern, so wie sich selbst liebt.
Nur wer sein Ich in den Hintergrund stellt,
für anderer Lasten die Schultern hinhält.
Nur wer das Glück des Gebens kennt,
in dessen Seele ein Feuer brennt.
Wer sich selbst verleugnet, hingebend und treu,
dem wird an jedem Tag wieder neu
der göttliche Reichtum für ihn beschert.
Das Streben danach ist der Mühe wert.

Wer von uns kann von sich sagen, daß er so selbstlos liebt, wie es in diesem Gedicht gefordert wird? Wer schon stellt sein eigenes Ich täglich bewußt in den Hintergrund? Wer verleugnet sich selbst? Es ist gut zu wissen, daß dies aus eigener Kraft nicht möglich ist. Das uns diese Kraft aber täglich neu geschenkt wird und wir so zu einer Wasserquelle werden können. Christus sagt: *Wer von dem Wasser trinkt, das ich ihm gebe, von des Leibe werden Ströme lebendigen Wassers fließen.*

Ein alter Dorfbrunnen trägt die Inschrift:

So schön und einfach ist mein Leben:
Geben, immer nur Geben!

Als ich das obige Gedicht schrieb, waren mir Herznöte, wie ich sie jetzt kenne, noch unbekannt. Mich plagten weder Rheuma noch Arthrose. – Aber trotz mancher körperlicher Beschwerden, die ich im Laufe der Zeit und beim Älterwerden kennengelernt habe, bleibt doch so manches bestehen, wofür man unendlich dankbar sein kann: Die täglichen Gelegenheiten – auch für solche, deren Kräfte nachlassen –, andere zu trösten und zu lieben, die Gewißheit, daß man durch Geben reicher und froher wird. Wie bedauernswert arm ist doch der, der nur seinen eigenen Vorteil sucht. Mit diesen Lebens- und Alterserfahrungen wird man imstande sein, singend, das heißt fröhlich seine Straße zu ziehen, auch wenn man je länger desto mehr auf seinen Weg zu achten hat.

Ich möchte mich mit diesen Worten an diejenigen wenden, die in Gefahr stehen, immer nur das zu sehen, was sie nicht mehr können oder was sie nicht mehr besitzen.

Bei dem spürbaren Schwinden unserer Kräfte sollten wir uns im Vertrauen üben und lebensbejahende Menschen bleiben. Wir haben doch die göttliche Zusage, daß seine Kraft für jeden Tag unseres Lebens ausreichen wird. Natürlich legt Gott uns Lasten auf, unter denen wir reifen sollen. Aber unmißverständlich sagt es die Heilige Schrift in Psalm 68, 20: »*Gott legt uns eine Last auf, aber er hilft uns auch.*«

Dietrich Bonhoeffer hat einmal gesagt: »Ich glaube, daß uns Gott in jeder Notlage so viel Widerstandskraft geben will, wie wir brauchen. Aber er gibt sie nicht im voraus, damit wir uns nicht auf uns selbst, sondern allein auf ihn verlassen. In solchem Glauben muß alle Angst vor der Zukunft überwunden sein.«

Man liest heute oft das Wort vom »frohen Alter«, etwa bei Einladungen zu einem Altenabend, zu einer

Nachmittagsbusfahrt oder bei der Werbung für größere Reisen. Heute weiß man, daß man für die Betagten etwas tun, ihnen etwas bieten muß.

Immer wieder hört man aber auch die Meinung, daß es nicht gut sei, Altersheime in abgelegenen oder gar einsamen Gegenden zu bauen. Kürzlich sagte mir die Leiterin eines solchen Hauses: »Unsere Insassen wollen in der Nähe der Stadt sein. Sie wollen noch etwas erleben. Man darf ihnen nicht das Gefühl geben, außerhalb des Tagesablaufs anderer Menschen zu stehen. Sie wollen die Möglichkeit haben, durch die Geschäftsstraßen zu gehen, sich Schaufenster anzusehen. Sie wollen einfach noch teilhaben am Ablauf der Geschehnisse. Sie möchten gern ein Café besuchen, dann und wann einen Film sehen oder an einem Konzert teilnehmen.«

Das alles kann man bejahen, aber es reicht nicht aus und ist für manche eben nur eine Art Ablenkungsmanöver. Nur nicht daran denken müssen, daß man alt wird!

»Haben Sie eben vom Altersheim gesprochen?« Ich sehe noch die reizende Siebzigjährige vor mir, schlank, adrett, geschmackvoll gekleidet. Sie schien gerade beim Friseur gewesen zu sein. »Das käme für mich nie in Frage. Mir graut es, wenn ich daran denke, daß ich den Rest meines Lebens nur zwischen stumpfsinnigen Greisen und schon halb abgestorbenen alten Frauen verleben müßte. Auf Schritt und Tritt den bereits vom Tode Gezeichneten begegnen, ihre Eifersüchteleien und ständigen Klatschgeschichten mit anhören zu müssen – die Klagen über ihre Kinder und Enkel, die nicht oft genug nach ihnen sehen – Verkalkung, wohin man blickt. Nein, niemals! Dann bleibe ich tausendmal lieber allein in meinen vier Wänden. Da kann ich tun und lassen, was ich will und brauche mich nicht in das enge Joch einer Altenheim-Hausordnung pressen zu lassen.«

»Aber sagten Sie mir nicht bei meinem letzten Besuch, daß Sie sich oft sehr verlassen fühlen in Ihren vier Wänden und daß Sie manchmal direkt Angstzustände bekommen, wenn Sie Kreislaufstörungen haben und Ihre Nachbarin, die Sie bei solchen Anlässen rufen, gerade nicht zu Hause ist?«

»Ja, das habe ich gesagt, und ich gebe zu, daß ich dann und wann in eine Furchtpsychose gerate, wenn ich mir all die schrecklichen Möglichkeiten vorstelle. Aber in ein Altersheim? Nein, das wäre das letzte!«

Eine Erinnerung wurde in mir wach und erheiterte in diesem Augenblick mein Gesicht.

»Warum lachen Sie?« fragte die zierliche alte Dame. »Doch nicht etwa über mich?«

»Nein, mir fiel nur ein Erlebnis ein. In mein Kinderheim wurde einmal ein kleines, etwa fünfjähriges Mädchen gebracht. Als die Kindergärtnerin am Abend an den Betten der Kinder betete, sagte die Kleine: ›Ich weiß auch ein Gebet.‹ Sie faltete die Hände, und über die Kinderlippen kamen die Worte: ›Lieber Gott, mach mich fromm, daß ich in kein Altersheim komm.‹

Zuerst war die Kindergärtnerin sprachlos. Dann fragte sie: ›Woher hast du denn dieses Gebet?‹

›Von meiner Oma‹, erwiderte das Kind. ›Die hat das immer gebetet.‹ «

Nun zog auch über das Gesicht der vor mir stehenden Siebzigjährigen ein Lächeln. So hatte sie noch nicht gebetet, aber sie fuhr fort, mir aufzuzählen, worin nach ihrer Meinung die Nachteile eines Altersheimes liegen. »Jetzt bewohne ich eine Dreizimmerwohnung. Dort müßte ich mich mit einem einzigen Raum begnügen.

Wohin soll ich denn mit meinen guten Möbeln und den wertvollen Erbstücken? Soll ich sie etwa verschleudern? Dafür gibt doch heute keiner mehr etwas. Nein, so töricht bin ich nicht. Lieber bleibe ich allein.«

»Einesteils kann ich Ihre Gründe verstehen, andererseits sollten wir uns aber doch darüber klar sein, daß wir einmal gar nichts von unserem Besitz mitnehmen können. Unser letztes Kleid hat keine Taschen. Und das andere: Könnte es nicht auch für Sie ein beruhigender Gedanke sein, im Alter, wenn die Kräfte immer mehr nachlassen, nicht ohne Hilfe und Betreuung zu sein? Dafür sollte man, so denke ich, einiges in Kauf nehmen, was einem nicht unbedingt gefällt.«

Die alte Dame war nicht zu überzeugen.

»Auf keinen Fall sollte man warten, bis man am Ende seiner Kräfte ist. Ob Sie dann überhaupt noch Aufnahme in einem Altersheim finden werden, ist fraglich.«

Ich berichtete ihr von einem Gespräch, das ich mit einer Dame geführt hatte, die kurz vor Vollendung ihres achtzigsten Lebensjahres stand. Sie lebte schon einige Zeit in einem Privataltersheim und war voll des Lobes. Beinahe mit Stolz – als sei es ihr persönliches Eigentum – führte sie mich durch die Räume des Hauses. »Sehen Sie, hier ist unser Eßzimmer. Zu viert sitzen wir an einem Tisch. Bei unseren Mahlzeiten geht es fröhlich und heiter zu. Einmal im Monat ruft uns das Heimleiterehepaar zu einem gemütlichen Kaffeestündchen zusammen. Sie ermuntern uns dann, offen über die Dinge zu reden, die uns im Hause oder an der Tagesordnung nicht gefallen. Gewöhnlich sind es Kleinigkeiten, die dabei zum Ausdruck kommen. Freundlich geht der Heimleiter auf alles ein, nimmt Anregungen und Änderungsvorschläge entgegen. Dabei spürt man deutlich sein Wohlwollen und das seiner Frau. Weil diese Gespräche innerhalb der gemütlichen Kaffeestunde stattfinden, entbehren sie nicht einer gewissen Heiterkeit und lockeren Atmosphäre. Und stellen Sie sich vor, wir haben sogar einen Seniorenchor! Es ist erstaunlich, was die alten Kehlen noch vermögen. Auch für ein Abendprogramm sorgt unser Heimleiter. Da gibt es Lichtbildervorträge, Gesprächsthemen, und regelmäßig finden Andachten statt. Nun will ich Ihnen noch die weiteren Räume zeigen.«

Sie führte mich in ihr Zimmer. Es war nicht groß, aber sehr gemütlich.

»Natürlich konnte ich nur einen Teil meiner Möbel mitnehmen«, bemerkte sie. »Es ist mir nicht leicht gefallen, mich von manchem mir liebgewordenen Stück zu trennen. Aber ich finde, die Vorteile meines Hierseins überwiegen die Nachteile reichlich. Zu Hause hatte ich immer allerlei zu tun, wenn ich alles in Ordnung halten wollte. Hier bin ich in kurzer Zeit fertig. Die Wäsche kann ich unten im Hause noch selber waschen. Dort stehen den Heimbewohnern Wasch- und Bügelmaschine zur Verfügung. Außerdem haben wir den schönen Garten hinter dem Haus – und denken Sie, der Heimleiter stellt jedem von uns, der es wünscht, ein eigenes kleines Gartenbeet zur Verfügung, auf dem er pflanzen und pflegen kann, was er will.«

»Also vermissen Sie hier nichts?« fragte ich.

»Vermissen?« Die alte Dame dachte einen Augenblick nach. Dann antwortete sie: »Man muß sich mit der Situation abfinden und daraus das Beste machen. Vermissen wir nicht auch die Kräfte der Jugend? Vermissen wir nicht ebenso Menschen, die uns verlassen haben? Die rechte Einstellung zu dem, was wir vermissen, kann sogar zum Gewinn werden. Meinen Sie nicht auch?«

Die gepflegte Siebzigjährige war während des Redens nachdenklich geworden.

»Ich muß mir das alles einmal in Ruhe überdenken«, sagte sie. »Jedenfalls danke ich Ihnen für das Gespräch.«

Probleme des Alterns! Mir sind Menschen begegnet, deren Nöte lagen auf anderen Gebieten. Ich denke da an einen alten Mann. Wir trafen ihn fast jeden Sonntag in der Kirche. Wir grüßten uns und erfuhren eines Tages auch seine Geschichte.

»Wir sind Flüchtlinge aus Ungarn«, berichtete er. »Es hat lange gedauert, bis wir den Verlust unseres Hofes überwunden hatten. Hätten wir wenigstens in die Heimat zurückkehren und dort von vorne beginnen können, aber es gab kein Zurück mehr. Mein Schwiegersohn ging einige Jahre in die Fabrik, meine Tochter bekam hier ebenfalls Arbeit. Beide sind fleißig und geschickt. Wir wollten uns eine neue Heimat aufbauen. Unser Geld legten wir zusammen. Ich gab meine ganze Rente den jungen Leuten. Dafür wurde ich verpflegt und bewohne ein kleines Zimmer in dem Haus, das mein Schwiegersohn gebaut hat. Die Verhältnisse normalisierten sich. Wir litten keine Not. Die vier Töchter wuchsen in geordneten Verhältnissen heran. Nach außen schien alles in Ordnung zu sein, aber die innere Wärme nahm immer mehr ab. Mein Schwiegersohn, der früher sehr zugänglich und um mich besorgt war, scheint die hinter uns liegende Notzeit vergessen zu haben. Jetzt ist alles da, was wir benötigen. Ja, mehr noch als das. Die Kinder brauchen nur einen Wunsch zu äußern, schon wird er ihnen erfüllt. Wenn meine Tochter sich dagegen wehrt, empört sich ihr Mann:

›Die Mädel sollen es einmal besser haben als wir.‹ Bei allem wird er immer gefühlloser. Am liebsten würde er sehen, wenn ich mich den ganzen Tag in meine kleine Stube zurückziehe, in der nur ein Bett, ein Schrank und ein Stuhl stehen. Nicht einmal ein Tisch ist darin. Es stört ihn, wenn ich mich in einen der Sessel im Wohnzimmer setze und dort die Zeitung lese. Immer wieder hält er mir vor, daß seine Frau für mich die Wäsche wasche, für mich koche und mich versorge. Er klagt darüber, daß er noch nicht einen Tag mit seiner Familie allein gewesen sei, daß ich immer und überall dabei bin. Dabei fahren sie jetzt jedes Jahr im Sommer einige Wochen ohne mich in Urlaub. Ich erwarte ja gar nicht, daß sie mich mitnehmen. So lassen sie mich immer wieder spüren, daß ich ihnen im Wege bin.

Aber was soll ich tun? All mein Erspartes habe ich ihnen zum Hausbau gegeben, und meine ganze Rente stecken sie ein. Nein, so habe ich mir meinen Lebensabend nicht vorgestellt. Natürlich könnte ich auftrumpfen. Ich kann auch in ein Altersheim gehen. Da hätte ich wenigstens meine Ruhe. Aber wir haben doch die Notzeiten miteinander erlebt. Das bindet aneinander.

Und dann sind es meine Tochter und die Enkelkinder. Nur mit großem Krach würden wir auseinandergehen, denn sie rechnen seit Jahren mit meinem Geld. Und ich will meinen Frieden haben, zumal ich nur noch kurze Zeit lebe. Das spüre ich. Aber wie jetzt meine Tage verlaufen, das ist kein Friede. Ich bin den Jungen einfach eine Last. Das heißt, von meiner Tochter kann ich das nicht unbedingt behaupten. Aber sie kann sich nicht durchsetzen und schweigt um des Friedens willen. Die Kinder stehen unter dem Einfluß des Vaters. Nur eins der Mädchen hält zu mir. Oft habe ich das Gefühl, als gönne mir mein Schwiegersohn nicht einmal, daß ich mich sattesse.«

So klagte und jammerte der Großvater und breitete vor uns seine notvollen Gedanken aus, mit denen er sich dauernd im Kreis drehte.

»Haben Sie schon einmal versucht, mit Ihren Leuten in Ruhe und Güte über das zu reden, was Sie bedrückt?« fragte ich.

»Ich habe es aufgegeben. Mein Schwiegersohn schreit mich meist gleich an und hält mir jedesmal vor, was er alles für mich tut.«

Armer alter Mann!

Wie ganz anders könnte es sein, wenn sie alle aus den Notzeiten gelernt hätten. Natürlich ist es denkbar, daß sich der Alte in seiner Bitterkeit manchmal auch im Ton vergreift und so nicht die rechten Worte findet.

Als ich eines Tages ungesucht mit dem Schwiegersohn ins Gespräch kam, malte er das Bild des gemeinsamen Lebens natürlich in völlig anderen Farben, von seiner Sicht aus.

»Sie können sich nicht vorstellen, wie unleidlich mein Schwiegervater geworden ist – mit allem unzufrieden und so kritisch, daß es oft kaum zum Aushalten ist. An jedem Essen mäkelt er herum, überall mischt er sich ein und weiß alles besser. Muß ich die Kinder tadeln oder gar einmal strafen, nimmt er sie in Schutz. Erlaube ich ihnen dies oder das, dann schimpft er mit mir oder mit den Kindern. Immer ist er in Opposition. Wie man es macht, ist es falsch. Das Schlimmste aber ist, daß er in unsere Familie Unfrieden hineinträgt.«

»Vielleicht hilft es uns«, wagte ich vorsichtig zu antworten, »daran zu denken, daß wir unserer Umgebung auch einiges zu tragen aufgeben, wenn wir einmal so alt werden sollten, wenn unser Gedächtnis nachläßt und wir zehnmal am Tag dasselbe erzählen. Ob wir dann nicht auch froh sind, wenn man mit uns Geduld hat?«

Ich merkte, der Mann war verärgert, daß ich mich bemühte, seinen Schwiegervater zu verstehen.

»Und hätte der Liebe nicht!« Sonntag für Sonntag gingen sie in die Kirche, aber nicht etwa gemeinsam. Der Großvater allein und die Tochter mit ihrem Mann für sich. Man sang die gleichen Lieder, man betete dasselbe Vaterunser.

Wie heißt es in 1. Korinther 13, 2: »*Und wenn ich alle Erkenntnis hätte und allen Glauben . . . und hätte der Liebe nicht, so wäre ich nichts.*« Ich bin vor Jahren einmal direkt erschrocken über dieses Wort, das ich schon so oft gelesen, aber vorher in seinem vollen Ausmaß noch nie so verstanden hatte. Aller Glaube, alle Erkenntnis sind ungültig, wenn es an der Liebe fehlt.

Kürzlich fragte mich jemand: »Schreiben Sie wieder ein neues Buch?«

Ich berichtete ein wenig von seinem Inhalt.

»Ach, dann ist das wohl nur ein Buch für ältere Leute?«

Das verneinte ich entschieden. »Gewiß, ich spreche in meiner augenblicklichen schriftstellerischen Arbeit in erster Linie Menschen an, die auf der absteigenden Linie des Lebens sind. Aber schließlich kommen auch einmal die Jungen in diese Lebensphase und müssen sich mit den genannten Problemen auseinandersetzen«, antwortete ich.

»Dafür interessieren sie sich aber heute noch nicht.«

»Ich würde das nicht behaupten. Immer wieder begegnen mir junge Menschen oder solche mittleren Alters, die aus irgendeinem Grund – vielleicht, weil sie bereits so viel Enttäuschendes erlebt haben – nach dem eigentlichen Sinn ihres Lebens fragen. Hören wir nicht sehr oft von Jugendlichen, die mit ihrer Sorge vor der Zukunft nicht fertig werden? In unserer Zeitung stand unlängst ein Artikel unter der Überschrift: Angst geht um wie eine Seuche. Da hieß es unter anderem: Es ist sicher realistisch anzunehmen, daß Angst unter den Symptomen der vier bis acht Millionen psychisch Erkrankten in der Bundesrepublik ein vorrangiges Phänomen darstellt . . . Unter den Klienten, die Angst regelrecht krank gemacht hat und die deshalb (in der Beratungsstelle einer großen Stadt) Hilfe suchten, waren neunundsechzig Prozent Frauen und einunddreißig Prozent Männer. Die Altersschichten reichen von vier bis siebenundsiebzig Jahren. Eine Häufung von Angstsymptomen erscheint in der Gruppe der Dreißig- bis Vierzigjährigen. Aber auch bei vielen Jüngeren stellte man besorgniserregende Angstzustände fest. – Und weil auch schon bei jungen Leuten Angst vor Krankheit und Tod oder vor einem kommenden Krieg auftritt, meine ich, daß dieses Buch auch solchen etwas zu sagen hat, die sich noch nicht alt nennen können.«

»Haben Sie denn ein Mittel, Menschen zu helfen, die von Angst aufgerieben werden? Viele Psychiater stehen doch völlig ratlos vor diesem Problem. Von manchen Versuchen, ihnen zu helfen – etwa Gruppentherapie – halte ich nichts.«

»Ich selbst habe noch nie an einem dieser Versuche teilgenommen, allerdings hatte ich im Fernsehen Gelegenheit, ähnliches mitzuerleben. Die Veranstalter solcher Therapieversuche waren sichtlich bemüht, den Ratsuchenden einen Weg aus ihren Nöten zu zeigen. Aber es war mir dann doch ein Anliegen, der betreffenden Stelle zu schreiben, daß ich nicht daran glaube, daß durch Gruppentherapie Menschen aus ihren Ängsten und Nöten herausgeholfen werden kann.

Nach meiner Überzeugung ist dazu allein Christus imstande.«

Nur durch seine Kraft wird man befähigt, schwierige Mitmenschen zu ertragen und ihnen in der rechten Art zu begegnen. Natürlich ist etwas Wahres an dem Ausspruch: Es kann der Beste nicht im Frieden leben, wenn es dem bösen Nachbarn nicht gefällt. Haben wir nicht alle einen bösen oder problematischen Nachbarn? Haben wir uns nicht auch schon die Frage gestellt, ob wir für diesen oder jenen unserer Hausgenossen vielleicht auch problematisch sind? Ich bin der Überzeugung, daß die Nöte des gemeinsamen Zusammenlebens gelöst werden können, wenn man sich unter die Führung des Geistes Gottes stellt. Dadurch empfängt man Weisheit im Umgang mit anderen Menschen, das führt zur Rücksichtnahme gegenüber anderen und macht willig, lieber Unrecht zu leiden als Unrecht zu tun.

Im Laufe der Jahre habe ich so viele Leserbriefe bekommen, daß sie einige Mappen füllen würden, wenn ich sie alle aufgehoben hätte. Die Briefe kamen aus Kanada, aus Südafrika, aus Frankreich, aus der Schweiz und anderen Ländern, vor allem natürlich aus Deutschland. Immer wieder freute ich mich, wenn meine Leser mir bestätigten, daß sie durch die Bücher ermutigt, getröstet oder im Leid aufgerichtet worden sind. Alle meine Bücher haben aber auch einen missionarischen Auftrag. Mir war es darum stets ein Anliegen, nüchtern und nicht frömmelnd zu schreiben.

Vor einiger Zeit erhielt ich einen Brief, über den ich mich besonders gefreut habe. Ein sechzehnjähriger Bursche schrieb mir: Ich habe nach Ihrer Adresse geforscht und sie durch Ihr Verlagshaus bekommen. Nun muß ich Ihnen unbedingt schreiben, daß ich Ihren Büchern viel verdanke. Ich komme aus einer unchristlichen Familie, habe aber eine gläubige Großmutter. Diese machte mich auf Ihre Bücher aufmerksam. Sie besitzt davon siebenundzwanzig Exemplare. Die habe ich alle gelesen. Sie wurden mir zur Wegweisung. Sie schildern so plastisch den Kampf zwischen Gut und Böse, wenn Sie von Menschen schreiben, die in diesem Kampf unterliegen oder von solchen, bei denen es anders ist. Ich muß Ihnen bekennen, daß es mir oft schwerfällt, das Gute zu tun. Ich möchte so gerne als Christ leben. Bei meiner Konfirmation habe ich mir das fest vorgenommen. Aber es ist furchtbar schwer, es durchzuführen, zumal ich in meinem Elternhaus dafür kein Verständnis finde. Und doch spüre ich in meinem Innern deutlich, daß es richtig ist, bei diesem Vorsatz zu bleiben. Ich möchte Ihnen danken, daß Sie Bücher schreiben, die mir dabei eine Hilfe sind. Ich bespreche sie jeweils mit meiner Großmutter, die mir großes Verständnis entgegenbringt . . .

Ein solcher Ausspruch ist heute sehr selten: »Meine Großmutter bringt mir Verständnis entgegen.« Viel mehr hört man Äußerungen wie diese: »Was will schon der Alte.« Oder: »Was weiß die Alte noch vom Leben?«

Und doch gibt es auch andere Fälle. Schon einige Male wurde ich gefragt: »Wo gibt es denn solche Menschen, wie Sie sie in Ihren Büchern schildern – geduldig, ausgeglichen, hilfreich, Christen, die es nicht nur dem Namen nach sind, sondern die sich bemühen, nach den Grundsätzen der Bibel zu leben. Wo sind sie denn? Ich habe noch keine erlebt.«

Immer, wenn ich so etwas höre, wird mein Herz traurig. Sind sie denn wirklich so selten, die Sanftmütigen, die Rücksichtsvollen, die Demütigen und solche, die bereit sind, Opfer zu bringen, die den Nächsten lieben, wie sich selbst? Gibt es sie wirklich nicht mehr?

Gewiß, man mag ihnen nicht allzuoft begegnen, aber sie sind das Salz der Erde. Wenn ich meine Erinnerungen wachrufe, muß ich dankbar feststellen, daß ich solchen fröhlichen Christen immer wieder begegnet bin. Menschen, die bewußt an sich arbeiten – nein, besser – die Gott an sich arbeiten lassen und in deren Leben man die Früchte findet, die wahres Christsein sichtbar machen.

Ich habe in meinen Büchern nicht nur gute Menschen geschildert, sondern auch von der Macht des Bösen berichtet. Aber es war und ist mir immer wieder eine Freude, von Menschen zu erzählen, die etwas ausstrahlen von ihren Erfahrungen mit Gott. Sie fehlen in keinem meiner Bücher, weil es mir ein Anliegen ist, den Sieg des Guten, an den ich glaube, deutlich zu machen. Ich meine, das ist einer meiner Lebensaufträge als Schriftstellerin.

Macht es uns nicht alle glücklich, wenn wir einem »guten« Menschen begegnen, einem, der durch die Verbindung mit Gott durch Christus geadelt worden ist? Ich will versuchen, einige von ihnen zu schildern, die eine spürbare Ausstrahlungskraft besaßen. Uns allen ist wohl bewußt, daß wir ausstrahlen, was uns erfüllt. Wer dem Guten zugänglich ist, der strahlt Gutes aus. Wer sich dem Bösen unterstellt, der kann doch gar nicht anders, als Böses zu verbreiten. Wie wahr ist das Wort der Bibel: Wem ihr euch gebt als Knecht, des Knecht seid ihr!

Alle hatten der Gundel abgeraten: ihre Eltern, die Verwandten, die Nachbarn, ihre Freundinnen. Es war natürlich nicht verborgen geblieben, daß der Bachhofbauer ein Auge auf die blonde Gundel geworfen hatte.

»Gegen den Leopold kann keiner etwas sagen«, war die Meinung ihrer Eltern gewesen. »Er ist fleißig und ordentlich, er trinkt und raucht nicht, der Hof ist in Ordnung. Aber denk doch, die gelähmte Mutter! So etwas lädt sich kein Mädchen auf. Wenn er auch sagt, du seist in erster Linie für den Haushalt da, für die Küche und das Kleinvieh, und für den Garten hinter dem Haus. Den Stall und die Felder besorge er allein mit dem alten Vetter, der auf dem Hof lebt. Dann ist da noch die Tante im Nachbarhaus. Jeder weiß, was für ein böses Mundwerk die hat und wie sie ihren Mann herumkutschiert. Vergiß nicht, man heiratet auch immer die Familie mit! Nein, Gundel, das schlag dir nur aus dem Sinn. Daraus wird nichts.«

Die Zwanzigjährige antwortete nicht gleich. Alles, was ihr die Eltern in gutgemeinter Besorgnis zu bedenken gaben, hatte sie sich längst schon überlegt. In manchen schlaflosen Nachtstunden hatte sie darüber nachgedacht – aber . . .

»Nun red doch 'was«, hatte der Vater ungeduldig gedrängt. Er wußte, sein bestimmtes »Daraus-wird-Nichts!« bedeutete für seine Jüngste nicht die letzte Entscheidung. Wenn Gundel auch ein stilles und zurückhaltendes Mädchen war, hatte sie doch immer gewußt, was sie wollte. Meistens setzte sie auch durch, wovon sie überzeugt war.

»So gib doch dem Vater Antwort!« Besorgt blickte die Mutter von der Tochter zu ihrem Mann.

»Antwort?« wiederholte das Mädchen. »Er hat mich doch gar nicht gefragt. Ihr bestimmt einfach über mich.«

»Aber du mußt doch einsehen, daß wir recht haben. Wenn du dem Leopold seine Frau würdest, nähmst du in unverantwortlicher Weise eine Last auf dich, der du in deinen jungen Jahren überhaupt nicht gewachsen bist und unter der du je länger desto mehr seufzen und stöhnen würdest. Ist es nicht Irrsinn, das zu übersehen?«

»Was meine jungen Jahre betreffen«, erwiderte das Mädchen, nachdem es noch eine Weile dagestanden hatte, als lauschte es in sich hinein, »so würde das ja mit jedem Jahr anders. Ich bleibe schließlich keine Zwanzig und würde wohl auch in meine Aufgaben hineinwachsen können. Und was die Last angeht – «, sie errötete ein wenig, denn es war bei ihnen nicht üblich, solche Gedankengänge auszusprechen, »hat nicht unser Pfarrer am Sonntag in der Kirche über den Vers gepredigt: Gott legt uns eine Last auf, aber er hilft uns auch.«

Damit hatte Gundel die Stube verlassen.

»Hättest du ihr lieber damals die Erlaubnis gegeben, Diakonisse zu werden«, warf die Bäuerin ihrem Mann vor. »Aber dagegen warst du auch.«

»Ach was, das war nur eine Idee, weil sie ganz verknallt war in die junge Schwester, die gerade vom Mutterhaus in unsere Gemeinde gekommen war und die halbe Jugend verrückt machte. Einige Burschen verliebten sich in sie, weil sie tatsächlich ein hübsches Ding war, und die Mädchen wollten auf einmal alle fromm werden. Gundel war ja nicht die einzige, die plötzlich die lächerliche Idee hatte, Krankenschwester, dazu noch Diakonisse zu werden.«

»Bei unserer Tochter war es aber keine lächerliche Idee. Du weißt ganz genau, daß sie sich immer zu Kranken und Alten und hilflosen Kindern hingezogen fühlte. Ihre Fürsorge erstreckte sich, wie du dich erinnern wirst, auch auf kranke Tiere. Weißt du noch, wie sie das kleine Schwein, das von unserem Hund am Ohr blutig gerissen wurde, heimlich in ihre Schlafstube brachte und es dort in eine mit Stroh gefüllte Kiste legte, um es gesund zu pflegen? Ebenso hat sie es mit der Katze gemacht, die vom Auto angefahren worden war. Wieviel bittere Tränen hat sie vergossen, als das Tier dann doch einging.«

»Ach, das waren alles Kindereien! Nun aber hat sie sich in den Kopf gesetzt, auf den Bachhof zu ziehen, den Leopold zu heiraten und damit die Betreuung seiner gelähmten Mutter zu übernehmen. Ich hab' nichts gegen die beiden, aber unsere Jüngste will ich ihnen nicht geben. Mit der habe ich andere Pläne.«

»Pläne!« höhnte die Frau. »Ja, du machst immer Pläne mit deinen Kindern, ohne sie zu fragen, ob sie damit einverstanden sind. Vielleicht ist das auch die Ursache dafür, daß unsere beiden Söhne, der Andreas und der Karl, in die Fremde gegangen sind. Und wenn du unseren Großen noch eine Weile herumkutschierst, als wäre er dein Knecht, dann bin ich nicht sicher, ob er dir nicht wie die beiden anderen den Krempel hinwirft und darauf verzichtet, unseren Hof zu übernehmen.«

»Jetzt hörst du aber auf, du alte Eule mit deinem Schwarzsehen. Ich habe noch immer gewußt, was ich zu tun habe.«

»Und die Gundel weiß es auch. Sie gleicht dir zu sehr.«

Die Gundel heiratete wirklich den Bachhofbauern. »Ich muß meinen Weg gehen«, sagte sie zu ihren Eltern, wenn auch nicht in Trotz, so doch in Entschiedenheit, dem ein ernsthaftes Nachdenken und Erwägen vorausgegangen war.

»Was heißt hier dein Weg?« fuhr der Vater auf und versuchte noch einmal, ihr als Autorität des Hauses entgegenzutreten.

Wieder antwortete sie nicht gleich. Dann aber entgegnete Gundel ruhig und bestimmt: »Ich meine sicher zu sein, daß es der mir von Gott gezeigte Weg ist.«

So wurde sie Bäuerin auf dem sauberen Hof am Ende des Dorfes hinter dem Bach, der seit Generationen den ihm gewiesenen Weg floß und bei starken Regenfällen und bei der Schneeschmelze oft zum reißenden Fluß wurde.

»Ich habe dich schon lange beobachtet«, gestand ihr eines Tages Leopold. »Du bist mir aufgefallen, als du den alten Mann, der als Flüchtling in unser Dorf gekommen war und von den anderen immer als Fremder und Außenseiter behandelt wird, fürsorglich über die Straße geführt hast. Ich habe gesehen, wie du mit den Kindern umgegangen bist. Da ist mir der Gedanke gekommen, ob ich es wagen könnte, dich ins Haus zu holen, wo doch meine Mutter an den Rollstuhl gebunden ist. Aber dann wurde ich wieder unsicher, weil ich doch zehn Jahre älter bin als du.«

»Warum hast du eigentlich nicht früher geheiratet, Leo?«

»Gerade darum, weil ich mir nicht denken konnte, daß es heute noch Mädchen gibt, die solche Opfer auf sich nehmen. Denn ein Opfer ist es, Gundel, Tag für Tag für einen so hilflosen Menschen da zu sein, wie es meine Mutter ist. Du weißt ja nun, daß wir sie kaum einmal allein lassen können und darum sehr ans Haus gebunden sind. Seit dem Unfall, der ihr die Querschnittslähmung brachte, habe ich kaum gewagt, auch nur ins nächste Dorf zu gehen oder gar einmal zu verreisen. Ja, ein Opfer ist es! Aber ich werde nie vergessen, was du mir gesagt hast, als ich mit dir darüber das erste Mal sprach: Aus Liebe zu einem Menschen kann man auch Opfer bringen.«

Gundel lachte. »Hast du denn damals gewußt, ob die

Liebe, von der ich sprach, dir oder deiner Mutter galt?«

»Nein, das habe ich nicht gewußt.«

»Es hat wirklich lange gedauert, bis du überhaupt einmal gesagt hast, daß du mich lieb hast.«

»Ach, so etwas spürt man doch!«

»Ein Mädchen möchte das aber auch einmal hören. – Doch nun bin ich ja deine Frau. Daß es nicht leicht sein würde, habe ich gewußt. Aber weil ich dir von Herzen gut war, konnte ich mich auch entschließen, die Last auf mich zu nehmen. Du weißt doch, wie es heißt: Die Liebe duldet alles, sie trägt alles – die Liebe höret nimmer auf. Auch habe ich mir gesagt, daß die Gelähmte die Frau ist, die dich, der du nun mein liebster Mensch bist, zur Welt gebracht hat und die nach dem Tode deines Vaters dem Hof vorstand wie ein Mann, um dir das Erbe zu erhalten. Schließlich hat sie das alles für dich getan, auch aus Liebe zu dir. Und als sie damals hoch in den Baum stieg, um Äpfel zu ernten, hat sie die Gefahr wohl gekannt, aber sie nicht gescheut und ist durch den Sturz zum Krüppel geworden. Darum, Leo, war es für mich gar kein Problem, zu dir zu kommen, weil ich wußte, du kannst keine andere Frau brauchen als eine, die sich liebevoll auch deiner Mutter annimmt.«

Nun legte der wortkarge junge Bauer die Arme um seine Gundel und sagte das Wort, auf das sie lange vergeblich gewartet hatte: »Ich habe dich sehr lieb.«

Als die junge Frau wenig später ihre Schwiegermutter im Rollstuhl durchs Dorf und am Sonntag auch in die Kirche fuhr, waren die Reaktionen der Dorfbewohner verschieden.

»Wie kann man so töricht sein und einen Mann heiraten, mit dem man eine solche Last wie diese Schwiegermutter auf sich nimmt? Ja, gibt es denn heute noch so etwas? Wofür haben wir denn die Pflegeheime, wenn nicht für solche völlig hilflosen Leute, die doch zu nichts mehr nütze sind.«

Andere sagten: »Alle Achtung vor der Gundel! Die hat das Herz auf dem rechten Fleck. Wo kämen wir hin, wenn wir nicht bereit wären, unsere Alten und Schwachen zu betreuen?«

Und noch eine Stimme: »Hat die Bachhofbäuerin nicht alles getan, um ihrem Sohn den Hof zu erhalten und seine Zukunft zu sichern? Es ist nicht mehr wie recht, daß die Jungen sich jetzt der Mutter annehmen. Die Gundel ist für eine solche Aufgabe zwar noch reichlich jung, aber sie hat das Herz auf dem rechten Fleck.«

Der Leopold und seine Gundula kümmern sich wenig um das Gerede im Dorf. Sie gehen ihren Weg, haben nicht das Gefühl, daß sie etwas Besonderes tun, indem sie die gelähmte Mutter liebevoll betreuen und sind miteinander glücklich, obgleich ihr Alltag nicht leicht ist.–

Ja, so etwas gibt es heute noch. Sollte man darüber nicht reden, weil die Selbstlosen immer seltener zu werden scheinen?

Eine weitere Begebenheit möchte ich schildern: In einem Einzelzimmer eines Krankenhauses liegt eine Frau von etwa sechzig Jahren. Sie weiß, daß ihr nicht mehr zu helfen ist. Immer hat sie gefürchtet, die Krankheit, an der sie schon längere Zeit leidet, könnte Krebs sein. Nun hat man es ihr gesagt. Zwar braucht sie bisher keine Schmerzen zu erleiden, weil die Ärzte alles tun, um sie ihr zu ersparen. Wenn sie nur noch eine Weile in ihre kleine, aber so gemütliche Wohnung zurückkehren könnte. Mit welcher Freude hatte sie sich alles eingerichtet. Und jeder, der sie besuchte, fühlte sich bei ihr wohl.

Auf ihre Frage, ob sie nicht mehr damit rechnen könne, wenigstens noch eine Zeitlang nach Hause zu kommen, schüttelt der Arzt den Kopf. »Es ist nicht so, Frau Heinrich, daß Sie schon heute oder morgen sterben müßten. Aber Sie sollten nicht mehr alleine sein. Sie sind zu schwach. Denken Sie doch, Sie wiegen keine neunzig Pfund mehr. Ja, wenn Sie jemand hätten, der Ihre Pflege übernehmen würde, dann wollte ich nichts dagegen einwenden, daß Sie noch eine Zeitlang in Ihre Wohnung zurückkehren. Sie gaben die Adresse Ihres Neffen an, den man benachrichtigen soll, wenn . . .« Der Arzt hatte nicht weitergesprochen.

»Wenn ich sterbe«, fährt die Patientin fort. Sie zwingt sich, tapfer zu erscheinen. Aber sie ist es nicht. Jeden Tag und noch mehr in den schlaflosen Nachtstunden kämpft sie gegen die Angst an. Ja, wenn da jemand wäre, der ihre Hand halten könnte, wenn es soweit ist. Aber ihr Neffe?

Der Arzt teilt ihm die Lage mit. Nach einigen Tagen steht er am Bett der Kranken. »Tante Linda, wir haben ein Pflegeheim ausfindig machen können, das dich aufnehmen will. Das ist ein großes Entgegenkommen. In deinem Zustand nehmen sie . . . nun ja, du weißt ja, daß du sehr krank bist.«

Die Augen der Patientin sind vor Schreck geweitet. »In ein Pflegeheim, in eine fremde Stadt? Dort kenne ich keinen Menschen. Niemand wird nach mir sehen. Warum darf ich nicht hier sterben, wo ich zu Hause bin?« Die Unruhe steigert sich sichtlich. Kreisrote Flekken brennen auf ihren Wangen.

»Du mußt einsehen Tante, daß es nicht anders möglich ist. Gewiß, wir haben ein eigenes Haus, aber auch vier unruhige Kinder. Und dann meine Frau. Sie ist nicht ganz gesund. Sie kann zu allem anderen nicht noch deine Pflege übernehmen.«

»Der Chefarzt hat mir gesagt, ich könne jederzeit wieder hier im Krankenhaus Aufnahme finden, wenn es – wenn es untragbar würde.«

»Es geht wirklich nicht, Tante Linda. Du mußt das begreifen, wir können dich nicht zu uns nehmen. Glaube mir, ich hatte viel Mühe, die Heimleitung zu bewegen, eine Zusage zu geben. Erst als ich eine größere Spende für das Heim versprochen habe . . .«

»Also mit Geld!« haucht die Kranke. »Nein, Kurt, mit Geld ist nicht alles zu machen.« Und dann schließt sie die Augen und spricht kein weiteres Wort mehr. Über ihre eingefallenen Wangen rinnen Tränen.

Die Schwester betritt das Krankenzimmer. Sie erkennt sofort den Zustand der Patientin und ruft den Arzt.

»Was ist hier geschehen?« fragt dieser fast vorwurfsvoll den gut gekleideten Herrn, der sich nicht einmal gesetzt hat, sondern immer noch vor dem Bett der Kranken steht.

Man gibt der Kranken eine Beruhigungsspritze.

Vor der Tür versucht der Neffe dem Arzt die Situation zu schildern. »Meine Tante ist unglaublich eigensinnig. Sie weigert sich starrköpfig, in ein Pflegeheim zu gehen. Dabei war es für mich wahrhaftig nicht leicht, für sie einen Platz zu finden.«

»Und Sie selbst können Sie nicht aufnehmen? Es wird nicht mehr allzu lange dauern.«

»Unmöglich, Herr Doktor. Das kann ich meiner Frau und den Kindern, die dauernd Rücksicht nehmen müßten, nicht zumuten.«

»Ach so!« Mehr sagt der Arzt nicht. Daß er den Neffen der Schwerkranken nach einem kurzen Gruß einfach stehenläßt, findet dieser unerhört.

In den nächsten Tagen scheint das Lebenslicht der

Patientin auslöschen zu wollen. Das Gespräch mit dem einzigen Verwandten, den sie noch hat, genügte, um ihren Lebenswillen fast zu brechen. Sie ißt nichts mehr, findet keinen Schlaf und wünscht nur noch, daß es mit ihr schnell zu Ende gehen möchte. Ärzte und Schwestern umsorgen sie liebevoll.

Nach einigen Tagen besucht sie eine Nachbarsfrau. Sie ist zutiefst erschrocken, als sie die Kranke sieht. Nur mühsam kommt ein Gespräch zustande. Doch dann bricht der ganze Jammer aus der Tiefe der Kranken hervor. »In ein Pflegeheim will mich mein Neffe bringen. Fort von hier, wo ich zu Hause bin. Er weigert sich, mich in sein Haus aufzunehmen. Ich habe nichts gegen Pflegeheime. Es ist gut, daß es die gibt. Aber ich kann nun einfach nicht mehr. Ich bin am Ende meiner Kraft. Lieber will ich hier sterben. Dabei könnte mich mein Neffe gut aufnehmen. Er hat ein geräumiges Haus und eine gute Anstellung. Aber er will sich diese Last nicht aufladen. Dabei habe ich ihm jahrelang geholfen – mit Geld. Aber davon will ich nicht reden. Er wird ja einmal sowieso alles erben . . .« Sie will gar nicht darüber sprechen, aber es quillt aus ihr heraus wie ein Sturzbach. Der Undank und Egoismus des einzig noch lebenden Verwandten gibt ihr den Rest.

Die Frau aus der Nachbarschaft ergreift ihre zuckenden Hände. »Sie dürfen sich nicht so aufregen! Damit schaden Sie sich. Noch sind Sie ja hier. Gott tut für Sie vielleicht doch noch eine Türe auf. Bitte, verzweifeln Sie nicht.«

»Eine Türe für mich?« Die Kranke schüttelte müde den Kopf. »Was sollte das für eine Türe sein?«

Frau Löffler, die Nachbarin der Kranken, liegt nun auch in der nächsten Nacht schlaflos. Erst vor einem Jahr ist ihr Mann gestorben, den sie bis zuletzt versorgt hat. Oft ging es über ihre Kräfte. Als er starb, hat sie wohl getrauert, denn sie waren viele Jahre glücklich zusammen gewesen, aber sie hat es ihm auch gegönnt, daß er erlöst war.

Nur langsam hat sie sich von den Strapazen der schweren Pflege erholen können. Inzwischen ist sie ein wenig zur Ruhe gekommen und kann sich an ihrem Einfamilienhaus mit dem schönen Blumengarten freuen. Kinder hat sie keine gehabt. Aber nachdem sie wieder zu Kräften gekommen ist, kümmert sie sich um Einsame und besucht Kranke und Alte.

Als nach dieser durchwachten Nacht der Morgen anbricht, weiß sie es: Sie muß die Krebskranke in ihr Haus nehmen. Sie muß sie pflegen und ihr die letzte Zeit ihres Lebens noch ein wenig froh gestalten. Sie erkennt das ganz klar als ihren Auftrag, und sie weiß, daß derjenige, der sie beauftragt hat, ihr dazu auch die Kraft geben wird.

Wieder sitzt sie am Bett der Kranken. Sie hat zuvor mit dem Chefarzt gesprochen. »Es ist Ihnen klar«, hat dieser gesagt, »daß Sie keine leichte Aufgabe übernehmen?«

»Ich bin nicht ohne pflegerische Erfahrung«, hat Frau Löffler erwidert. »Mein Mann war lange krank und starb vor einem Jahr.«

»Und doch wollen Sie das auf sich nehmen?«

»Ja, Herr Doktor, es gibt ein inneres Müssen.«

Fest hat der Arzt ihre Hand gedrückt. »Vielleicht ist es Ihnen eine Beruhigung zu wissen, daß Sie die Patientin wieder zu uns bringen dürfen, wenn es für Sie nicht mehr tragbar ist.«

Und dann sagt sie es ihrer Nachbarin.

Mit der Kranken geht eine sichtbare Veränderung vor. »Sie wollen mich zu sich nehmen, Frau Löffler?«

Sie beginnt aufzuleben. Sie kann wieder etwas Essen zu sich nehmen. Sie gewinnt wieder Freude am Dasein. Und wenn es auch nur eine kurze Wegstrecke ist, die noch vor ihr liegt. Freude vermittelt Kraft.

Sie liegt in Frau Löfflers Gaststübchen. Die Fenster sind weit geöffnet. Aus ihrem Bett blickt sie in den Garten, sieht die reifenden Äpfel am Baum hinter dem Haus, hört die Vögel zwitschern, läßt die Sonnenstrahlen ihre schmalgewordenen Hände auf der Bettdecke liebkosen und strahlt ihre Pflegerin aus glücklichen Augen an, als diese ein Tablett mit einem Glas Milch und einigen Keksen hereinbringt.

»Frau Löffler, ich bin Ihnen so dankbar! Wie kann ich das nur gutmachen, was Sie an mir tun?«

»Davon sprechen wir nicht. Wir genießen jetzt jeden Tag, der uns noch geschenkt wird.«

»Ja, ein Geschenk ist es!« Die Kranke faltet die blassen Hände zum Gebet: »Danke, Gott, für dieses Geschenk!«

Er war Psychologe und lebte bis dahin bei seinen Eltern, die in der Schweiz geachtete, wohlhabende Leute waren und einige Häuser besaßen. Ernst hätte nicht beruflich tätig sein müssen. Geld war genug vorhanden, und bis jetzt hatte er keine Familie zu versorgen. Wenn seine Eltern in gewisser Besorgnis auf ihren Sohn blickten, dann hatte das keinen wirtschaftlichen Grund. Sie waren vermögend. Er würde einmal ein beträchtliches Erbe antreten. Aber Ernst war so anders als seine Geschwister – so verträumt, so in sich gekehrt. Herr von Watten schüttelte oft den Kopf über diesen seinen Sohn. »Ich weiß nicht, von wem Ernst diese Art hat. Weder von deiner noch in meiner Familie ist mir ein solcher Fall bekannt«, sagte er zu seiner Gattin.

»Vielleicht würde es besser, wenn er eine Frau fände, die lebhaft und temperamentvoll ist und ihn aus seinen Träumereien herausreißt«, antwortete sie.

»Ja, er sollte heiraten, du hast recht. Aber wen?« In Gedanken ließ Herr von Watten die Reihe der jungen Mädchen aus ihrem Bekanntenkreis an sich vorüberziehen. Aber welche wäre wohl bereit gewesen, diesen stillen und in sich gekehrten jungen Mann zu nehmen? Unter ihnen waren wirklich einige reizende junge Damen, die er ohne weiteres als Schwiegertochter akzeptiert hätte.

Frau von Watten mochte ähnliche Gedanken bewegen. »Ich weiß nicht, ob sich eine von ihnen entschließen könnte, Ernsts Frau zu werden. Dabei müßte sie nicht einmal vermögend sein.«

Aber Ernst dachte nicht ans Heiraten, obgleich er das Alter dazu gehabt hätte. Die meisten der ihm bekannten jungen Mädchen machten auf ihn einen zu oberflächlichen Eindruck. Wie sollte er seinen Eltern klarmachen, daß ihm inzwischen die Augen aufgegangen waren für die Nichtigkeit des irdischen Besitzes? Natürlich war es erstrebenswert, sein Auskommen zu haben. Aber seine Familie besaß mehr, als man zum Leben braucht. Sie haben immer im Überfluß gelebt, konnten sich jeden Wunsch erfüllen. Ob seine Eltern und Geschwister ahnten, daß es Menschen gab, die nicht einmal das Nötigste besaßen? Schon immer hatte Ernst den Wunsch gehegt, einen Beruf zu ergreifen, der ihm dazu verhalf, anderen Menschen Gutes zu tun. Er hatte daran gedacht, Medizin zu studieren. Aber würde er täglich mit Kranken umgehen und erleben können, wie Menschen in Schmerzen leiden, ohne ihnen vielleicht helfen zu können? War er dafür nicht zu sensibel? Darum entschloß sich Ernst, Psychologie zu studieren. Auf diesem Wege wollte er versuchen, Menschen zu verstehen und ihnen zu helfen.

Irgendwann war er dann mit der Heilsarmee in Berührung gekommen. Einer seiner Studienkollegen hatte ihn zu einer Versammlung mitgenommen, die in einem kleinen Saal stattfand. Der Freund berichtete: »Zuerst trieb mich die Neugierde, vermischt mit Spottlust. Ich hatte diese seltsamen, uniformierten Leute auf der Straße gesehen, wo sie eine Freiversammlung hielten. Sie sangen Lieder recht eigentümlicher Art, die sie mit Gitarren oder Blasinstrumenten begleiteten. Sie scheuten sich nicht, öffentlich zu beten und predigten Sündenerkenntnis, Buße und Vergebung. Ich folgte ihrer Einladung und besuchte eine weitere Versammlung in ihrem Saal. Irgendwie beeindruckten mich diese Leute. Sie sind keine Theologen, sprechen eine einfache Sprache und verfügen zum Teil auch über kein großes Wissen. Aber sie sind erfüllt von einer mitreißenden, tiefen Überzeugung. Sie reden von Christus, als kennen sie ihn persönlich. Ernst, du mußt einmal mit mir kommen und diese Leute kennenlernen.«

Ernst von Watten war mit dem Freund in die Versammlung der Heilsarmee gegangen. Zuerst hatte ihn die Veranstaltung nicht sonderlich beeindruckt, aber er hatte für diese Leute Bewunderung empfunden, die tagsüber ihrer Arbeit nachgingen und am Abend auf die Straßen und in die Gaststätten zogen, um dort zu missionieren. Er hatte öfters an den Heilsarmeeversammlungen teilgenommen und eines Tages seinem Vater erklärt, daß er sich dieser Organisation anschließen werde. Er wollte die Ausbildungsschule der Heilsarmee besuchen und dann sein Leben in den Dienst der Ärmsten, der Verkommensten und Verachtetsten stellen.

»Ich meine, ich sollte dich auf deinen Geisteszustand überprüfen lassen«, empörte sich der Vater. »Haben wir dich dafür studieren lassen? Hast du darum dein Doktordiplom gemacht? Mutter und ich haben dich nicht gedrängt, einen Beruf zu ergreifen. Wir wollten dir Zeit lassen, den richtigen Platz zu finden. Und nun diese überspannte Idee!«

»Ich glaube, den richtigen Platz für mich gefunden zu haben«, erwiderte Ernst, der mit Vorhaltungen der Eltern gerechnet hatte. Ihm war klar gewesen, daß sie ihn nicht verstehen könnten, wenn er von der inneren Wandlung erzählen würde, die er durchgemacht hatte.

»Du bist einem religiösen Wahn verfallen«, behauptete Herr von Watten.

»Du machst unserer Familie Schande!« sagte weinend seine Frau.

»Daß dir diese Heilsarmeeleute nicht zu primitiv sind! Hast du etwa auch vor, diese Uniform zu tragen und dich mit ihnen auf die Straße zu stellen, die unmöglichen, marschmäßigen Lieder zu singen und wie sie in der Öffentlichkeit zu beten?«

Frau von Watten rang die Hände: »Ernst, das überlebe ich nicht! Zu Tode müssen wir uns schämen, wenn du das tust!«

Der Vater sprach von Enterben und davon, daß er ihn nicht mehr bei sich im Hause dulden wolle, wenn er seinen Willen durchsetze.

»Warum hast du eigentlich Psychologie studiert, wenn du deine Kenntnisse nicht anwenden willst? Du findest doch bestimmt genug Möglichkeiten, Menschen zu helfen und zu beraten, wenn du dir nun einmal eine solche Marotte in den Kopf gesetzt hast.«

Ernst von Watten versuchte den Eltern zu erklären, was ihn bewog, sich der Heilsarmee anzuschließen.

»Gewiß, ihr habt recht, unter den Mitgliedern sind einfache, schlichte, vielfach sogar ungebildete Menschen. Aber wenn sie ihr Christsein ernstnehmen, bleiben sie nicht ungebildet, denn der lebendige Glaube verändert, ja adelt den Menschen.«

»Hör mir auf mit solchen Redensarten!« fuhr der Vater ihn an. »Adelt die Menschen! Du bist adlig von Geburt an, bist in eine aristokratische Familie hineingeboren. Du gehörst einfach nicht in diese Kreise.«

Der Sohn versuchte es andersherum. »Vater, du irrst, wenn du meinst, nur gewöhnliche Leute schließen sich der Heilsarmee an. Der Leiter der Ausbildungsschule in Bern ist der auch dir bekannte Professor –«

Noch ehe Ernst den Namen aussprechen konnte, unterbrach ihn der Vater: »Schweig! Ich will kein Wort mehr hören. Wir haben keines unserer Kinder dafür erzogen, daß es sich so unwürdig benimmt.«

Ernst von Watten gab es auf. Er wußte, jedes weitere Wort hätte den Vater nur noch mehr gereizt. Und wie sollte er erwarten, daß er dafür Verständnis aufgebracht hätte, wenn er sagen würde: »Gott ist mir in den Weg getreten und mir zu stark geworden.« Auch seine Geschwister würden nur ein mitleidiges Lächeln zeigen, wenn er ihnen berichten würde, daß ihn ein schlichter Vers nicht mehr losließ, den die Heilsarmeeleute immer wieder gesungen hatten:

Nichts ist hier bleibend,
alles, wie schön auch,
wird einmal vergehn.
Nur was getan ist
aus Liebe zu Jesus,
das behält Wert
und wird ewig bestehn.

Ernst wußte, seine Schwester, an der er besonders hing, würde sagen: »Wie peinlich! Bitte, sprich in Gegenwart von Mama und Papa oder vor deinen Brüdern und unseren Freunden niemals davon. ›Aus Liebe zu Jesus‹, meine Zeit, Ernst, wir sind doch keine unchristliche Familie. Wir gehen zur Kirche. Wir glauben an Gott. Aber so etwas sagt man einfach nicht. Empfindest du denn nicht, daß dies eine süßliche Frömmigkeit ist, die niemals anziehend, sondern eher abstoßend wirkt?«

Seine Brüder hätten ihn für verrückt erklärt. »Ernst war ja schon immer ein Außenseiter, ein Sonderling gewesen. – Aber schließlich muß jeder nach seiner Facon selig werden!«

Er wurde den kleinen Kehrreim nicht los. »Nichts ist hier bleibend, alles, wie schön auch, wird einmal vergehn . . .« In seiner Gründlichkeit und Wahrheitsliebe fragte Ernst sich: Und was habe ich vorzuweisen, das bleibend ist? Geld, Gut, Ansehen und Wissen, ja, das war in seiner Familie vorhanden, und er hatte es gedankenlos übernommen. Ein schönes und bequemes Leben hatte er bis jetzt geführt. Das Studium hatte ihm Freude bereitet, und daß er den Doktorgrad erwarb, war schließlich auf seinen Fleiß und auf seine Fähigkeiten zurückzuführen. Aber was blieb von alledem?

Als er in einer ruhigen Stunde noch einmal den Versuch machte, seiner Mutter diese Gedankengänge klarzumachen, hatte sie fast hilflos die Achseln gezuckt: »Ernst, ich weiß wirklich nicht, was du dir für Hirngespinste in den Kopf gesetzt hast! Was bleibt? fragst du. Was hat Bestand über dieses Leben hinaus? Ach, wer will denn wirklich wissen, ob es nach dem Tode ein Weiterleben gibt? Warum soll ich mir über solche Dinge den Kopf zerbrechen? Du hast dich verrannt, mein Sohn! Liebe Zeit, es gibt doch so viele Möglichkeiten, Gutes zu tun und Menschen zu helfen, auch ohne diese verschrobene Heilsarmee.«

»Gewiß, Mama«, hatte er geantwortet, »aber es zieht mich nun einmal zu dieser Organisation, weil sie mir die Möglichkeit bietet, mich um die Ärmsten und Verkommensten zu kümmern, von denen sich viele schaudernd zurückziehen. Ich wäre so froh, wenn du und Papa meine Beweggründe verstehen würden.«

»Nein, nie werden wir deine Handlungsweise begreifen oder gutheißen«, erwiderte Frau von Watten und erhob sich, um ihren Sohn wissen zu lassen, daß es völlig sinnlos sei, weiterzureden.

Ernst sprach mit dem Leiter der Heilsarmeestation, deren Versammlungen er besuchte, von seinem Wunsch, als Mitglied aufgenommen zu werden und daß er die Ausbildungsschule – man nannte sie Kadettenschule – besuchen wolle. Der Kapitän erwiderte: »Es ist anerkennenswert, daß Sie diesen Entschluß gefaßt haben, Herr Doktor, aber unsere Meinung ist, daß man unbedingt selbst besitzen muß, was man anderen weitergeben will. Die Armen, Obdachlosen und Verkommenen benötigen Brot, ein Heim, eine Arbeitsstelle, vor allem aber Christus. Sie können sich selbst nicht von ihrer Trunksucht und von anderen Lastern befreien. Aber Christus ist dazu imstande. Darum muß ich Ihnen die Frage stellen: Wie ist Ihr persönliches Verhältnis zu Christus?«

Nachdenklich erwiderte Ernst von Watten: »Daß ich an Gott glaube und an seinen Sohn Jesus Christus genügt Ihnen wohl nicht?«

»Nein«, sagte der Heilsarmeekapitän freundlich, aber bestimmt. »In der Heiligen Schrift heißt es: Auch die Teufel glauben an Gott und zittern vor ihm. Ein persönliches Verhältnis zu Jesus Christus bekommt man, wenn man sich selbst als erlösungsbedürftig erkennt und im Glauben annimmt, daß dieser Jesus der einzige Weg ist, der zu Gott führt. Ich kann gut verstehen, daß es Ihnen, der Sie eine ausgezeichnete Erziehung genossen haben, schwerfällt einzusehen, daß Sie eine völlige Erneuerung erleben müssen. Es gibt keinen anderen Weg für uns alle, die wir durch die Sünde von Gott abgefallen sind, als diesen.«

Er zitierte aufs neue ein Wort der Bibel: »Es ist in keinem andern Heil, ist auch kein anderer Name den Menschen gegeben, durch den sie sollen selig werden, als der Name Jesus. Wenn Sie das glauben und für sich annehmen, Herr Doktor, dann können wir über Ihren Wunsch weiterreden, sich der Heilsarmee anzuschließen.«

Ernst von Watten glaubte zu erkennen, daß die Heilsarmee sich nicht ohne weiteres glücklich wähnte, einen promovierten Psychologen in ihren Reihen aufzunehmen. Man würdigte zwar seine Kenntnisse und wußte es zu schätzen, daß ein Mann aus diesen Kreisen bereit war, Geld, Gut und Ansehen hinter sich zu lassen – aber vor allem fragte man nach der Gewißheit einer echten Glaubenserfahrung.

Ernst von Watten unterzog sich einer gewissenhaften Selbstprüfung. Er wurde die Frage des Heilsarmeekapitäns nicht los: »Wie ist Ihre persönliche Einstellung zu Christus?«

Und dann meinte er, immer wieder den schlichten Vers zu hören, den die Heilsarmeeleute sangen: ». . . Nur was getan ist aus Liebe zu Jesus, das behält Wert und wird ewig bestehn.« Aus Liebe zu Jesus? Er verehrte diesen Jesus Christus, er bewunderte ihn, er kannte seine Lehre, und ihm war klar, daß nie ein

Mensch über die Erde gegangen war wie er. Ja, er glaubte auch daran, daß Jesus Gottes Sohn war – aber ihn lieben? Wenn er ehrlich war, konnte er das nicht von sich behaupten. Wie kann man jemand lieben, zu dem man kein persönliches Verhältnis hat? Um Christus zu lieben, kannte er ihn zu wenig. Plötzlich war ihm klar, daß sein Schulwissen, das, was er im Konfirmandenunterricht gelernt und in der Kirche gehört hatte, nicht ausreichte. Nein, so schwer hatte er es sich nicht vorgestellt, sich dieser Heilsarmee anzuschließen. Was mußte er nun tun, wie sollte er sich verhalten, um zu diesen Erfahrungen zu kommen?

Als gegen Schluß der nächsten Sonntag-Abendversammlung der Heilsarmeekapitän diejenigen Zuhörer aufforderte, nach vorne zu kommen, die bereit waren, ihr Leben ganz unter die Führung Gottes zu stellen, da war Ernst von Watten einer der ersten, der vortrat. Neben ihm kniete ein verkommener Mann, gezeichnet von der Trunksucht, auf der anderen Seite eine weinende Frau, daneben eine Krankenschwester und ein sechzehnjähriger Lehrling. Inmitten dieser Leute kniete Dr. von Watten und betete: »Ich glaube an dich, Gott, von meiner Kindheit an, aber ich habe Christus nicht erlebt und bitte um Vergebung für alle meine Versäumnisse. Herr Jesus Christus, laß mich dich so erleben, daß ich dich lieben kann – so kindlich wie diese einfachen Menschen um mich.«

Als Ernst von Watten den schlichten Versammlungssaal verließ, kam es ihm vor, als sei er ein anderer Mensch geworden. Am liebsten wäre er noch am gleichen Abend in das Schlafzimmer seiner Eltern geeilt und hätte ihnen von diesem wundersamen Erlebnis erzählt. Aber er wußte, daß sie ihn nicht verstehen und wieder behaupten würden, er sei von einem religiösen

Wahn befallen. Ihm war klar, sie mußten an seinem Wandel merken, daß etwas völlig Neues in sein Leben getreten war.

Nachdem Herr von Watten erkannte, daß sein Sohn von der Idee nicht abzubringen war, sich der Heilsarmee anzuschließen, verlangte er, daß er ins Ausland ging. Er ertrug den Gedanken nicht, daß Ernst schließlich in der Uniform der Heilsarmee predigend auf den Straßen seiner Heimatstadt stand und sich lächerlich machte.

Ernst besuchte die Kadettenschule der Heilsarmee und wurde in eine Großstadt gesandt, in der er ein weites Arbeitsfeld unter gestrandeten Menschen fand. Seinen Fähigkeiten entsprechend übertrug man ihm bald die Redaktion für das wöchentlich erscheinende Blatt »Kriegsruf«. Seine Sprachkenntnisse waren ihm dabei von großem Nutzen. Wenn seine Tagesarbeit in der Redaktion beendet war, konnte man den jungen Mann in der blauen Uniform der Heilsarmee bis nach Mitternacht auf den Rummelplätzen und in den verrufenen Gassen der Stadt sehen, manchmal in Begleitung anderer Heilsarmeeleute, oft aber auch allein. Er sprach die Trunkenbolde an und brachte sie nach Hause, wenn sie nicht mehr allein heimfanden. Er redete mit Prostituierten und nahm es auf sich, von ihnen oft in gemeinster und unflätigster Art beschimpft zu werden. Er ging in die Gefängnisse und nahm sich der Strafgefangenen an. Leicht fiel ihm das alles nicht. In seinem bescheidenen Zimmer fühlte er sich oft sehr einsam. Das Heimweh nach der Schweiz war sehr groß. Aber er hielt aus und lebte für die Ärmsten der Armen. Der Lohn, den ihm die Heilsarmee zahlen konnte, was sehr gering. Weil er anspruchslos lebte, kam er damit aus. Sein Vater mochte empfunden haben, daß er mit dem

Sohn zu hart umgegangen war. Ernst staunte nicht wenig, als ihm dann und wann Geld zugesandt wurde. Er gebrauchte es aber nicht für sich, sondern gab es den Bedürftigen in Lebensmitteln und Kleidungsstücken.

Vielen Menschen ist Ernst von Watten zum Segen geworden. Jeder, der diesem bescheidenen, tief gläubigen und von Überzeugungskraft erfüllten Menschen begegnete, erkannte, daß er aus den Kräften der unsichtbaren Welt lebte. Ich war noch jung, als ich ihn kennenlernte. Schon damals hat er mich sehr beeindruckt, und später, als ich selbst in ähnlicher Arbeit stand, empfand ich für ihn Bewunderung und große Hochachtung. Er nahm den Auftrag der Heiligen Schrift wörtlich und handelte danach: »Geht auf die Straßen und an die Hecken und Zäune und nötigt sie, hereinzukommen.« Niemand vermag zu sagen, wie vielen Menschen Ernst von Watten zum Wegweiser geworden ist. Gott wird seine Treue lohnen.

Kürzlich kamen mir einige Briefe in die Hände, die mir Ernst von Watten in den letzten Jahren seines Lebens geschrieben hat. Wie stark er sich mit den jenseitigen Dingen befaßt hat, zeigen folgende Sätze: »Ich sehne mich oft nach dem kommenden ewigen Leben, nicht, um dort zu ruhen, sondern um in einem reineren Licht mehr und besser wirksam zu sein. Meine Gedanken wandern immer und immer wieder ins Jenseits, wo ich – ehrlich gesagt – längst mehr zu Hause bin als hier auf Erden . . .«

Oft bin ich gefragt worden: »Wie entstehen eigentlich Ihre Bücher? Sind die Menschen, die Sie schildern, Ihnen wirklich begegnet oder sind sie erfunden?«

Meine Antwort lautet: Alle meine Bücher sind dem Leben entnommen. Geschehnisse, die mich stark beeindruckten, Landschaften, deren Reize und Schönheit auf mich wirkten, drängten mich geradezu zum Schreiben. Dabei war es natürlich nicht zu vermeiden, gewisse Änderungen vorzunehmen. Ich darf das Schicksal eines Menschen nicht so schildern, daß er sich oder andere ihn darin wiederfinden. Deshalb ist es nötig, die Geschehnisse zu »verfremden«, die Ereignisse an einen anderen Ort zu verlegen und vor allem andere Namen zu erfinden. So entstanden alle meine Bücher aus Wahrheit und Dichtung. Aber die meisten in diesem Buch geschilderten Menschen und deren Tun sind nicht erfunden. Ich habe sie gekannt und, falls sie noch leben, stehe mit ihnen auch jetzt noch in Verbindung oder habe von ihnen gehört.

Viel mehr als wir ahnen, werden wir von dem Tun oder Lassen anderer Menschen beeinflußt. Ihr Handeln und Reden, ihre Einstellung zum Leben und vieles mehr, bestimmen oft unsere Reaktionen. Es müssen nicht unbedingt außergewöhnliche oder gar sensationelle Geschehnisse sein, die dazu beitragen, unser Denken zu prägen. Auch Unscheinbares und Alltägliches wirkt auf uns ein, weit mehr, als wir es für möglich halten. Darum ist es nicht unwesentlich, mit welchen Menschen wir Umgang pflegen. Auf geheimnisvolle Weise werden wir durch deren Ausstrahlungen beeinflußt, soweit wir uns ihnen öffnen.

Die Menschen, die ich auch in diesem Buch schildere, sind meist schlicht. Sie gehen ihren Weg unauffällig, von vielen unbeachtet, aber sie haben uns etwas zu sagen. Ihnen selbst ist das oft nicht bewußt. Wahrscheinlich liegt gerade darin ihre Ausstrahlungskraft.

An einem naßkalten Oktobertag arbeitete eine Bäuerin mittleren Alters auf dem Rübenacker. Nebelschwaden wehten gespensterhaft vom naheliegenden Wald her und verwehten immer wieder den Blick ins Tal hinunter. Nur für einen kurzen Augenblick richtete Frau Klemmer sich auf. Ihre Hand griff nach dem schmerzenden Rücken. Sie versuchte den Seufzer zu unterdrücken, der hörbar machte, daß sie am Rand ihrer Kräfte war. Aber Marion, ihre älteste Tochter, hatte ihn doch vernommen.

»Hören wir noch nicht bald auf, Mutter?« fragte die Zwölfjährige. »Mir tut der Rücken auch weh. Außerdem muß ich noch Schulaufgaben machen. Wenn ich vom Schaffen so müde bin, kann ich kaum noch denken.«

»Ich weiß, Marion. Aber eine Stunde müssen wir noch aushalten.«

»Was, noch eine ganze Stunde?« Zornig warf Walter, ein Jahr jünger als die Schwester, die Zuckerrübe, die er gerade in der Hand hielt, auf den Wagen. »Ich mag einfach nicht mehr. Meine Finger sind ganz klamm vor Kälte, und Hunger habe ich wie ein Wolf.«

»Sobald wir zu Hause sind, gibt's was zu essen«, versuchte die Mutter ihn zu beschwichtigen. »So schlimm kann es mit deinem Hunger nicht sein. Du hast doch das meiste von dem mitgenommenen Brot bekommen.«

»Und doch habe ich Hunger!« maulte der Junge. »Ich hör jetzt einfach auf.«

Vom anderen Ende des Rübenackers ertönte plötzlich jammervolles, zweistimmiges Geschrei. Die Mutter hob den Kopf.

»Das ist doch Lore mit den beiden.« In der Tat sah man ein kleines Mädchen, das sich krampfhaft mühte, seine jüngeren Geschwister über den durch viel Regen aufgeweichten Boden vorwärtszuzerren. Die Kinder blieben immer wieder im Dreck stecken. Hans hatte seinen Schuh verloren und lief brüllend auf einem Strumpf weiter. Liesel war hingefallen und nun von oben bis unten verschmutzt. Von weitem sah man der Fünfjährigen die Verzweiflung an. Völlig ratlos stimmte sie in das Geheul der kleineren Geschwister ein.

»Lauf, Marion, und hilf ihnen!« rief die Mutter.

»Ich geh schon!« Walter setzte sich bereits in Trapp. Es lockte ihn mehr, nach den Kindern zu sehen, als im Rübenacker zu arbeiten.

»Du bleibst hier und machst weiter!« befahl die Mutter in strengem Ton. »Du wirst doch nicht mit den dreien fertig.«

»Das wäre gelacht!« erwiderte der Junge grimmig. »Ich würde ihnen schon mit ein paar Rippenstößen auf die Beine helfen.«

»Eben, darum bleibst du hier!«

Marion war schon losgelaufen. Es dauerte nicht lange, da kam sie mit den Kindern an. Unmöglich sahen sie aus.

»Sie wollten nicht länger daheimbleiben, Mutter«, erklärte Lore schluchzend. »Sie haben dauernd geheult. Vater hat geschimpft. Auch als ich ihnen ein Stück Brot gegeben habe, wollten sie zu dir auf den Akker. Und dann sind sie im Dreck steckengeblieben.«

»Eine Rotznase haben sie auch beide«, stellte Walter grimmig fest, der seine schlechte Laune nun an den Kleinen ausließ.

»Halt du doch deinen Mund!« fuhr Marion ihn an und putzte dem Kleinen in Ermangelung eines Taschentuches mit ihrer Schürze die Nase.

»Marion, geh mit den dreien schon heim«, bestimmte die Mutter, »und koch ihnen einen Brei. Walter und ich müssen noch eine Weile hier bleiben. Ich hatte so gehofft, daß wir heute mit den Rüben fertig werden.«

Aber die beiden Jüngsten begannen aufs neue laut zu schreien. »Bei Mama bleiben! Nicht heimgehen!«

Hilflos blickte Marion die Mutter an. »Soll ich nicht mit Walter weitermachen? Dann gehst du mit den Kindern nach Hause.«

»Fällt mir nicht im Traum ein, mit dir hierzubleiben.«

Walter war völlig unzugänglich. Und so setzte sich die kleine Gruppe nach einer Viertelstunde in Bewegung. Die Mutter sah, daß die drei Kleinen zu frieren begannen, und Liesel hatte ohnehin die Hosen naßgemacht. Also – nichts wie nach Hause.

»Gebt acht, der Autobus kommt«, mahnte die Mutter. Sie selbst hatte Hans auf den Arm genommen und trug ihn ein Stück weit.

»Tante Friedel ist wieder nicht gekommen«, stellte Walter in einer Mischung von Enttäuschung und Ärger fest.

»Ich hab' euch doch gesagt, daß sie diesmal mit einigen Schwestern eine Fahrt an den Bodensee macht. Ich habe ihr zugeredet, und sie hat sich so darauf gefreut.«

»Als sie das letzte Mal hier war, hat sie versprochen, in den Ferien wiederzukommen.«

»Damals hat sie noch nichts von der geplanten Urlaubsfahrt gewußt. Sei doch vernünftig, Walter, und gönne ihr auch einmal eine Freude.«

Als sie nach einer halben Stunde alle auf dem Hof ankamen, schallte ein vielstimmiger Freudenschrei durch das Haus: »Sie ist ja doch da! Tante Friedel ist gekommen!«

»Aber im Autobus warst du nicht«, stellte Marion fest. »Ich habe so nach dir ausgeschaut.«

»Wollt ihr mir nicht erst einmal guten Tag sagen?«

fragte die Angekommene lachend. Und nun fielen ihr die Kinder um den Hals. Selbst die vor Dreck strotzenden Kleinen ließen es sich nicht nehmen, die Tante zu drücken und ihre verschmierten Gesichter an ihre Wange zu schmiegen.

»Ich bin vom Bäckerauto mitgenommen worden«, erklärte Tante Friedel. »So mußte ich nicht noch eine halbe Stunde auf den Bus warten. Als wir am Rübenakker vorbeikamen, habe ich versucht, mich bemerkbar zu machen. Aber du, Anne, warst gerade mit den Kleinen beschäftigt. Mich hat keiner von euch gesehen. Ich habe dann gedacht, ihr seid froh, daß das Nachtessen bereitet ist, wenn ihr verfroren heimkommt. Der Brei steht schon fertig auf dem Rand des Herdes. Aber ich meine, die drei Kleinen sollten zuerst in die Wanne. So kann man sich ja nicht an den Tisch setzen.«

»Doch, man kann!« Walters Protest wurde nicht beachtet!

»Ich meine, du dürftest dich vorher auch gründlich waschen«, stellte Tante Friedel fest. »Ich kann dir den Drachen, den ich mitgebracht habe, nicht geben, solange du schmutzige Hände hast.«

»Einen Drachen?« Im nächsten Augenblick hatte der Junge den Wasserhahn aufgedreht, während Friedel die drei Kleinen in die Waschküche brachte, wo die Badewanne stand.

»Hast du uns auch was mitgebracht?«

»Natürlich, Lore, euch allen.«

Es dauerte nicht lang, und sie saßen um den großen Tisch in der Küche.

Für gewöhnlich war Werner Klemmer sehr schweigsam oder mißmutig. Seit seiner Erkrankung ertrug er die unvermeidliche Unruhe der Kinder noch weniger. Meistens übersah er, daß seine Frau übermüdet von der

Arbeit im Stall, auf dem Feld oder im Garten kam. Darum gelang es ihr oft nur mit Mühe, zwischen ihrem Mann und den Kindern zu vermitteln, ganz abgesehen davon, daß auch sie hin und her ein ermunterndes Wort oder eine Anerkennung nötig gehabt hätte.

Heute aber hatte sich sogar Werner Klemmers Gesicht aufgehellt. Nicht nur die Kinder waren glücklich, wenn Tante Friedel ins Haus kam, auch deren Eltern atmeten für eine kurze Zeit auf.

Mit Annes Schwester schien in der Tat ein Lichtstrom das Haus zu durchziehen. Friedel strahlte etwas aus, was wenigstens in den Tagen ihres Hierseins die Lasten, unter denen sie alle seufzten, nicht ganz so schwer erscheinen ließ.

Für alle hatte Tante Friedel ein aufmunterndes Wort. »Ich meine, du siehst etwas besser aus als bei meinem letzten Hiersein, Werner«, sagte sie zu ihrem Schwager. »Wenn du dich noch eine Zeitlang schonst, kann es doch sein, daß du bald wieder leichtere Arbeiten auf dem Hof verrichten kannst.«

Über das Gesicht des Schwagers legte sich sofort der Schatten des Unmuts, der in letzter Zeit nicht mehr weichen wollte. »Leichte Arbeiten!« wiederholte er bitter. »Aber die Hauptlast liegt nach wie vor auf Anne. Ich weiß nicht, wie sie das auf die Dauer aushalten soll!«

»Komm«, versuchte seine Frau ihn zu beschwichtigen. »Es ist bis heute gegangen und wird auch weiter gehen. Ich werde schon durchhalten.«

Doch auch aus ihren Worten klang Resignation.

Ruhig antwortete Friedel: »Ihr dürft beide nicht den Mut verlieren. Du, Werner, warst schon viel schlimmer dran. Seid doch zuversichtlich! Wir haben vor einiger Zeit einen Mann aus der Station entlassen, der wie du einen Herzinfarkt hatte. Jetzt kann er in seiner Werkstatt bereits leichtere Arbeiten verrichten.«

Am Abend, als die Kinder in ihren Betten lagen und auch Werner sich zurückgezogen hatte, saßen die beiden Frauen noch in der Stube zusammen. Der nie leerwerdende Flickkorb stand zwischen ihnen, und es war für Anne eine Wohltat, ihrer Schwester das Herz ausschütten zu können, während sie zusammen die schadhaften Wäsche- und Kleidungsstücke ausbesserten.

»Ich bin oft totunglücklich über mich«, klagte sie. »Weil ich dauernd überlastet bin, finde ich keine Zeit und kaum noch Kraft, mich den Kindern zu widmen. Auch für Werner bringe ich nicht mehr die Geduld auf, die nötig wäre. Darum führen wir je länger desto mehr ein ziemlich freudloses Dasein.« Tränen liefen über ihr Gesicht.

Friedel versuchte der Schwester Mut zu machen. »Glaube mir, Anne, Gott legt uns wohl eine Last auf, aber er hilft uns auch. Nimm dir nicht mehr vor, als du bewältigen kannst und bitte jeden Morgen neu um die Kraft, die du brauchst, deine Pflichten zu erfüllen. Sorge nicht für den anderen Tag. Es ist genug, daß ein jeder Tag seine eigene Plage hat. Für drei Wochen bin ich ja nun hier und kann dir helfen, wo es nötig ist.«

»Es gibt eine Menge zu tun. Morgen müssen wir noch einmal auf den Rübenacker. Die Kartoffeln sind zum Teil auch noch draußen. Dann müssen die Äpfel von den Bäumen, der Garten sollte umgegraben werden.«

»Wir tun eins nach dem andern. Es ist gut, daß die Kinder ab morgen Herbstferien haben. Die beiden Großen können doch schon recht ordentlich helfen.«

»Walter ist oft sehr unwillig.«

»Nimm es nicht so schwer. Er kommt in die Flegeljahre. Tadele möglichst wenig an ihm herum! Lobe ihn aber, wenn er sich Mühe gegeben hat.«

»Ach, Friedel, wenn du da bist, dann geht alles viel leichter – aber wenn ich mit allem allein dastehe!«

»Nun hör auf zu weinen, Anne. Sieh nicht nur das Schwere, sondern auch das, wofür ihr dankbar sein müßt. Die Nachbarn haben euch bei der Roggenernte nicht im Stich gelassen. Sie sind mit dem Mähdrescher gekommen und haben euch auch bei der Maisernte geholfen. So wird immer wieder Rat! Und nun sollten wir beide auch zu Bett gehen. Morgen ist wieder ein Tag, an dem wir mit frischem Mut anfangen. Meinst du nicht auch, Anne?«

»Wie gut, daß du gekommen bist! Du verstehst es, mich aufzurichten.«

Obgleich Friedel sehr müde war, lag sie noch lange wach in dem Stübchen, das sie als junges Mädchen bewohnt hatte. Hier war sie aufgewachsen. Hier hatte sie gelebt, bis ihre Eltern endlich erlaubten, daß sie einen Beruf erlernte. Schon immer wollte sie Krankenschwester werden. Aber man brauchte ihre Arbeitskraft. Als dann Anne geheiratet hatte und ein Mann auf den Hof kam, wurde für sie der Weg zur Ausbildung frei. Friedel war glücklich im Dienst an kranken Menschen. Der theoretische Unterricht machte ihr etwas zu schaffen. Sie war nie eine hervorragende Schülerin gewesen, doch durch ihren großen Fleiß hatte sie keine Klasse wiederholen müssen. Wäre ihr Lehrer nicht ein so verständiger Mann gewesen, der Friedels charakterliche Eigenschaften höher schätzte als ihre Begabung und ihr viel Geduld entgegenbrachte, sie ermutigte – die Schule wäre ihr mehr Last als Freude gewesen.

Das war in der Krankenpflegeschule ähnlich. Hinzu

kam, daß sie alle paar Wochen von heftigen Kopfschmerzen geplagt wurde. Migräneanfälle hinderten sie an solchen Tagen am Denken und lähmten ihre Schaffenskraft. Als das Schwesternexamen näher kam, wurde Friedel immer verzagter. Wie sollte sie das schaffen? Während der Ausbildungszeit hatte sie zweimal nach Hause müssen, weil die Mutter im Sterben lag und nach ihr rief. Ein Jahr später bekam Anne ihr erstes Kind und starb beinahe bei der schweren Geburt. Wieder rief man nach Friedel. Sie mußte ihre Ausbildungszeit unterbrechen und auf dem väterlichen Hof einspringen. Jedesmal wunderte sie sich, daß sie wieder in die Schwesternschule zurückkehren durfte. Aber von Mal zu Mal wurde es ihr schwerer, den versäumten Lehrstoff nachzuholen. Nein, ihr war klar, sie würde das Examen nicht bestehen. Weil sie nachts stundenlang zu lernen versuchte und so nicht die Ruhe hatte, die ihr Körper benötigte, verschlimmerten sich ihre Migränezustände. Sie war verzweifelt. Eines Tages wurde sie zur Oberin gerufen. Jetzt kam, was sie schon lange befürchtet hatte. Aber ehe Schwester Magdalene es ihr sagen konnte, wollte sie selbst vom Examen zurücktreten.

Die Oberin war eine gütige, mütterliche Frau. »Setzen Sie sich, Schwester Friedel«, sagte sie und bot ihr einen Stuhl an. Aber Friedel blieb stehen. Sie war bleich bis in die Lippen.

»Frau Oberin«, sagte sie und verkrampfte die Hände ineinander, als müsse sie sich selbst einen Halt geben. »Ich weiß, warum Sie mich rufen ließen, und ich möchte Ihnen sagen, daß ich selbst erkannt habe, daß es mir unmöglich ist, das große Examen zu bestehen.« Jetzt mußte sie sich doch setzen. Ihre Knie zitterten.

»Daß Sie es selbst eingesehen haben«, erwiderte die

Oberin, »erleichtert mir unser Gespräch. Aber weil wir Ihren treuen und gewissenhaften Einsatz kennen und oft erfahren haben, wie sehr Sie die Patienten schätzen, machen wir Ihnen folgenden Vorschlag: Bleiben Sie bei uns als Hilfsschwester. Es stimmt zwar, daß Sie nicht die Aufstiegsmöglichkeiten haben wie die anderen Schwestern, die das große Examen bestehen. Manche Aufgaben, die bestimmte Kenntnisse und eine vorgeschriebene Ausbildung erfordern, dürfen Sie nicht übernehmen. Aber auch als Hilfsschwester können Sie einen wertvollen Dienst tun. Überlegen Sie es sich, Schwester Friedel. Könnten Sie sich dazu nicht entschließen, müssen wir Sie leider bitten – «

»Ich bleibe als Hilfsschwester«, erwiderte Friedel und versuchte gefaßt zu erscheinen. Ihr Schluchzen unterdrückend, verließ sie die Oberin. In ihrem Zimmer warf sie sich auf ihr Bett. Der Traum war aus.

Inzwischen arbeitete Friedel schon mehr als zehn Jahre in dem Krankenhaus, in dem sie damals begonnen hatte. Leicht war der Weg nicht gewesen. Mitleidige Blicke, manchmal sogar hämische Worte einiger Mitschwestern galt es zu überwinden.

»Mit ein bißchen mehr Anstrengung hättest du es geschafft!«

»Daß du immer wieder deine rasenden Kopfschmerzen bekommst, dafür kannst du ja schließlich nichts. – Aber als Hilfsschwester bleiben – nein, das käme für mich nicht in Frage!«

»Als Dienstmädchen hat man ja auch sein Auskommen. Das ist immerhin noch besser, als hier zum Putzmädchen degradiert zu werden. Denn als Hilfsschwester mußt du die niedrigsten Arbeiten verrichten.«

Einmal kam die Stationsschwester zu einem solchen Gespräch. Ihr Ton war ziemlich scharf, als sie sich einschaltete: »Eine treue und gewissenhafte Hilfsschwester ist mir lieber als eine eingebildete examinierte Schwester, die während der Arbeit dauernd auf die Uhr schaut, ob nicht bald Feierabend ist.« Die Mädchen stoben auseinander.

Manche Aufgaben durfte Friedel nie übernehmen. So war es ihr nicht gestattet, die Stationsschwester in deren Abwesenheit zu vertreten oder an der Visite teilzunehmen, wenn der Chefarzt seinen Rundgang durch die Krankenzimmer machte.

Aber Friedel zwang die sie bedrängenden Gedanken, die ihr Mangel an Fähigkeit zuraunten, bewußt nieder. Eines Tages nahm sie der Chefarzt zur Seite und sagte: »Schwester Friedel, Sie brauchen keine Minderwertigkeitskomplexe zu haben. Wir möchten Sie in unserem Hause nicht missen. Lassen Sie mich Ihnen persönlich danken für Ihren treuen Einsatz!« Vor Überraschung und Verlegenheit konnte sie kein Wort erwidern und stand dem Arzt hilflos gegenüber.

Alle diese und ähnliche Erlebnisse zogen an Friedel vorüber, als sie in jener Nacht schlaflos in ihrem ehemaligen Stübchen lag. Nein, sie war kein Versager gewesen. Sie hatte ihre kleine Kraft in Treue eingesetzt und würde es weiter tun. Bevor sie in die Ferien gefahren war, um ihren Angehörigen zu helfen, hatte die Stationsschwester in ermahnendem Ernst gesagt: »Schwester Friedel, ich bin nicht erfreut darüber, daß Sie den Aufenthalt am Bodensee abgesagt haben. Sie hätten es dringend nötig, auch einmal an Ihren Gesundheitszustand zu denken. Seit Jahren verbringen Sie Ihren Urlaub bei irgendwelchen Verwandten, um ihnen zu helfen. Einmal erwartet Ihre Schwester ein Kind, und Sie müssen während der Zeit ihres Krankenhausaufenthaltes deren Haushalt führen. Dann benötigt man Sie irgendwo dringend bei der Heuernte. Ein andermal hat Ihr Bruder das Bein gebrochen, und Sie müssen seiner Frau beistehen. Jedes Jahr ist es etwas anderes und doch immer dasselbe: Sie fühlen sich verpflichtet, anderen zu helfen.«

»Bitte, Schwester Ella, sind Sie mit meiner Arbeit auf der Station unzufrieden?« hatte Friedel ängstlich gefragt. »Ich bemühe mich doch.«

Die Stationsschwester hatte sie unterbrochen. »Davon kann keine Rede sein. Sie tun mehr, als wir von Ihnen erwarten. Aber ich meine, Sie sollten auch im Hinblick auf Ihre sich immer wieder einstellenden Migräneanfälle wenigstens einmal im Jahr wirklich Erholung haben.«

»Aber ich kann doch nicht meine Leute im Stich lassen!« wagte Friedel einzuwenden. »Es ist keiner da, der sonst einspringt.«

»Sehen Sie mich nur nicht so verzweifelt an«, hatte Schwester Ella geantwortet. »Ich kann nur noch einmal wiederholen: Wir sind mit Ihnen sehr zufrieden, und wenn Sie fort sind, fragen viele Patienten täglich, ob Sie nicht bald wiederkommen. Kürzlich hat Herr Brunner, der jeden Abend seine schwerkranke Frau besucht, sogar gesagt: Schwester Friedel ist die Seele der Station. Das war für mich nicht gerade sehr schmeichelhaft, aber ich gönne Ihnen diese Anerkennung von ganzem Herzen.«

»Ach Schwester Ella, ich bin doch nur eine Hilfsschwester.«

»Sagen Sie nicht ›nur‹. Wir wissen, was wir an Ihnen haben. Aber nehmen Sie sich bitte meinen Rat zu Herzen. Denken Sie auch einmal an sich! Ich will ja gar nicht davon reden, daß Sie wie andere Schwestern in Ihrem Urlaub nach Teneriffa oder Mallorca fliegen sollen. Es gibt ja noch andere Erholungsmöglichkeiten. Waren Sie schon einmal an der Nordsee?«

»Nein! An den Bodensee wäre ich ja nun beinahe gekommen, ich hatte mich auch sehr darauf gefreut. Aber mein Schwager hat einen Herzinfarkt gehabt, und ich kann meine Schwester während der Erntezeit nicht alleine lassen.«

»Den Schwarzwald kennen Sie auch noch nicht?«

»Ich kenne nur die Schwäbische Alb, wo ich aufgewachsen bin, und finde sie immer wieder schön«, antwortete Schwester Friedel.

Kopfschüttelnd hatte die Stationsschwester vor ihr gestanden. »Ihnen ist nicht zu helfen, Schwester Friedel. Ich fürchte, Sie überschätzen Ihre Kraft. Eines Tages werden Sie einen Zusammenbruch erleben.«

Schwester Friedel konnte lange nicht zur Ruhe kommen. Der neue Tag würde große Anforderungen an sie stellen. Apfelernte, Kartoffelernte, der Garten mußte umgegraben werden, und auf dem hinteren Akker stand noch der Mais. Sie mußte gleich morgen zum Gemeindevorsteher gehen, um zu fragen, an wen sie sich wenden kann, um einen Maishäcksler zu bekommen. Sicher würde ihnen einer der Bauern zu Hilfe kommen. Sie wußten ja, wie es um ihren Schwager stand.

Endlich war Friedel eingeschlafen. Sie fühlte sich noch gar nicht ausgeruht, als stürmisch die Kammertür aufgerissen wurde. Die Zwillinge, noch in den Schlafanzügen, weder gewaschen noch gekämmt, purzelten herein, und ehe sie sich's versah, waren der Junge links, das Mädchen rechts zu ihr unter die Bettdecke geschlüpft. Beide hielten das von ihrer Tante mitgebrachte Geschenk fest in den Händen. »Sieh, Tante Friedel, mein Äffchen! Es hat bei mir im Bett geschlafen.«

Die kleine Nichte legte das Püppchen der Tante in den Arm. »Du darfst es ein Weilchen haben.«

Wer hätte ihnen böse sein und über die Ruhestörung klagen können? Fest drückte Friedel die beiden an sich, die nun eifrig drauflos plauderten: »Aber heute dürfen wir mit auf den Acker, nicht wahr? Wir wollen nicht immer mit Lore zu Hause warten, bis Mutti wiederkommt.«

»Draußen ist es jetzt aber schon kalt!«

»Wir wollen dir doch den großen bunten Vogel zeigen, den wir gestern gesehen haben.«

»Ihr meint sicher einen Eichelhäher. Ja, das ist ein schöner Vogel. Und habt ihr auch schon gesehen, wie bunt der Wald jetzt im Herbst aussieht? Er leuchtet in allen Farben.«

In diesem Augenblick öffnete Anne die Türe. »Also hier steckt ihr? Da kann ich euch ja lange suchen. Ihr hättet Tante Friedel doch noch eine Weile schlafen lassen sollen.«

»Die war schon lange wach.«

»Mutti, hast du schon gesehen, daß der Wald ganz bunt ist?«

»Der Wald?« Ein kummervoller Zug überschattete bereits wieder das Gesicht der Bäuerin. »Nein, dafür habe ich bisher keine Zeit gehabt.«

Friedel richtete sich mit einem Ruck im Bett auf. »Heute wird es schön, Anne. Schau dir doch den Himmel an. Die Sonne scheint. Laß uns zuversichtlich sein!«

»Guten Morgen, Friedel!« Anne erinnerte sich daran, daß sie noch nicht einmal gegrüßt hatte. »Wie froh bin ich, daß du da bist. Werner hat es auch schon gesagt, gleich nachdem er erwachte.«

»Hier scheint die halbe Familie versammelt zu sein.«

Mit diesen Worten öffnete Marion die Tür, und hinter ihr erschien Walter.

»Wie gut, daß wir dich haben, Tante Friedel. Da wird auch Mutter jedesmal froh«, sagte Marion. Ein bittender Blick aus den Augen der Schwester traf die Bäuerin. Um deiner Kinder willen bemühe dich, nicht nur immer das Dunkle, das Schwere zu sehen. Sie brauchen bei allem, was du für sie auf dich nimmst, auch ein bißchen Freude!

»Nun aber 'raus mit euch allen, damit ich aufstehen, mich waschen und anziehen kann!« sagte Tante Friedel.

»Hast du Weihnachten wieder Ferien?« wollte Walter schnell noch wissen.

»Ich werde nur ein paar Tage frei haben.«

»Aber dann kommst du doch wieder zu uns?«

»Das wird nicht gehen, Walter. Du weißt doch, Onkel Adolf ist vor einigen Wochen gestorben. Nun ist seine Frau ganz allein. Zum erstenmal erlebt sie Weihnachten ohne ihren Mann. Außerdem ist sie kränklich und kann kaum noch das Haus verlassen. Ich meine, ich sollte ein paar Tage zu ihr gehen. Und dann meine Patienten auf der Station! Diejenigen, die nicht entlassen werden können, sind über die Festtage immer sehr traurig. Ich habe mir vorgenommen, ihnen einen von meinen freien Tagen in besonderer Weise zu widmen.«

»Ohne dich wird es bei uns nicht richtig Weihnachten sein, Tante Friedel. Kannst du nicht doch wenigstens an einem Festtag zu uns kommen?«

»Ich glaube kaum, Walter. Aber ich meine, du und Marion, ihr seid jetzt groß genug, um selbst ein wenig dazu beizutragen, daß es auch bei euch Weihnachten wird. Für Mutter ist alles schwer genug, seitdem euer Vater so krank ist und sie dauernd über ihre Kräfte arbeiten muß. Vielleicht finde ich heute abend ein wenig Zeit, um mit euch beiden zu beraten, was ihr tun könnt, damit ihr kein trauriges, sondern ein frohes Weihnachtsfest erlebt. Natürlich schicke ich euch wie in jedem Jahr ein Paket. Ich habe mir schon für euch alle etwas Nettes ausgedacht.«

»Sag's mir, Tante Friedel. Ich verrate es den anderen nicht.«

»Ich denke nicht daran, Walter. Übe dich mal schön in Geduld! Und nun verschwinde endgültig, sonst kommst du noch zu spät in die Schule, und ich muß ohne Frühstück auf den Acker. Übrigens fangen heute ja die Herbstferien an. Mutter und ich erwarten dich dann beim Rübenziehen.«

»Ich will zuerst meinen neuen Drachen steigen lassen.«

»Schade, ich hatte schon so fest mit deiner Hilfe gerechnet und wollte dann nach der Arbeit mit dir aufs Stoppelfeld zum Drachensteigen gehen.«

»Gut, du kannst mit mir rechnen, Tante Friedel! Wenn die Schule aus ist, komme ich zum Rübenziehen.«

Er hatte schon fast die Tür hinter sich geschlossen, als er noch einmal zurückkam: »Tante Friedel, ich bin froh, daß du gekommen bist. Dann macht sogar das Rübenziehen Spaß.«

Vielleicht legt jetzt ein Leser das Buch gelangweilt aus der Hand. Was geht uns diese Hilfsschwester an? mag er denken. Ihr Leben ist so unbedeutend, so nichtssagend. Da greife ich doch lieber zu einem Buch, in dem etwas passiert. Hat denn dieses Mädchen nicht die kleinste Liebesaffäre gehabt, gar nichts Aufregendes erlebt? Es lohnt sich nicht, darüber nachzudenken.

Lohnt es sich wirklich nicht? Wo sind denn die Menschen, die Sie in Ihren Büchern schildern? bin ich gefragt worden.

Schwester Friedel ist einer von ihnen. Sie lebt unter uns. In selbstloser Treue opfert sie sich auf – eine Heldin des Alltags. Scheinbar unbedeutend und nur von wenigen beachtet füllt sie ihren Platz aus. Auch sie weiß von Enttäuschungen, von unerfüllten Wünschen, aber sie versucht, damit fertig zu werden.

Manche kritischen Leser werden fragen: Eine Heldin des Alltags? Ist das nicht reichlich übertrieben? Allenfalls eine Idealistin könnte man sie nennen. Wir sind geneigt, den Begriff Heldentum nur im Zusammenhang mit Krieg und Kampf zu sehen, vergessen dabei aber folgendes: Sich selbst bekriegen ist der schwerste Krieg. Sich selbst besiegen ist der größte Sieg!

Schwester Friedel wird sich immer wieder neu überwinden müssen, um auf Freizeit und Ferien zu verzichten, so dringend sie diese aus gesundheitlichen Gründen braucht. Eine Idealistin? Nein, das reicht nicht aus. Für mich gibt es nur eine einzige Erklärung für ihre Haltung: Die Liebe Christi treibt sie, solches zu tun!

Wenn ich diesem Buch den Titel gegeben habe: »Ich aber meine das Leben«, dann sehe ich solche Menschen wie diese Schwester vor mir. Menschen, die an Christus glauben, die sich ihm verschrieben haben, besitzen ein solches Leben, aus dessen Kraft heraus sie so handeln können. Darum können sie sich selbst überwinden, Opfer bringen und den Nächsten lieben wie sich selbst. Ein innerlich toter Mensch kennt diese geheimnisvolle Kraft nicht. Er lebt in Ichbezogenheit, fragt zuerst nach seinem Vorteil und folgt dem Grundsatz: Was geht mich der andere an? Ich habe genug mit mir selbst zu tun.

Manche sagen: Muß man Christ sein, um sich anderer anzunehmen? Viele geben Spenden für die Hungernden in der Welt oder für ein Patenkind in Indien, sie helfen in der Altenpflege mit oder kümmern sich um Kinder aus asozialen Verhältnissen. Hebt nur nicht immer die guten Taten der Christen hervor. Andere tun auch etwas!

Ich meine, solche Einwendungen zu hören. Dazu habe ich zu sagen: Selbstverständlich gibt es überall Menschen, die sich für Bedürftige einsetzen, ohne daß sie bewußte Christen sind. Aber ich sehe doch einen Unterschied. Es ist etwas anderes, ob ich aus Mitmenschlichkeit handle, oder ob ich es aufgrund eines mir von Gott gegebenen Auftrages tue. Das erste könnte man Idealismus nennen, das andere: Dankbare Verpflichtung Gott gegenüber. Wem das einmal aufgegangen ist, der kann einfach nicht mehr nur für sich allein leben. Der setzt seine Gaben, Kräfte und Möglichkeiten ein, um damit anderen zu dienen. Und mag das im Verhältnis zu großen Aktionen gering sein – Jesus hat das Scherflein der Witwe höher gewertet als das, was der Reiche von seinem Überfluß gab. Solche opferfreudigen Menschen, die sich und ihre Wünsche zurückstellen, sind selten.

Da steht ein anderes Bild vor meinen Augen.

In einer Stadt am Rande der Schwäbischen Alb liegt ein völlig hilfloses Kind in einem Gitterbett. Es stimmt nicht ganz, wenn ich sage, daß Paul ein Kind ist. Er hat kürzlich seinen fünfunddreißigsten Geburtstag erlebt. Er liegt auch nicht in einem Kinderbett, denn er hat die Größe eines ausgewachsenen Mannes. Und doch ist er ein Kind – nicht nur seiner Mutter Kind, die ihn in hingebender Liebe betreut und pflegt, sondern in seiner ganzen Art mit einem Säugling zu vergleichen. Er kann nicht sitzen, nicht stehen, nicht gehen. Er kann nicht sprechen und nicht alleine essen. Er muß mit flüssiger Nahrung oder mit weichen Speisen gefüttert werden. Täglich muß ihn seine Mutter saubermachen und trokkenlegen, ihn rasieren und anziehen, denn Paul ist völlig hilflos.

Frau Liebknecht lebt mit diesem ihren Sohn allein. Ihr Mann ist im Krieg gefallen. Er hat Paul ein einziges Mal gesehen, als er auf Urlaub kam. Da war er in Wirklichkeit noch ein Säugling, dem wohl nur der Arzt und die Hebamme ansahen, daß mit ihm irgend etwas nicht in Ordnung war. Die junge Mutter hoffte damals von Tag zu Tag, von Woche zu Woche, von Monat zu Monat und von Jahr zu Jahr, daß das Kind sich doch noch entwickeln würde. Paul wuchs zwar körperlich, aber der Geist wuchs nicht mit. Nur wenn sie den Jungen hielt, konnte er auf ihrem Schoß sitzen. Nie hat er gehen gelernt, nie das Sprechen. Eines aber konnte er, und damit beglückte er seine Mutter immer wieder: Er konnte lächeln. Und es war nicht das Lächeln eines Idioten, es kam irgendwie aus der Tiefe seines Innern – ein strahlendes, frohes, dankbares Lächeln.

Als wir von Frau Liebknecht und ihrem Sohn hörten, machten mein Mann und ich uns eines Tages auf den Weg zu dieser Frau. Es gehört zu den uns selbst gestellten Aufgaben des Ruhestandes, uns um kranke, einsame, belastete und alte Menschen zu kümmern – soweit es unsere Kräfte und die Zeit zulassen. Als uns die Frau in ihre kleine, zur ebenen Erde gelegenen Wohnung führte, war unser erster Eindruck: Hier herrscht peinliche Ordnung und größte Sauberkeit. Keine Spur von verbrauchter, muffiger Luft in dem Zimmer, in dem »das Kind« war. In tadellos reiner Bettwäsche lag

Paul, mit einem hübsch gestreiften Oberhemd und blauen Trikothosen bekleidet und spielte mit seinen Händen. Neben ihm lag sein Teddybär, am Fußende ein bunter Ball. An der Wand über dem Bett hatte Frau Liebknecht verschiedene Spruchkarten angebracht, die ihr freundliche Menschen zur Ermutigung schickten: »Sei getrost und unverzagt!« – »Fürchte dich nicht, glaube nur!« – »Ich will dich nicht verlassen noch versäumen!« In der Mitte, umgeben von diesen Karten, hing ein größeres Bild vom Guten Hirten. Blühende Blumen standen vor dem Fenster. An der gegenüberliegenden Seite des Zimmers befand sich das Bett, in dem die Mutter schlief. Sie kann ihr großes Kind Tag und Nacht nicht alleine lassen.

Frau Liebknecht bot uns Stühle an. Da saßen wir und vermochten in den ersten Augenblicken kein Wort zu sagen. Tränen drängten sich in unsere Augen. Das fünfunddreißigjährige Kind hatte uns entdeckt. Es hörte auf, mit seinen Fingern zu spielen, und sah uns an – nein, es strahlte uns an. Über sein Gesicht zog ein Leuchten, und aus seinem geöffneten Mund kamen Laute – zwar unartikuliert, aber unverkennbar Laute der Freude.

Seine Mutter nickte ihm zu. »Du hast Besuch bekommen, Paulchen. Nicht wahr, darüber freust du dich?«

»Er hat es so gern, wenn jemand zu ihm kommt!« sagte sie zu uns. »Wir sind ja immer allein.« Und an ihren Jungen gewandt: »Sieh nur, mein Schatz, was man dir mitgebracht hat: Guten, süßen Traubensaft. Das magst du doch.« Behutsam wischte sie ihm den Speichel ab, der aus dem Mund floß.

Dann deutete Frau Liebknecht auf das Bild über dem Bett. »Paulchen kennt den Guten Hirten. Und er weiß, daß er das Schäflein ist, das der Hirte auf seinen Armen trägt. Immer wieder blickt er zu dem Bild empor.«

Ich war nicht ganz sicher, ob der arme Paul sich wirklich eine Vorstellung von dem machen konnte, was seine Mutter sagte. Aber warum sollten wir sie nicht bei diesem Glauben lassen? Eins war auf alle Fälle sicher: Der Gute Hirte kennt und liebt dieses arme, fünfunddreißigjährige Kind, und er hat auch ihm eine Stätte bereitet, dort, wo es kein Leid mehr gibt und wo Paul Liebknecht einmal ganz gesund und völlig normal sein wird.

Da saßen wir nun und konnten im Grunde genommen gar nichts für »das Kind« tun. Plötzlich kam mir der Gedanke, Paul könnte sich vielleicht daran freuen, wenn ich ihm das Lied vom Guten Hirten vorsingen würde. Und ich sang: »Weil ich Jesu Schäflein bin, freu ich mich nur immerhin über meinen guten Hirten, der mich wohl weiß zu bewirten, der mich liebet, der mich kennt und bei meinem Namen nennt.«

Die Laute, die Paul jetzt von sich gab, klangen beinahe wie Jauchzen. »Sehn sie, er versteht es!« behauptete die Mutter und wies mit der Hand auf ein Leuchtkreuz, das ebenfalls an der Wand über dem Bett ihres Jungen hing. »In der Nacht, wenn es dunkel ist, leuchtet es hell. Paul kann es dann sehen und muß sich nicht fürchten.«

Wir hätten ihr noch so gerne etwas Tröstliches gesagt, aber wir kamen uns beim Anblick eines solchen Jammers fast hilflos vor. So fragten wir, bevor wir die Wohnung verließen, ob wir noch beten dürften. Frau Liebknecht nickte erfreut. Sie beugte sich über ihren Sohn und legte ihm die Hände zusammen, die er nicht selber falten konnte, und hielt ihre Finger herum, weil seine Hände sonst auseinandergefallen wären.

»Schatzeli, jetzt beten wir«, sagte sie. »Du weißt doch, wie wir es jeden Abend tun.«

In tiefer Bewegung befahlen wir Mutter und Sohn dem Herrn an, der sich besonders der Witwen und Waisen, der Schwachen und Elenden annimmt.

Paul spielte wieder mit seinen Händen, als uns Frau Liebknecht zur Türe begleitete. »Sie sind eine tapfere Frau«, sagte ich zu ihr.

Sie schüttelte den Kopf. »Was ich tue, ist nichts Besonderes. Ich sorge gern für mein Kind, und es wird mir nie zuviel. Manche meiner Bekannten sagen, ich soll Paul in eine Anstalt bringen. Bestimmt gibt es dort geschultes Personal, und man wird alles tun, was nur möglich ist, um diesen Kranken zu helfen. Aber Mutterliebe kann nur ich ihm geben, und die soll er nicht entbehren, solange ich lebe. Ich hoffe, daß Gott ihn vor mir heimholt.«

»Dürfen wir wiederkommen?« fragten wir.

»Gerne, gerne! Ihr Besuch war mir eine Stärkung und Ermutigung. Unser Pfarrer kommt auch regelmäßig. Die Not ist nicht mehr ganz so groß, wenn wir nicht allein gelassen werden.«

Unser nächster Besuch fiel in die Weihnachtszeit. Auch diesmal hatten wir uns nicht angemeldet. Wie beim erstenmal war alles blitzsauber. Wir trafen Frau Liebknecht beim Putzen des Hausgangs. Im Stübchen ihres Sohnes stand ein kleiner Christbaum, geschmückt mit bunten Kugeln. Wir meinten, ohne es auszusprechen, daß Paul davon kaum etwas wahrnehmen, geschweige denn verstehen würde, aber die Mutter erzählte uns fröhlich: »Wir feiern miteinander. Ich lese ihm die Weihnachtsgeschichte vor und singe alle Weihnachtslieder, die ich kenne. Und er freut sich darüber.«

Wenn Frau Liebknecht notwendige Besorgungen machen muß, kommt eine Nachbarin und sitzt bei Paul. So oft wie möglich geht seine Mutter auch zum Gottesdienst in die Kirche. Sie kann es aber nur, wenn jemand bei ihrem Kind bleibt. Wie gut können wir verstehen, daß sie sich aus der Predigt und der Gemeinschaft mit Gläubigen Kraft holen muß, um durchzuhalten! Ist nicht auch sie eine Heldin des Alltags?

Mein Mann und ich nahmen in der Wohnung Frau Liebknechts am Bett ihres Sohnes an einer Abendmahlsfeier teil, die uns unvergeßlich bleiben wird. Pauls Mutter hatte schon früher einen Pfarrer gefragt, ob es nicht möglich sei, daß er ihrem Sohn das Heilige Abendmahl reicht. Der Pfarrer hat es verneint. »Er ist nicht konfirmiert, außerdem versteht er nicht, was da geschieht.«

»Aber er ist doch getauft«, erwiderte die Mutter. »Damals hat er als kleines Kind doch ebensowenig verstanden, was da geschah.«

An dieser Stelle könnte man in eine Diskussion über die Taufe geraten. Mir sind die Ansichten derer, die die Glaubenstaufe üben und sich erst nach persönlicher Entscheidung für Christus taufen lassen, wohl bekannt. Andererseits gehöre ich auch nicht zu denen, die meinen, man gelangt durch die Taufe zur Gotteskindschaft. Aber ich glaube, daß bereits über dem neugeborenen Kind das Angebot Gottes steht: Ich will dein Vater sein! Allerdings muß dann einmal im Leben des Getauften die Antwort kommen, der eine Entscheidung vorausging: »Ich will dein Kind sein!« In unserer evangelischen Kirche ist es so geordnet, daß der junge Mensch in seiner Konfirmation diese Antwort gibt. Aber längst ist die Konfirmation ebenso wie die Taufe für viele nur noch eine Formsache. Man gewinnt beinahe den Eindruck, daß manchen die Einsegnung zur Aussegnung geworden ist, und außerdem kann keinem der Zeitpunkt der Entscheidung vorgeschrieben werden. Uns allen, die wir um das Weiterbestehen unserer Kirche bangen, ist die Tauf- und Konfirmationsfrage längst zu einer großen Not geworden. Man kann die Glaubenstaufe, der die persönliche Willensentscheidung des Täuflings vorausgeht, wohl bejahen. Andererseits ist auch sie keine Gewähr dafür, daß der Getaufte zu allen Zeiten in den Wegen Gottes wandelt. Doch ist es nicht meine Aufgabe, an dieser Stelle darüber zu urteilen, was richtig oder besser ist. Jedenfalls bin ich der Meinung, daß der Wunsch Frau Liebknechts, ihrem Sohn das Abendmahl nicht vorzuenthalten, verständlich war. Es ist doch eine unumstrittene Tatsache, daß auch der arme Paul zu den Geliebten Gottes gehört!

Unser Pfarrer war bereit, Paul das Abendmahl zu reichen – ist doch Christus auch für ihn gestorben.

Wir drei, der Geistliche, mein Mann und ich sangen am Bett des Kranken (die Mutter war gerade erkältet und konnte nicht mit einstimmen). Paul strahlte über das ganze Gesicht. Ergreifende Stille und tiefer Ernst lag über dem kleinen Raum, als ein Stück der Hostie in einen Löffel voll Wein gelegt wurde, damit es sich auflöste und dann dem Behinderten sehr sorgsam eingeflößt werden konnte. Tiefbewegt nahmen auch wir das Abendmahl. Ohne Zweifel war die Gegenwart Gottes zu spüren. »Wo zwei oder drei versammelt sind in meinem Namen, da bin ich mitten unter ihnen«, hat unser Herr gesagt.

Vor der Handlung entnahm der Pfarrer seiner Aktentasche ein Stück Papier und eine Schere. Mit wenigen Schnitten stellte er einen wunderschönen Weihnachtsstern her und klebte ihn ans Fenster, so daß darauf der Blick Pauls fallen konnte. Ob sein armer Kopf zu registrieren vermochte, daß es ein Stern war, vermag ich nicht zu sagen. Jedenfalls freute er sich. Nach der Abendmahlsfeier sangen wir für ihn: »Ihr Kinderlein kommet«, und als Zugabe von mir: »Kling, Glöckchen, klingelingeling.« Aber damit war es nicht genug. Plötzlich legte unser Pfarrer seine Hände wie eine Muschel um die Lippen und blies oder flötete – wie man es nennen will: »Kuckuck, Kuckuck ruft's aus dem Wald.« Zwar hört man den Kuckuck nicht um die Weihnachtszeit, aber es war ein Kinderlied, dessen anspruchslose Melodie vielleicht noch eher in das Gehör des armen fünfunddreißigjährigen Jungen einging als die der anderen Lieder. Paul strahlte. Aus seinem weitgeöffneten Mund kamen jauchzend Freudentöne. Nachdenklich verließen wir Mutter und Sohn. Keiner von uns hatte jemals eine solche Abendmahlsfeier erlebt.

Man mag darüber denken, wie man will. Mich jedenfalls hat der Wunsch dieser schlichten Frau ergriffen, ihren Sohn an dem teilnehmen zu lassen, was ihr innerstes Bedürfnis war. Wenn sie uns erzählt, daß sie Paul sonntags aus der Kinderbibel vorliest, dann glaube ich kaum, daß er davon viel versteht. Aber wie soll sie es denn anders tun, wenn sie dem Auftrag Jesu Folge leisten will, der da sagt: »Laßt die Kindlein zu mir kommen und wehret ihnen nicht«? »Laßt sie zu mir kommen« – ich meine, das ist so zu verstehen: Nehmt sie bei der Hand und bringt sie zu mir! Kommt mit ihnen zu mir. Allein kann der arme Paul nie und nimmer zu Jesus kommen, soweit wir das als Außenstehende beurteilen können. Aber was wissen wir schließlich von dem, was in seinem kranken Kopf vor sich geht? Und so, wie Frau Liebknecht keine Mühe scheut, ihn zu säubern, ihm täglich frische Wäsche anzuziehen und die kleine Wohnung in tadelloser Ordnung zu halten, so will sie ihm alles mitteilen, was ihr wichtig geworden ist. Eins ist sicher, der Herr Jesus, der uns den Zugang zum himmlischen Vater vermittelt, versteht sie. In ihrer Schwachheit und Einfalt gibt sie jedem Augenblick, den sie mit ihrem Sohn erlebt, den Glanz, den sie vermag. Und das wird ihr Gott segnen.

Ich las einmal folgenden Ausspruch: In dieser Welt besitzen wir nichts anderes als den vorübergehenden Augenblick. Gib ihm Glanz, wie du ein Kleinod polieren würdest. Es ist der einzige Reichtum, auf den wir hier ein Anrecht haben. Alles andere gehört Gott allein.

Dieses Wort gab eine Großmutter ihrer Enkelin mit, und ich meine, es lohnt sich, darüber nachzudenken.

Es ist Sonntag. Aus einem Bahnwärterhäuschen im Badener Land dringen fröhliche Kinderstimmen ins Freie. Sie singen ein Lied, das von einem Harmonium begleitet wird. Eine Stunde vorher konnte man beobachten, wie der Bahnwärter lange Bretter aus dem Schuppen neben dem Haus herbeischleppte und sie in die Küche trug. Er ist nicht mehr der Jüngste, und manchmal würde er am liebsten streiken. Doch Emmy tat es auch nicht. Sonntag für Sonntag wurde die geräumige Küche zu einer kleinen Kirche umgewandelt. Und wer hätte ihr sonst die Bretter über die Küchenstühle legen sollen, wenn nicht ihr Vater? Im Frühjahr, im Sommer oder im Herbst ging es ja noch einigermaßen gut. Aber im Winter, wenn es Glatteis gab, war es gar nicht ungefährlich, die langen Bretter die Stufen zur Haustür hinaufzubalancieren. Dabei hielt der Bahnwärter das Tun seiner Tochter für völlig sinnlos und unnötig. Aber wenn seine Emmy mit ihren immer etwas blauen Lippen und den bleichen Wangen vor ihm stand, dann konnte er ihr diesen Wunsch nicht abschlagen. Und wenn der Bahnwärter später im Nebenzimmer saß, anscheinend in die Zeitung vertieft, aber mit einem Ohr doch zur Küche hin lauschte und zuhörte, was Emmy den Kindern erzählte, dann wurde ihm immer wieder eigenartig zumute. Schon Jahr um Jahr sammelte Emmy die Kinder der Nachbarschaft um sich, sang und betete mit ihnen und erzählte biblische Geschichten. Der Weg zur Kirche im Dorf wäre für die Kleinen zu weit gewesen. Außerdem gab es Leute, die behaupteten, der Pfarrer glaube selbst nicht an das, was er predigte. So schickte man die Kinder lieber zur Emmy, wie sie überall genannt wurde.

Ging es ihr einmal gesundheitlich schlecht, daß sie das Bett nicht verlassen konnte, so bemühte sich Emmys Mutter, die einfache Bahnwärtersfrau, die Kinder eine halbe Stunde zu unterhalten. Eine Dose mit »Gutsle« stand ohnehin immer zur Verfügung. Die Kinderhände waren allzugerne bereit, zu den biblischen Geschichten, die Emmy ihnen erzählte, eine süße Zugabe entgegenzunehmen. Was die Mutter betraf, so stimmte ihre innere Haltung mit der ihrer Tochter völlig überein. Darum war sie in der Lage, Emmy dann und wann zu vertreten, auch wenn der in der Stube sitzende Mann behauptete, Emmy könnte es viel besser. Der Arzt hatte bei ihr schon seit langem festgestellt, daß sie ein ernstes Herzleiden hatte. Sie mußte es früh lernen, Verzicht zu üben, abseits zu stehen, wenn andere Kinder sprangen und herumtollten.

»Emmy, das kannst du nicht! Das verträgt dein Herz nicht!« hieß es dann immer. Es hatte den Anschein, als würde ihr das nicht viel ausmachen. Das von Natur aus still veranlagte Kind schien diese Bedürfnisse nicht zu haben. Wohlmeinend lobten es die Erwachsenen: »Du bist ein braves, ein tapferes Mädchen!« Gewöhnlich wandte Emmy sich dann wortlos ab. Was wußten sie denn in Wirklichkeit von ihr? Wenn sie auch nicht weinte oder gar aufsässig wurde und sich gegen ihr Schicksal zu wehren versuchte – was ja ohnehin sinnlos gewesen wäre –, in ihrem Innern riß jedes Verzichten-Müssen und Abseits-Stehen neue Wunden auf. Wohl hing sie sehr an ihrer Mutter, und auch den Vater liebte sie, der in seiner unbeholfenen Art manchmal fast verlegen über ihre langen blonden Zöpfe streichelte. Aber sie hätte weder zu den Eltern noch zu sonst jemandem davon reden können, wie weh es ihr tat, daß sie keinen Beruf erlernen konnte. Bereits der Schulbesuch war für sie als Herzkranke eine ungeheure Strapaze gewesen. Oft hatte sie auf ihn verzichten müssen, wenn es zu sehr schneite oder ein kalter Wind ihr den Atem geraubt hätte. An Schlittenfahren und Schneeballschlachten war nie zu denken gewesen. Aber das alles wäre zu verschmerzen, dachte sie, wenn nur das andere nicht sein würde. Oft saß sie als junges Mädchen am Fenster und blickte hinaus in den warmen Sommerabend, an dem ihre Schulfreundinnen Arm in Arm mit den jungen Burschen des Dorfes zwischen den Wiesen, vorbei am Dorfbach, hinüber in den Wald ihre Spaziergänge unternahmen. Nein, darüber konnte sie nicht sprechen, daß auch in ihrem Herzen brennend die Sehnsucht nach einem Menschen aufstieg, der ganz zu ihr gehörte, den sie von Herzen liebhaben durfte und der ihr Geborgenheit geben würde. Emmy wußte, daß heiraten für sie nie in Frage kam. So zog sie sich immer mehr von ihren Alterskameraden zurück, ängstlich besorgt, nur ja nicht einem jungen Mann ihr Herz aufzutun, um nachher in noch größerem Schmerz die vielleicht über sie kommende Liebe wieder herausreißen zu müssen.

Mit Besorgnis nahmen Emmys Eltern wahr, wie sich über ihre Tochter je länger desto mehr ein Schatten von Schwermut legte. Sie mühten sich auf alle nur erdenkliche Weise, das Mädchen abzulenken, es zu erfreuen mit kleinen Geschenken oder Fahrten in die nähere Umgebung. Als Bahnwärter standen dem Vater und dessen Familie einige Freifahrten zu. Sonst waren die Eltern finanziell nicht in der Lage, sich größere Ausgaben zu leisten. Emmy war darüber auch nicht unzufrieden. Doch über das still in ihr nagende Weh sprach sie nicht.

Da kam auf einmal die große Lebenswende. Frau Bauer wurde zu einer Evangelisation eingeladen, die in der nicht allzuweit entfernten Kreisstadt durchgeführt wurde. Eine Woche lang fuhr sie jeden Abend dorthin und nahm Emmy mit. Eine neue Welt tat sich den beiden auf. Sie waren vorher nicht unchristlich gewesen. Wenn irgend möglich, nahm man zumindest an hohen Feiertagen an den Gottesdiensten in der Kirche teil. Aber in dieser Evangelisation ging beiden auf, daß Taufe, Konfirmation und das gelegentliche Abendmahl nicht alles waren. Von einem persönlichen Verhältnis zu Gott, durch das das ganze Leben neu gestaltet werden konnte, sprach der Evangelist.

Der Bahnwärter schüttelte den Kopf. »Jetzt seid ihr beide vollständig übergeschnappt. Das hat mir gerade noch gefehlt!« Doch konnte er nicht leugnen, daß Frau und Tochter etwas erlebt haben mußten, was in ihnen eine Veränderung bewirkt hatte. Seine an sich temperamentvolle, oft heftig reagierende Ehehälfte handelte neuerdings behutsamer, antwortete überlegter, reagierte bedachter – eine Tatsache, die dem Frieden des

Hauses nur dienlich war. Vor allem schien sich aber Emmy, an der er sehr hing, ganz verändert zu haben. Ihr Herzleiden war nicht etwa besser geworden, obwohl man in der Evangelisation auch darüber gesprochen hatte, daß Christus heute noch Wunder tun kann. Von diesem Jesus sprachen die beiden überhaupt, als seien sie ihm persönlich in der Stadt begegnet und als lebe er nun mit ihnen hier im Bahnwärterhäuschen. Er begriff das alles nicht. Das war doch unnatürliche Schwärmerei. Aber wenn seine Emmy dadurch froher wurde, wenn ihr schmales Gesicht nicht mehr so beschattet war, wie so oft in der letzten Zeit, dann sollte es ihm nur recht sein. Und was seine Frau anbetraf – ihr verändertes Wesen blieb nicht ohne Wirkung auf ihn. Er traute seinen Ohren nicht. Manchmal sangen die beiden zweistimmig bei der Hausarbeit oder Emmy allein an der Nähmaschine. So etwas war noch nie dagewesen. Es sollte ihm recht sein, wenn sie nur nicht von ihm verlangten, daß er in ihre Halleluja-Lieder mit einstimmte.

Mutter und Tochter fuhren auch nach der Evangelisation weiter in die Stadt und nahmen an den dort stattfindenden christlichen Versammlungen teil. Und dann fing es an: »Mutter, ich würde so gerne irgendeinen Dienst für Gott tun«, sagte Emmy eines Tages. »Ich komme mir so unnütz vor. Am liebsten würde ich eine Bibelschule besuchen, aber ich weiß ja, ihr laßt mich nicht fort, und der Arzt würde wohl auch abraten.«

»Sprich doch einmal mit dem Leiter der Versammlung«, riet die Mutter. »Er weiß vielleicht einen Weg für dich.«

Es kam zu einer guten und für Emmy wertvollen Aussprache. »Gott hat einen Auftrag für Sie«, sagte der Prediger, »sonst wären Sie nicht mehr am Leben. Ihre

Mutter hat mir erzählt, wie oft Sie schon dem Tode ganz nahe waren.«

»Aber was für einen Auftrag?« fragte Emmy. »Ich bin ein einfaches Mädchen, habe nur die Volksschule besucht und ein wenig Nähen gelernt.«

»Die Jünger Jesu waren meist ganz schlichte Menschen. Der erste Auftrag für Sie besteht darin, für die Menschen Ihrer Umgebung ein Lächeln, einen Gruß, ein stummes Gebet, einen freundlichen Gedanken zu haben.«

Es kam der Tag, an dem Emmy von einer Aufgabe gegenüber den Kindern ihrer Nachbarschaft wußte. Deren Eltern gingen zum Teil in die Fabrik oder arbeiteten auf ihren Höfen. Um die Kinder kümmerte man sich nicht viel, weil man für sie einfach keine Zeit hatte. Von da an begann der Bahnwärter Bretter zu schleppen. Zuerst reichten die Stühle in der Wohnung aus. Aber es kamen immer mehr Kinder. Emmys Augen leuchteten. »Jetzt weiß ich, daß ich wirklich noch gebraucht werde.«

Das Bahnwärterhäuschen war zum Gotteshaus geworden. Emmy veranstaltete kleine Feste zu Weihnachten, zu Ostern und lud dazu die Eltern der Kinder ein.

»Wo das Mädel nur all die Lieder und Verse her hat?« wunderte sich der Vater. »Und wie sie es fertigbringt, daß ihr die Kinder ohne große Anstrengung gehorchen?«

»Gott hat sie erhört und ihre Füße auf einen weiten Raum gestellt.«

»Wie bitte? – Was redst denn du so geschwollen daher?« Der Bahnwärter warf seiner Frau einen mißbilligenden Blick zu. »Wenn die Emmy, das arme Wurm, das ohnehin nichts vom Leben zu erwarten hat, hier so etwas wie einen Ausgleich findet, dann meinetwegen. Aber von dir erwarte ich, daß du normal bleibst.«

Frau Bauer lachte. »Ich war noch nie so normal wie jetzt und bin so froh für Emmy. Und was du eben ›geschwollen reden‹ nanntest, Karl, das ist ein Wort aus der Bibel. Emmy selbst machte mich darauf aufmerksam. Sie sagte: ›Mutter, ich war manchmal schon recht unglücklich, wenn ich mir vorstellte, daß ich mein Leben in einer solchen Enge zubringen muß und mir so vieles von dem versagt bleibt, was meine Alterskolleginnen haben.

Und dann zeigte sie mir die Bibelstelle. Du wirst ja gemerkt haben, Karl, daß wir beide jetzt jeden Abend in der Bibel lesen.«

»Und ob ich das gemerkt habe! Aber bitte ohne mich! Versucht ja nicht, mich zu euren Ansichten zu bekehren. Da werdet ihr keinen Erfolg haben.«

»Bekehren kann nur Gott«, antwortete seine Frau, »und ich bitte dich, widersteh ihm nicht!«

»Hör auf mit dem frommen Gefasel. Mir genügt, daß ich Sonntag für Sonntag die Bretter schleppen muß. Ich tu's nur Emmy zuliebe. Wer weiß, wie lange wir sie behalten dürfen.«

Einige Jahre gingen dahin. Emmy lebte nach wie vor mit ihren Eltern in der Enge des Bahnwärterhäuschens, empfand sie aber nicht mehr so bedrückend wie früher. Sie wußte um eine Aufgabe. Und als der Leiter der christlichen Versammlung sie eines Tages fragte, ob sie bereit sei, einer Gruppe junger Mädchen einmal in der Woche Bibelkundeunterricht zu geben, da war sie zunächst erschrocken.

»Das würde ich wohl sehr gerne tun, aber ich bin dazu nicht in der Lage. Ich müßte dann erst selbst eine Bibelschule besuchen.«

»Es gibt Fern-Bibelkurse. Sie bekommen die Unterlagen zugeschickt«, ermutigte sie der Prediger. »Die sind nach einem bestimmten Plan ausgearbeitet, und zwar so, daß Sie sich darin gut zurechtfinden können.«

Emmy konnte sich dazu nicht gleich entschließen und bat sich Bedenkzeit aus. Ihre Mutter aber sprach ihr zu: »Ich weiß, du kannst es, und die Freude an diesem Dienst wird dir Kraft geben.«

Es ist einige Zeit später. Der Schnellzug von Basel wird erwartet. Er hat Verspätung. Die heftigen Schneefälle der letzten Tage haben den Fahrplan durcheinandergebracht. Ungeduldige Reisende stauen sich in der Bahnhofshalle und im Warteraum der Kreisstadt. Sie werfen immer wieder einen Blick auf die Uhr, deren Zeiger unbeirrt ihren Weg gehen. Draußen ist es kalt. Ein eisiger Ostwind fegt die Bahnsteige leer.

Plötzlich horchen einige der Wartenden auf. Was ist das? Aus einer Ecke des Wartesaals erklingt dreistimmiger Gesang. Dort sitzt eine Gruppe junger Mädchen im Kreis. Unter ihnen eine, die durch ihr kränkliches Aussehen auffällt. In ihren Händen halten sie Gesangbücher und Bibeln. Einige Reisende treten näher.

»Sind Sie ein christlicher Verein?« fragt eine ältere Frau.

»Ja, wie Sie sehen!« antwortete eine andere und deutet dabei auf die Bücher in den Händen der Mädchen.

»Wir sind eine Bibelgruppe«, erwidert Emmy. »Jeden Mittwoch kommen wir hier in der Stadt zusammen, um die Bibel zu studieren und miteinander zu singen und zu beten. Meine Mädchen begleiten mich immer zum Bahnhof, und wenn die Züge, wie heute, Verspätung haben, setzen wir unsere Besprechung hier fort, um die Zeit auszunutzen.«

Nur wenige gehen uninteressiert oder gar spöttisch

weiter. Die meisten bleiben stehen und mustern die Mädchen. »Ja, gibt es denn so 'was heute noch?« fragt ein älterer Herr. »Ich meine, die Jugend hat kein Interesse mehr an solchen Fragen.«

»Das hatten wir auch lange nicht«, antwortet jetzt eines der Mädchen und errötet über ihre eigene Kühnheit. Aber dann ist uns klar geworden, wie wichtig die Bibel ist, und nun freuen wir uns von Woche zu Woche auf das Bibelstudium.«

»Sie sind wohl Theologin?« Eine Frau mittleren Alters wendet sich direkt an Emmy.

Die Mädchen lächeln und blicken gleichzeitig in gewissem Stolz auf ihre Gruppenführerin, die sie alle lieben und verehren.

Nun wird Emmy rot. »Nein«, erwidert sie. »Ich bin nur eine einfache Näherin und die Tochter eines Bahnwärters.«

»Ach bitte, singen Sie uns doch noch ein Lied!« Einige der Umstehenden äußern diesen Wunsch. Und schon füllen die Mädchenstimmen aufs neue den düsteren Raum mit seinen kahlen, rauchgeschwärzten Wänden und dem schmutzigen Fußboden, auf dem sich kleine Pfützen vom Schneewasser bilden.

»Mein Herz singt ein Lied bei Tag und bei Nacht«, singen die Mädchen, »von Friede und Freude und himmlischer Pracht, ein Lied von der Liebe, die selig mich macht, und dieses mein Lied heißt Jesus!«

Auch die Spötter sind verstummt. Nur eine Gegenstimme erhebt sich. »Also ich muß schon sagen, ich halte das für unangebracht. Ich gehöre nicht zu den Gottlosen, aber sowas paßt nicht in den verqualmten Wartesaal mit all seiner Unruhe. Das gehört in eine Kirche.«

»Sie irren«, antwortet einer der Wartenden. »Hier

sind bestimmt eine Reihe von Menschen, die nie eine Kirche betreten, und denen haben die jungen Mädchen mit ihrem Singen etwas zu sagen, meinen Sie nicht auch? Aber auch uns, die wir vielleicht fromm sind, jedoch nicht den Mut aufbringen, unseren Glauben zu bekennen, wie diese es tun.«

Die Mädchen singen das Lied zu Ende. Dann läuft Emmys Zug ein. Die ganze junge Schar begleitet sie, ruft, winkt, läuft am anfahrenden Zug entlang. Eines der Mädchen ist mit Emmy eingestiegen. Es wohnt nicht weit vom Bahnwärterhäuschen entfernt und gehört zu ihren Getreuen. Frau Bauer ist froh, daß ihre Tochter nicht ohne Begleitung fahren muß. Sie könnte sich zu Hause nicht immer freimachen und ihren Mann allein lassen. Auch der Bahnwärter ist jedesmal froh, wenn die Trudel aus der Nachbarschaft seine Emmy wieder gut abliefert. »Sonst würde ich sie überhaupt nicht gehen lassen«, knurrt er.

»Wie war's?« fragt Frau Bauer ihre Tochter. »Du siehst recht durchgefroren aus.«

»Alle Züge hatten Verspätung, Mutter, und der Wartesaal war nur mäßig geheizt. Aber es war schön. Wir haben gesungen und hatten Gelegenheit, mit einigen Reisenden zu sprechen. Viele haben uns beim Singen aufmerksam zugehört.« Sie macht eine Pause und blickt sinnend vor sich hin. Dann wiederholt sie, was sie unlängst schon einmal zu ihrer Mutter gesagt hat: »Gott erhörte mich und setzte meine Füße in einen weiten Raum.«

Emmy hat nicht die Möglichkeit, große Reisen zu unternehmen, wie das heute für viele junge Leute selbstverständlich ist. Sie kann auch nicht an kulturellen Veranstaltungen teilnehmen. Ihr Leben spielt sich in engen Grenzen ab. Aber sie empfindet es nicht mehr.

Sie fühlt sich aus der Enge in die Weite geführt, weil ihr Blick weiter reicht. Das Leben hat ihr wenig zu bieten. Für ihr Herzleiden gibt es keine Hoffnung. Das weiß sie, und damit muß sie fertigwerden. Emmy ist überzeugt, daß sie nicht mehr lange leben wird. Darum will sie ihre Zeit ausnutzen und den Kindern und jungen Mädchen mit der Gabe dienen, die ihr gegeben worden ist. Das Studium des Bibel-Fernunterrichts bedeutet ihr eine große innere Bereicherung. Wer sie beobachtet, merkt, wie dieses von schwerer Krankheit gezeichnete Mädchen ausreift.

Einmal sagte eine mitfühlende Dame im Ton tiefen Bedauerns zu ihr: »Sie tun mir so leid, weil Sie auf manches verzichten müssen, was das Leben doch besonders jungen Menschen zu bieten hat, und ich kann nicht verstehen, daß Gott Ihnen so etwas zumutet.« Da antwortete Emmy – ihren Worten war abzuspüren, daß es keine Redensart war: »Ich las kürzlich ein Wort des katholischen Theologen Hans Küng: Gottes Liebe bewahrt nicht *vor* allem Leid, sie bewahrt aber *in* allem Leid. Diese Erfahrung verhilft mir dazu, nicht zu hadern. Gott weiß, was für mich gut ist.«

Beim Schreiben dieser Zeilen kommt es mir nun vor, als blicke mir manch kritischer Leser über die Schulter und sagt: »Glauben Sie wirklich, daß jemand an dem Leben dieser Bahnwärtertochter Interesse hat? Da passiert doch nicht das Geringste, das den Leser fesseln könnte. Was bezwecken Sie eigentlich mit solchen Geschichten? Fürchten Sie nicht, Ihre Leser zu langweilen?«

Die Kritiker könnten recht haben. Einige werden das Buch aus der Hand legen, gelangweilt oder mit einem mitleidigen Lächeln, vielleicht sogar verärgert: Eine Zumutung, einem so etwas vorzusetzen!

Gut, sollen sie es aus der Hand legen. Aber vielleicht werden sie eines Tages an diese tapfere, stille und durch ihre Haltung doch sprechende Bahnwärtertochter erinnert. Dann vielleicht, wenn ihr eigenes Leben sie anzuöden beginnt, nachdem sie alles genossen haben, was ihnen geboten wurde und in ihnen die Frage aufsteigt: Was bleibt mir von alledem?

Ich denke aber auch an diejenigen unter meinen Lesern, die selbst eine Last tragen. Vielleicht hat das schlichte Mädchen, das mit seiner Bibelgruppe im verrußten Wartesaal jener Kreisstadt zur Evangelistin wurde, auch ihnen etwas zu sagen.

Es tut nichts, wenn mein kritischer Leser das Buch aus der Hand legt. Ich denke auch an die, deren Leben sich ebenfalls in einem zu engen Raum abspielt und deren Herzen sich nach mehr sehnen, die fragen: Gibt es denn nichts anderes? Gott kann auch ihre Füße auf einen weiten Raum stellen und ihnen Aufträge geben. Ich denke dabei auch an die Älteren, die oft meinen, zu nichts mehr nütze zu sein, von niemandem gebraucht zu werden. Aber wieder muß ich an dieser Stelle sagen: Wir können nur weitergeben, was wir selbst besitzen, was Gott uns geschenkt hat.

Reinhold Schneider hat einmal gesagt: »Was wir können, ist, mit unseren Kräften mitzuhelfen, daß sich die Welt von innen her verwandelt, denn daß sie es von außen tut, ist nicht zu erwarten.«

Es war zu jener Zeit im Schwarzwald, als ich mein erstes Kinderheim eröffnet hatte. Es lag direkt am Waldrand über dem beliebten Ferienort Herrenalb. Etwa ein Jahr vorher hatte ich Emmy kennengelernt und war mit ihr in Verbindung geblieben. Ich lud sie für einige Wochen zu uns ein. Ihr würde die Stille, die würzige Tannenluft und auch der Umgang mit unseren Kindern guttun, die ebenfalls für einige Wochen zur Erholung zu uns kamen.

Emmy sagte freudig zu. Als ich sie am Bahnhof abholte, sah ich auf den ersten Blick, daß ihre Kräfte stark nachgelassen hatten. Sie bestätigte, daß es ihr nicht gut gehe. Wir nahmen eine Taxe, und dann stand die Bahnwärtertochter mit staunenden, frohen Augen vor dem Haus. »Wie schön, wie wunderschön ist es hier bei euch! Ich kann euch nicht genug für eure Einladung danken!«

Sie genoß ihren Ferien-Aufenthalt bei uns, obgleich sie nur mühsam kleine Spaziergänge in nächster Umgebung des Hauses unternehmen konnte. Ich war darüber bestürzt; denn so elend hatte ich sie mir nicht vorgestellt.

Bei unseren Gesprächen gewann ich den Eindruck, daß sie sich immer mehr mit der anderen Welt befaßte. Sie war sich ihres Zustandes bewußt. – Als ich sie an einem Vormittag mit tränenüberströmtem Gesicht im Liegestuhl vor dem Hause antraf, war ich nicht wenig verwundert, als sie mir auf meine Frage nach der Ursache ihres Weinens antwortete: »Ich habe Heimweh!«

»Heimweh?« Ich sah das kleine, bescheidene Bahnwärterhäuschen mit den engen Stuben vor mir, ihre fast kümmerliche Welt. Sie merkte meinen fragenden Blick und war besorgt, mich durch ihre Antwort gekränkt zu haben. »Nicht Heimweh nach Hause. Ihr bemüht euch sehr, es mir so schön und behaglich wie nur möglich zu machen. Ihr verwöhnt mich geradezu. Ich bin mehr als zufrieden – nur – ich habe Sehnsucht nach dem Himmel.«

Das also war ihr Heimweh. Ich meinte die Worte aus Psalm 90 zu hören: »Der du die Menschen läßest sterben und sprichst: Kommt wieder, Menschenkinder!«

Kommt wieder! Ja, Emmy war auf dem Heimweg in das Land, nach dem sie sich schon lange sehnte und in dem sie auch schon längst heimisch war. Nicht lange danach starb die Neunundzwanzigjährige im lebendigen Glauben an den Herrn, dem sie freudig gedient hatte. Ein armseliges Dasein? Nein, ein trotz allem erfülltes Leben!

Ein erfülltes Leben? Ich vermeine den kritischen Leser zu hören: Wo soll denn hier die Erfüllung liegen? Da ist weder Berufserfolg noch das Erreichen eines anderen erstrebenswerten Zieles. Dieses Mädchen hat nichts Nennenswertes geleistet. Ihr blieb das große Erleben der Liebe von Mann zu Frau versagt. Sie hat auch keinen Kindern das Leben geschenkt, denen sie irgendwelche Werte mitgeben konnte. Wie kann man das ein erfülltes Leben nennen?

Ich versuche auf diese Frage Antwort zu geben mit Worten aus meinem bereits in diesem Buch wiedergegebenen Gedicht: ». . . nicht ausgewertet im Maßstab von heut, nein, nach dem Maßstab der Ewigkeit.«

Die schlichte Bahnwärtertochter hat ihre geringe Kraft in den Dienst der Kinder und der jungen Mädchen gestellt. Weil es ewige Werte waren, die sie weitergab, konnte man ihr Leben trotz allem, worauf sie verzichten mußte, trotz der Grenzen, die ihr gesetzt waren, ein erfülltes Leben nennen.

Wahrscheinlich war sie glücklicher und in ihrem Innern tiefer befriedigt als manch einer, der glaubt, in seinem Dasein wer weiß wie viel erreicht zu haben. Jeder nach der Gabe, die ihm gegeben ist! Wem viel anvertraut ist, von dem wird auch viel gefordert. Emmy hat getan, was sie konnte.

»Ich aber meine das Leben!« Inzwischen wird es meinen Lesern klar geworden sein, warum ich diesen

Titel gewählt habe. Leben im Gegensatz zum Tod. Nach Aussage der Bibel ist Leben nicht mit Reichtum, Erfolg, Besitz, ja, nicht einmal mit Gesundheit zu verwechseln. Ich kann die Möglichkeit haben, mir alle Wünsche, zu erfüllen, die durch Geld zu kaufen sind. Ich kann Reisen unternehmen, die Schönheit der Welt genießen, zu hohem Ansehen gelangen und doch am Eigentlichen vorbeileben. Sehr deutlich drückt das die Bibel aus, wenn sie sagt: »Was hülfe es dem Menschen, wenn er die ganze Welt gewönne und nähme doch Schaden an seiner Seele?« (Matthäus 16, 26). Dazu ein weiteres Beispiel:

Frau Kronmaier riß ziemlich heftig die Tür zum Schlafzimmer auf. Sie war den Tränen nahe, als sie rief: »Edwin, das ganze Wartezimmer sitzt voller Patienten. Fräulein Specht war schon zum drittenmal bei mir. Sie sagt, sie könne beim besten Willen die Leute nicht länger hinhalten. Sie glauben schon nicht mehr daran, daß du bei einem Schwerkranken bist. Außerdem würdest du die Garagentür offenlassen, wenn du fortfährst. Somit wissen sie, daß der Wagen nicht unterwegs ist. So steh doch endlich auf!

Sie trat an das Bett ihres Mannes und versuchte ihn herauszuzerren, was ihr aber nicht gelang. Doktor Kronmaier war ein großer und schwerer Mann.

»Edwin, so hör doch! Steh auf!«

»Ja, ich komme gleich!« Er drehte sich auf die andere Seite und schlief weiter.

Seine Frau rang verzweifelt die Hände. Jetzt weinte sie. »Edwin, das mache ich nicht länger mit. Das ist doch kein Leben.«

Es waren wohl die Tränen seiner Frau, die bewirkten, daß der Arzt zu sich kam.

»Nun hör schon auf, Malchen. Du übertreibst wieder

einmal. Geh ins Wartezimmer und sage, daß ich in zehn Minuten da bin, und dann schnell einen starken Kaffee.«

»Das ist doch kein Leben!« Wie oft hatte Amalie Kronmaier diese Worte schon in Verzweiflung ausgerufen. Aber sie schienen nicht in das Innere ihres Mannes zu dringen. Vor etlichen Jahren hatte er in einer Großstadt Württembergs eine Praxis eröffnet. Vorher waren sie in einer Kleinstadt gewesen. Hier hatte Dr. Kronmaier bessere Möglichkeiten. Die Praxis lag an der Hauptstraße, hatte gut eingerichtete Räume und moderne Apparate. Er übernahm den Patientenkreis seines plötzlich verstorbenen Vorgängers und gewann neue Patienten hinzu, weil er sich bald einen guten Ruf verschaffte. Es hätte alles zu seiner und seiner Frau Zufriedenheit weitergehen können, wenn nicht der Alkohol gewesen wäre. Schon im Elternhaus hatte es damit begonnen, als er noch das Gymnasium besuchte.

»Laß dem Jungen die Freude!« hatte sein Vater erwidert, wenn die Mutter etwa bei festlichen Gelegenheiten in Besorgnis wehrte: »Edwin, du hast bereits das dritte Glas Wein.«

Bei den Parties, die der Sohn später für seine Freunde gab, wurde natürlich auch Alkohol angeboten.

»Sei nicht so kleinlich!« Immer wieder war es der Vater gewesen, der seiner Frau Engstirnigkeit vorwarf, wenn sie in dem übermäßigen Alkoholgenuß Gefahren für den Sohn sah.

»Übermäßig!« wiederholte der Vater, ärgerlich über seine Frau. »Liebe Zeit, Edwin ist mit seinen siebzehn Jahren beinahe erwachsen.« Und er lachte belustigt, als es diesem nichts ausmachte, ein halbes Weinglas mit Branntwein in einem Zug auszutrinken. Die Besorgnis der Mutter war nicht grundlos gewesen. Als Edwin

Amalie kennenlernte, sich mit ihr verlobte und sie später heiratete, hatte diese ihn ebenfalls gewarnt: »Edwin, du trinkst zuviel! Ich sorge mich um dich.«

Lachend hatte er sie umarmt: »Soll ich mich vielleicht dem Blauen Kreuz oder der Heilsarmee anschließen? Das wäre noch schöner. Dir zuliebe kann ich von heute auf morgen den Alkohol aufgeben. Das darfst du mir glauben. Aber warum sollte ich es tun? Hast du mich schon einmal betrunken gesehen? Du wirst es auch nie erleben. Ich kenne meine Grenzen genau.«

Amalie liebte ihn und hoffte, daß er mit dem Älterwerden und im Bewußtsein seiner Verantwortung als Arzt weniger trinken würde.

Aber es war nur noch schlimmer geworden. Bei jedem Ärger, bei allen Enttäuschungen, von denen er ebesowenig wie andere verschont blieb, griff er zur Flasche. Bei freudigen Ereignissen erst recht.

Es stimmte schon, was er gesagt hatte. Wirklich betrunken – so, daß er seiner Sinne nicht mehr mächtig gewesen wäre, hatte seine Frau ihn noch nicht erlebt. Aber sie meinte doch deutlich zu beobachten, daß sich bei ihm mit den Jahren Zeichen der Degenerierung bemerkbar machten, ein Abbau seiner Persönlichkeit. Sie liebte ihn nach wie vor, wurde aber immer unglücklicher an seiner Seite.

Kronmaiers hatten keine Kinder. Auch über diese Enttäuschung versuchte der Arzt durch den Genuß von Alkohol hinwegzukommen. Wie sehr hatte er sich Söhne und Töchter gewünscht. Amalie wurde auch jetzt, nachdem sie beide die Fünfzig überschritten hatten, nicht damit fertig. Vielleicht hätte ihr Mann sich um der Kinder willen zusammengenommen. Allein um ihretwillen, die er auch heute noch liebte, lohnte es sich wohl nicht, das Laster aufzugeben, was es in der

Tat geworden war. Immer wieder versprach er: »Malchen, ich höre auf. Du kannst dich darauf verlassen!«

Nach außen wahrte er den Schein. Dafür trank er nun heimlich. Oft fand sie im Kleiderschrank und an anderen versteckten Orten leere Flaschen. – Er gab an, Patienten zu besuchen, und dann hörte sie, daß er in irgendwelchen teuren Weinlokalen gesessen hatte. Stellte sie ihn zur Rede, beteuerte er, aus gesellschaftlichen Gründen nur auf einen Sprung mit diesem oder jenem Kollegen ein Glas getrunken zu haben. Das Vertrauen zwischen ihnen war längst gestört. Ebenso schlimm aber war es, daß sich unter seinen Patienten auch trunksüchtige Männer, ja, sogar einige Frauen befanden, denen er helfen sollte. Er brachte es sogar fertig, sie auf die Gefahren der Trunksucht hinzuweisen, sprach davon, daß der Alkohol die Gehirnzellen zerstöre und verschrieb ihnen Entziehungskuren. Doch er selbst trank weiter.

Frau Kronmaier erkannte voller Angst, daß ihre harmonische Zweisamkeit darunter immer mehr litt. Der Alkohol veränderte ihren Mann, zu dem sie einmal emporgeblickt hatte. Um sie zu täuschen, mußte er lügen. Mit jeder Unwahrheit vertiefte sich die Kluft zwischen ihnen. Was sollte sie nur tun? Das gemeinsame Gespräch verstummte. Oft saß sie am Abend weinend zu Hause, während er sich irgendwo in einem Lokal dem Genuß von Alkohol hingab. Kam er dann spät nachts heim, machte er ihr Vorwürfe, daß sie noch auf war.

»Wie kann ich schlafen, wenn du noch nicht zu Hause bist und ich mich um dich sorgen muß?«

»Du hast keinen Grund, dir Sorgen zu machen.«

Sie fragte ihn schon gar nicht mehr, wo er gewesen war, wußte sie doch, daß er ihr nicht die Wahrheit sagen würde. Wenn er merkwürdigerweise auch nie betrunken nach Hause kam, so roch sie doch den Alkohol und merkte an seiner gereizten Stimmung, wie es um ihn stand. Manchmal schlug diese auch ins Gegenteil um. Dann war er weinerlich, wurde zärtlich und klagte sich selber an: »Ich weiß, Malchen, ich mache dich unglücklich. Aber ich kann mir selber nicht helfen. Was soll ich nur tun?« Er schwor hoch und heilig, keinen Tropfen Alkohol mehr zu sich zu nehmen.

Er hatte von ihr das Versprechen gefordert, abends zu Bett zu gehen, wenn er verhindert sei, zeitig heimzukommen. Noch immer versuchte er sie zu täuschen, indem er angab, noch einige dringende Besuche bei Schwerkranken machen zu müssen. Wie oft lag sie dann wach und lauschte voller Bangen in die Nacht hinein.

Wiederholt war es vorgekommen, daß man ihn in der Nacht zu ernsthaft erkrankten Patienten rief. War er zu Hause, lag er gewöhnlich im schweren Schlaf der Trunkenheit und konnte nicht zu sich kommen. Natürlich blieb es den Patienten nicht verborgen, wie es um ihn stand. Viele blieben fern und suchten andere Ärzte auf.

Nicht nur Frau Kronmaier litt unter dieser Tatsache. Ihr Mann nahm davon ebenfalls erschrocken Kenntnis. Sein Wartezimmer war jetzt manchmal nur von einzelnen Patienten besucht. Früher hatte der Platz nicht ausgereicht. Aber er konnte das Trinken nicht lassen. »Nur zwei Gläser am Tag«, beruhigte er sich selber. »Nur ein einziges!« Aber es blieb nie dabei.

»Wenn du den Alkoholgenuß nicht völlig aufgibst«, sagte eines Tages seine Frau zu ihm, »ruiniert er dich ganz, und du richtest dann nicht nur deine Praxis zugrunde, sondern auch mich. Unsere Einnahmen haben in den letzten Monaten erschreckend nachgelassen. Wohin soll das führen?«

Immer wieder nahm Doktor Kronmaier sich vor, mit dem Trinken Schluß zu machen. Er wußte ja, daß seine Frau recht hatte. Sie zugrunde richten? Sein Malchen, das er innig liebte? Nein! Lieber entschloß er sich zum Allerletzten. Er würde von seinem Vorhaben nichts sagen. Ihr Herz würde darüber brechen. Eines Tages mußte er handeln! Es wäre ja gelacht, wenn er nicht aus sich heraus die Energie aufbringen würde, unter dieses unglückselige Leben einen Schlußstrich zu ziehen!

Wochen und Monate vergingen. Die Praxis wurde immer kleiner. Wer wollte sich von einem Arzt behandeln lassen, der nicht nüchtern war?

Eines Nachts kam Doktor Kronmaier wieder sehr spät nach Hause. Er fand seine Frau tränenüberströmt im Bett liegend.

»Ich halte das nicht mehr aus, Edwin«, schluchzte sie, wie schon so oft. »So kann es doch nicht weitergehn!«

Da setzte er sich auf ihren Bettrand und blickte sie so unglücklich an, wie sie es noch nie erlebt hatte. Nach einem Schweigen der Trostlosigkeit sagte er: »Malchen, ich schaffe es nicht! Ich schaffe es einfach nicht allein!«

»Ich will dir doch helfen, aber du hörst schon lange nicht mehr auf mich. Nun hat auch noch die Sprechstundenhilfe gekündigt. Ich bin bereit, ihren Platz einzunehmen. Es kommen ja immer weniger Patienten.«

Diesmal versuchte er nicht, sie zu beschwichtigen. Stumm legte er sich zu Bett, und dann lagen sie beide schlaflos nebeneinander. Unruhig wälzte sich Doktor Kronmaier von einer Seite auf die andere. Vom nahen Kirchturm hörten sie beide den Stundenschlag – der

Morgen fing an zu dämmern. Keiner von ihnen hatte schlafen können. Mit schweren Gliedern standen sie auf. Eine unerklärliche Angst erfüllte Frau Kronmaiers Herz. Die wenigen Patienten, die in die Sprechstunde kamen, waren bald abgefertigt.

Besorgt blickte Amalie ihrem Mann nach, als er das Haus verließ. Er war ihr so seltsam vorgekommen, als er sich von ihr verabschiedete.

Sie wartete mit dem Mittagessen. Er kam nicht. Der Nachmittag verging. Edwin stellte sich nicht ein. Ihre Unruhe wurde immer größer. Glücklicherweise hatte er an diesem Nachmittag keine Sprechstunde, aber – wo blieb er nur? Amalie versuchte sich abzulenken, räumte auf, goß die Blumen auf der Fensterbank, ging in den Garten hinter dem Haus, sah immer wieder auf die Straße – von ihrem Mann keine Spur. Er hätte längst zu Hause sein müssen. Ob er wieder in einem Gasthaus saß? Wenn sie doch nur einen einzigen Menschen gehabt hätte, mit dem sie reden könnte. Sie hatte sich geschämt, in ihrem Bekanntenkreis zu irgend jemand von ihrer Not zu sprechen.

Die Nacht brach herein. Schließlich legte sich Frau Kronmaier – elend an Leib und Seele – nieder. Seit Mittag hatte sie nichts zu sich genommen. Wo war ihr Mann?

Der Morgen kam. Doktor Kronmaier war nicht nach Hause zurückgekehrt. Sollte ihm ein Unglück zugestoßen sein? Amalie erwog, die Polizei zu benachrichtigen. Bestimmt war ihm etwas passiert.

Aber wenn es so gewesen wäre, hätte man sie dann nicht benachrichtigt? Aus den Papieren, die er bei sich trug, ging jedenfalls seine Adresse hervor.

Endlich, am Abend des zweiten Tages seines Fernbleibens, kam ein telefonischer Anruf von ihm.

»Edwin, du? Gott sei Dank, daß du lebst! Ich ängstige mich schier zu Tode. Von wo rufst du denn an?«

»Ich bin in Frankfurt und komme morgen vormittag zurück. Jetzt muß ich erst einmal eine Nacht schlafen.«

»Aber wie kommst du nach Frankfurt, und was tust du dort?«

»Malchen, ich erzähle dir alles. Ich wollte dir nur sagen, daß du dich nicht länger sorgen mußt. Hab noch ein wenig Geduld.«

Sie versuchte noch einmal, ihn zu einer Erklärung zu bewegen, aber er hatte den Hörer bereits aufgelegt.

Frau Kronmaier konnte natürlich auch in der darauffolgenden Nacht kein Auge zudrücken. Sie zermarterte ihr Hirn mit Fragen nach der Ursache der Handlungsweise ihres Mannes. Aber sie kam zu keinem Ergebnis. Doch er lebte wenigstens, ihm war kein Unfall zugestoßen, noch war er in die Hände von Verbrechern gefallen. Endlos zog sich die Nacht hin. Wie eine Befreiung empfand sie den Morgen. Sie nahm sich vor, ihrem Mann keine Vorhaltungen zu machen. Sie wollte ihm Geduld entgegenbringen; denn sie liebte ihn nach wie vor und litt mit ihm an seiner Gebundenheit. Das wußte sie nun sicher, daß auch er unglücklich war.

Wie und warum kam Doktor Kronmaier nach Frankfurt? Was hatte er dort erlebt? In einem Zustand größter Verzweiflung hatte er den Entschluß gefaßt, sich das Leben zu nehmen. Er sah einfach keinen Ausweg mehr. Durch seine Trunksucht hatte er sich und seine Praxis ruiniert, dazu seine Frau unglücklich gemacht. Alle seine guten Vorsätze waren fruchtlos gewesen, seine Versprechungen sinnlos, denn er konnte sie einfach nicht halten. Wiederholt hatte er den Versuch gemacht, aber es war wie ein Verhängnis – er befand sich wie unter einem Bann. Er wurde einfach nicht Herr über den Alkohol. Der Alkohol beherrschte ihn. So kam der Tag, an dem ihm das Dasein nicht mehr lebenswert erschien. Seinen Ruf als Arzt hatte er verloren. In kurzer Zeit würde er nicht einmal mehr seine Frau ernähren können. Er ertrug es nicht länger, sie leiden zu sehen. Also Schluß mit allem!

Einem meiner Bücher habe ich den Titel gegeben: »In Gottes Terminkalender«. In diesem Buch versuche ich aufzuzeigen, wie Gottes Wege für den Menschen vorgezeichnet sind. Der Mensch denkt, und Gott lenkt. Der Mensch plant, und Gott bahnt. Über das nun zu schildernde Erlebnis von Doktor Kronmaier könnte ich die Überschrift setzen: Nach Gottes Fahrplan.

Der Arzt hätte nicht erklären können, warum er eigentlich nach Frankfurt fuhr. Hätte er nicht genausogut in der Stadt, in der er wohnte, Selbstmord verüben können? Das aber war seine feste, unumstößliche Absicht. –

Angst hatte er nicht. Er hatte schon so viele Menschen sterben sehen. Sterben hieß, den Schritt in ein Nichts zu vollziehen. Aus, vorbei – ausgelöscht. Aber war das wirklich so? Und wenn die Christen doch recht haben, die von einem Weiterleben nach dem Tode sprechen?

Edwin Kronmaier war in keinem christlichen Elternhaus aufgewachsen. Taufe, Konfirmation, kirchliche Trauung – alles geschah nur traditionsgemäß. Eine feste Verbindung zur Kirche hatte er nie gehabt und sie auch nicht gewünscht. Im Gedanken an seinen freiwilligen Tod hatte er auch nicht das Gefühl, daß diese verblaßten Erinnerungsstücke ihm auch nur das Geringste nützen könnten. Allerdings stand er als Arzt öfter an Sterbebetten von Patienten, die ihrem Tod getrost entgegensahen und in ihm einen Heimgang in die andere

Welt sahen. Doch an diese andere Welt glaubte er nicht. Er war nur von dem einen Gedanken erfüllt, seinem unwürdigen Dasein ein Ende zu bereiten. Allein der Gedanke an seine Frau und daran, was er ihr damit antat, beunruhigte ihn. Andererseits war ihm klar, daß er es ihr nicht länger zumuten konnte, mit ihm dem willensschwachen Menschen und Versager weiterzuleben.

Zunächst einmal würde sie wohl einen Schock erleiden, aber sich mit der Zeit mit den Tatsachen abfinden und nach Auflösung der Praxis zu ihrer alten Mutter ziehen. Diese lebte noch in ihrem eigenen kleinen Haus und war eine fromme Frau. Sie hatte immer darunter gelitten, daß ihr Schwiegersohn und auch ihre Tochter, sich ganz vom Christentum abgewandt hatten und betete unentwegt für sie. Doktor Kronmaier war sich darüber klar, daß Malchens Trennung von Glauben und Kirche auf sein Konto kam. Aber wie konnte er dem nachtrauern, was für ihn bedeutungslos war! Immer wieder meinte er zu hören: »Das ist doch kein Leben mehr!« Diesem sinnlosen Dasein wollte er nun ein Ende bereiten.

Aber warum Frankfurt? War seine Denkfähigkeit durch den Alkohol schon so gelähmt, daß er nicht mehr als zurechnungsfähig galt?

Ziellos irrte er in der großen Stadt umher. Er kannte sich nirgends aus. Irgendwie suchte er in seinem Gedächtnis Erinnerungen aufzufrischen. Hatte er hier vor Jahren nicht einmal an einem Ärztekongreß teilgenommen?

Daß er Schluß machen würde, war sicher. Nur wußte er noch nicht, auf welche Weise. Sollte er sich vergiften, indem er die Abgase seines Autos einatmete? Oder war es besser, die schnell wirkenden Tabletten, die er in seiner Tasche trug, zu schlucken? Noch eine dritte Möglichkeit gab es: Hinten in seinem Wagen lag ein starker Strick.

Plötzlich drangen Klänge an sein Ohr. Orgelspiel? Gesang? Ohne sich darüber Rechenschaft zu geben, folgte er – einem unerklärlichen Zwang folgend – den Tönen. Seit Jahren hatte er kein Gotteshaus mehr betreten. Nun, da er ans Ende seines Lebens gekommen war, hätte er ebensogut in eine Kneipe gehen können – vielleicht, um sich Mut anzutrinken. Aber wie von einem Magneten gezogen, folgte er einigen Nachzüglern, die eilig einer christlichen Veranstaltung zustrebten. Plötzlich befand er sich inmitten von Menschen. Irgend jemand bot ihm ein Gesangbuch an. Er lehnte es ab. Nur verschwommen sah er seine Umgebung, ohne davon etwas in Wirklichkeit wahrzunehmen.

Er hätte nicht sagen können, wie lange er so gesessen hatte. Plötzlich drang eine Frauenstimme an sein Ohr, hell und freudig, tiefe Wärme ausstrahlend. Er hob die Augen. Nie zuvor hatte er eine Frau predigen hören. Kein Wunder, da er ja schon lange kein Kirchgänger mehr war.

Irgendwie erinnerte er sich, schon einmal von Theologinnen gehört zu haben. Doch schließlich war ihm auch das gleichgültig. Er hatte ja nicht vor, hier lange sitzen zu bleiben. Wenn nur nicht diese große Müdigkeit gewesen wäre! Außerdem war er durch einige, die noch nach ihm gekommen waren, auf die Mitte der Bank gedrängt worden. Es hätte zuviel Unruhe verursacht, wenn er an den Leuten vorbei dem Ausgang zugestrebt wäre. Es blieb ihm also nichts anderes übrig, als zu warten, bis der Gottesdienst zu Ende war. Oder sollte er einfach hier die Tabletten schlucken und dann einschlafen, um nie mehr aufzuwachen? Unschlüssig schloß er die Augen. Wer oder was hielt ihn zurück, nach den Tabletten zu greifen?

Plötzlich schreckte er hoch. Die Frauenstimme war klar und hell an sein Ohr gedrungen: »Bist vielleicht du der verlorene Sohn, der keinen Ausweg mehr sieht? Bist du am Ende deiner Möglichkeiten angelangt? Siehst du keine Hilfe mehr? Dann vernimm, was dir ganz persönlich in dieser Stunde gesagt wird: Der verlorene Sohn, der bei den Schweinen gelandet war und seinen Hunger aus ihren Trögen zu stillen versuchte, sagte: Ich will mich aufmachen und zu meinem Vater gehen und ihm sagen: Vater, ich habe gesündigt vor dem Himmel und vor dir. Ich bin nicht wert, daß ich dein Sohn heiße. Mache mich zu einem deiner Taglöhner . . .«

Doktor Kronmaier sah sich erschrocken um. Meinte diese Frau etwa ihn? Und merkten die anderen Gottesdienstbesucher, daß er persönlich angesprochen war?

Dann wieder die klare, von froher Überzeugung erfüllte Stimme: »Und er machte sich auf, um zu seinem Vater zu gehen, zurück ins Vaterhaus.« Es klang fast wie Jubel: »Ehe denn der Sohn ihn sah, erblickte ihn sein Vater, und es jammerte ihn sein. Er lief und fiel ihm um den Hals und küßte ihn.« Die Rednerin machte eine Pause, und dann war es dem Arzt, als spräche sie wieder nur zu ihm: »Du bist vielleicht auch noch fern, viel zu weit von Gott entfernt. Aber er hat dich schon längst gesehen und wartet auf dich – nein, er ist bereits auf dem Wege zu dir. Er kommt dir entgegen. Er liebt dich. Seine Vaterarme sind nach dir ausgebreitet. Alles, alles, was in deinem Leben verkehrt, verpfuscht oder vergeblich zu sein scheint, will er wieder in Ordnung bringen . . .«

Der gottesdienstliche Raum leerte sich. Einige verwunderte Blicke trafen den Mann, der unbeweglich sitzen blieb, den Kopf gesenkt, von keinem Notiz nehmend. Wie hätte er auch um sich blicken mögen? Sein Gesicht war tränenüberströmt. Er schämte sich seiner Tränen und meinte, sich selbst verhöhnen zu müssen: Soweit bist du gekommen! Die Tränen eines haltlosen, degenerierten Menschen! Ach, er hatte verschiedene solcher Männer und Frauen in seiner Praxis gehabt, die hemmungslos über ihr Elend weinten und sich selbst bedauerten. »Schnapstränen« hatte er sie ironisch genannt und war überzeugt, daß es mit ihm niemals so weit kommen würde.

Und nun saß er hier und weinte. Nein, nicht ganz so war es. Es weinte einfach aus ihm heraus. Kein Ton kam über seine Lippen. Er hatte das Gefühl, als schwemmten die Tränen eine Last hinweg, unter der er in Kürze zusammengebrochen wäre.

Plötzlich vernahm er eine Stimme. »Kann ich etwas für Sie tun? Sind Sie krank oder unglücklich? Bitte, sagen Sie mir, ob ich Ihnen helfen kann.«

Edwin Kronmaier mußte nicht einmal die Augen erheben, um zu wissen, wer ihn ansprach. Er erkannte die Stimme. Schon eine Weile hatte die Rednerin von vorhin abseits gestanden und den Mann beobachtet. Bereits während der Predigt war er ihr aufgefallen. Still setzte sie sich jetzt neben ihn. Sie waren allein in dem kirchlichen Raum. Die Frau wartete, denn sie spürte auch ohne Worte, daß sich hier ein Mensch in unsagbarer Not befand.

Endlich brach der Arzt das Schweigen. Und dann breitete er all die Not seines Lebens vor ihr aus: sein Versagen, sein erfolgloses Bemühen und sein Vorhaben, sich das Leben zu nehmen. Er hatte nicht vorgehabt, den Gottesdienst zu besuchen, aber das Orgelspiel, der Gesang, die geöffneten Türen, dazu eine ihn plötzlich überkommende bleierne Müdigkeit, so daß er keinen Schritt mehr weitergehen konnte. Und dann die Predigt . . . Stammelnd beendete er seine zuerst sich fast überstürzenden Worte. »Und nun – was soll jetzt werden? Wenn das wirklich wahr ist – das, was Sie von dem Vater gesagt haben, der den verkommenen Sohn schon von weitem entdeckt hat, ehe der Sohn ihn sah – wenn es wirklich wahr ist – dann – nein, ich bin nicht fromm – ich habe schon seit Jahren keine Beziehungen mehr zur Kirche. Ich habe mich bewußt über alles, was Glaube und Christentum heißt, hinweggesetzt. Und nun bin ich am Ende! – Ach, wenn es doch diesen Vater in Wirklichkeit gäbe!«

»Es gibt ihn!« antwortete die Stimme neben ihm. Lange hatte ihm die Frau zugehört, ihn mit keinem Wort unterbrochen. Jetzt, da der unglückliche Mann vor ihr die Not seines Herzens ausgebreitet hatte, wußte sie, daß er offen war für Hilfe und Wegweisung.

»Es ist gut, daß Sie erkannt haben, daß Sie sich selbst nicht mehr von den Banden lösen können, durch die Sie gefesselt sind. Dahin muß der selbstsichere Mensch kommen, der von sich und seinem Können so sehr überzeugt ist und sagt: Das wäre noch schöner, wenn ich es nicht selbst schaffen könnte. Ich bin doch kein Schwächling! – Und dann kommt die zweite Phase des Erlebens: Er erkennt, in seinem Innern zutiefst erschrocken: Nein, ich kann mich nicht selbst befreien, ich bin nicht in der Lage, die Fesseln zu sprengen. Diesem Erschrecken folgt eine tiefe Verzweiflung, so daß der Betreffende keinen Ausweg mehr sieht. An diesem Punkt, Herr Doktor, sind Sie jetzt angelangt.«

»Aber wie soll es weitergehn?« stöhnend kam die Frage über des Mannes Lippen.

»Es kann nur weitergehen«, erwiderte die Frau an seiner Seite, »wenn der Glaube einsetzt. Ohne Glauben ist es nicht möglich, dieser verzweifelten Situation zu entrinnen. Es kommt auf Sie selbst an, ob Sie die Ihnen von Gott entgegengestreckte Hand ergreifen. Daß der Vater unterwegs ist zu Ihnen, haben Sie wohl in der letzten Stunde empfunden. Glauben Sie mir, er ist bereit, Ihnen zu helfen – jetzt, in diesem Augenblick.«

»Aber er ist so fern, so unfaßbar! Wie kann ich dahin kommen, ihn zu erleben?«

»Dazu brauchen Sie Jesus Christus, seinen Sohn. Nur durch ihn haben wir Zugang zum Vater, zu dem lebendigen Gott.«

Einen Augenblick sah Doktor Kronmaier die Frau an seiner Seite an, so, als spräche sie eine fremde, für ihn völlig unverständliche Sprache. Dann sagte er: »Frau Pfarrer, ich –«

Sie unterbrach ihn. »Ich bin keine Frau Pfarrer.«

»Aber Sie haben doch Theologie studiert.«

»Nein, ich habe nur eine Bibelschule besucht und wurde gebeten, heute hier zu sprechen. Doch das tut wohl nichts zur Sache.«

»Nein, gewiß nicht. Aber ich muß Ihnen doch sagen: Mir kommt es vor, als leben wir in zwei verschiedenen Welten. Ihre Denkweise ist mir völlig fremd. Ich gäbe etwas darum, Ihnen glauben zu können. Sie sprechen von Christus. Er hat mir bisher nichts bedeutet. Gott – nun ja, irgendein höheres Wesen muß es schließlich geben, und wenn Sie von ihm als von diesem Vater sprachen, der sich um den gestrandeten Menschen kümmert, dann steigt in mir irgendeine Erinnerung auf an das Gebet, das ich im Konfirmandenunterricht gelernt habe und das die Gemeinde vorhin zum Schluß des Gottesdienstes gemeinsam gebetet hat.«

»Sie meinen das Vater-Unser.«

»Ja, das meine ich.«

»Dieses Gebet hat uns Christus gelehrt, und nur er kann uns den Zugang zu dem Vater vermitteln.«

»Aber sagten Sie nicht, der Vater sei bereits unterwegs und eilte dem verlorenen Sohn entgegen?«

»Das ist durch das Kommen Jesu in diese Welt geschehen.«

Doktor Kronmaier faßte sich an den Kopf. »Ich verstehe es nicht! Ich verstehe das alles nicht. Ich meine nur eins zu wissen, daß ich hierher kommen mußte, um Ihre Worte zu hören. Ich flehe Sie an, helfen Sie mir!«

»Ich will es versuchen. Hören Sie, Herr Doktor: Dieser Christus sagt: Kommt her zu mir alle, die ihr mühselig und beladen seid, ich will euch erquicken. Ich meine, Sie sind einer der Mühseligen und Beladenen. Ohne Christus sind wir es alle, jeder Mensch, auch der Intelligenteste, Tüchtigste, Erfolgreichste, Anständigste. Das ist ja gerade das Schlimme, daß der Mensch meint, ohne Gott fertig werden zu können. Es mag genügend Leute geben, denen es gelingt, ohne Alkohol zu leben, aber irgendwo sind wir alle gebunden. Ichbezogenheit, Selbstsucht, Zorn, Neid, Eifersucht, Unwahrhaftigkeit – das alles und viel mehr trennt uns von Gott. Darum muß sich jeder Mensch, wenn ihm geholfen werden soll, auf den Weg zu Gott machen. Die Stationen, die er auf diesem Weg passieren muß, sind Sündenerkenntnis, Sündenbekenntnis, Reue und Buße. In Johannes 6, 37 lesen wir, was Jesus sagt: Wer zu mir kommt, den werde ich nicht hinausstroßen! . . .

Noch manches andere mehr erfuhr Doktor Kronmaier in dieser Stunde. Es war nicht so, daß er alles gleich begriffen, in sich aufgenommen und bejaht hätte. Aber allein das Wissen, daß da jemand war, der sich für ihn Zeit nahm, der ihm zuhörte und sich bemühte, ihm aus der Verzweiflung, in der er sich befand, herauszuhelfen, bewirkte in ihm ein Gefühl des Zur-Ruhe-Kommens. Noch hätte er es nicht erklären können, aber er war fest davon überzeugt, daß noch einmal alles gut werden würde.

Die Frau lud ihn ein, mit ihr in die Wohnung zu kommen, die sie mit einer jüngeren Mitarbeiterin teilte, die wie sie in der seelsorglichen und sozialen Arbeit stand. Man lud ihn zum Essen ein, und dann zog sich die andere Mitarbeiterin diskret zurück, so daß das Gespräch weitergeführt werden konnte.

Die Seelsorgerin erzählte die Geschichte von jenem kranken Mann, der achtunddreißig Jahre gelähmt war und den Jesus gefragt hatte: Willst du gesund werden? Die Antwort des Kranken hieß: »Herr, ich habe keinen Menschen, der mir hilft!« Damit meinte er, daß ihm keiner beistand, um in das heilkräftige Wasser hineinsteigen zu können.

»Jesus fragt auch Sie in dieser Stunde«, fuhr die Frau fort, »willst du gesund werden? Sie wissen, daß Sie innerlich krank sind. Sie können nicht antworten wie jener Mann: Ich habe keinen Menschen, der mir hilft. Ich bin bereit, dieser Mensch für Sie zu sein; denn darum hat Gott Sie ausgerechnet nach Frankfurt in diesen Gottesdienst geschickt. Es fragt sich nur, ob Sie sich helfen lassen wollen.

Jesus hat den Gelähmten in einem Augenblick gesund gemacht. Als er ihn am anderen Tag im Tempel traf, wo der langjährige Kranke Gott für seine Heilung dankte, sprach Jesus ihn an: Sündige hinfort nicht mehr, auf daß dir nichts Ärgeres widerfahre.«

Doktor Kronmaier fragte: »Wollen Sie damit sagen, daß das Trinken von Alkohol Sünde ist?«

»Es muß nicht Sünde sein, aber es kann zur Sünde werden, wenn es übermäßig geschieht. Hierbei geht es um eine Leidenschaft, die – wie es meistens in solchen Fällen ist – Leiden schafft. Und es geht ja auch nicht nur um den Alkohol, Herr Doktor. Sie haben mir selbst gesagt, daß Sie Ihre Pflicht vernachlässigten, Ihre Frau betrogen und auf diese Weise immer tiefer in einen Irrgarten von Schuld gerieten. Für Sie wurde der Alkohol zum Dämonen.

Es geht grundsätzlich um die Frage, ob Sie bereit sind, Ihr Leben von nun an ganz unter die Führung Gottes zu stellen und sich von allem loszusagen, was Ihrem Leben schadet. Dazu gehört auch der Alkohol. Sind Sie damit einverstanden?«

»Ja, von ganzem Herzen«, erwiderte der Arzt. »Aber sehen Sie, das ist es ja gerade, und ich muß es wiederholen: Unzählige Male habe ich mir schon vorgenommen, nicht mehr zu trinken, aber ich konnte es nicht halten. Wer garantiert mir, daß ich nach diesem Gespräch mit Ihnen dazu imstande bin?«

»Sie sind es nicht, Herr Doktor. Nun kommt nämlich die dritte Phase: ›Ich vermag alles durch den, der mich mächtig macht, Christus‹, heißt es in der Bibel. Es wird darauf ankommen, ob Sie sich als erlösungsbedürftigen Sünder erkennen und Ihr ganzes verpfuschtes Leben Christus anvertrauen. Glauben Sie mir, ich habe erlebt, daß an den Alkohol gebundene Menschen frei wurden, daß zerrüttete Ehen verwandelt und wieder glücklich wurden. Ihnen mag dies alles unverständlich sein und vielleicht sogar phantastisch vorkommen, aber es ist so. Hören Sie noch ein Wort aus der Heiligen Schrift. Dort heißt es: ›Ist jemand in Christus, so ist er eine neue Kreatur. Das Alte ist vergangen, siehe, es ist alles neu geworden.‹«

»Und Sie glauben wirklich, daß es bei mir auch so sein kann, daß ich nicht mehr trinken muß, daß ich in meiner Praxis wieder zurechtkomme und die Patienten mir wieder Vertrauen entgegenbringen und auch meine Frau wieder an mich glauben lernt?«

»Ja, daran glaube ich fest! Aber ich möchte nicht versäumen, Sie darauf hinzuweisen, daß Sie noch öfter in Versuchung geraten werden zu trinken oder anderes Unrecht zu tun. Der Glaube hat nichts mit einem Zaubertrick zu tun. Aber wenn es Ihnen ernst ist, sich von Christus umgestalten zu lassen, dann werden Sie erleben, daß er Sie hält und nicht losläßt. Und sollten Sie wieder einmal straucheln, ist er bereit, es mit Ihnen aufs neue zu wagen, denn Sie sind dann ja sein Eigentum.«

»Ich will es mit diesem Jesus versuchen, wenn ich auch noch längst nicht alles verstehe, was Sie mir gesagt haben. Aber ich bin bereit, das Wagnis auf mich zu nehmen.«

Das Gespräch endete damit, daß die Seelsorgerin mit dem Arzt betete. Als sie ihn bat, es auch zu versuchen, konnte er nur einige stammelnde Worte sagen. Es war der Anfang eines neuen Lebens.

Die Seelsorgerin fuhr fort: »Die Eltern meiner Freundin wohnen in derselben Stadt wie Sie, Herr Doktor. Darf ich ihnen Ihre Adresse mitteilen? Ich meine, Sie benötigen jetzt Menschen, die Ihnen zur Seite stehen, Sie innerlich fördern und Ihnen immer wieder Mut machen, auf dem begonnenen Weg zu bleiben. Ich selbst werde in einigen Wochen ganz in Ihrer Nähe an einer Tagung teilnehmen und darf Sie dann besuchen? Ich freue mich, auch Ihre Frau kennenzulernen.«

Die Evangelistin, meine Freundin, schrieb an meine Eltern. Sie lernten Doktor Kronmaier und seine Frau kennen und bestätigten, daß der Arzt ein neues Leben begonnen hatte und gemeinsam mit seiner Frau bestrebt war, als bewußter Christ zu leben. Daß er sich ganz vom Alkohol lossagen mußte, war ihm klar geworden. Nur so konnte er auch anderen, die dieser Sucht verfallen waren, zur Hilfe werden. Meine Eltern, die seit Jahren aus Überzeugung keinen Alkohol mehr tranken, unterstützten ihn in seinem Vorhaben. So kam es, daß auch ich Doktor Kronmaier kennenlernte. Seine Frau hatte keine Ursache mehr, zu klagen: »Das ist doch kein Leben, was wir führen!« Beide hatten von Gott ein neues Leben anvertraut bekommen.

Im Umgang mit sehr verschiedenen Menschen habe ich auch anderes erlebt. Längst nicht in jedem Fall war ein Alkoholsüchtiger mit aller Konsequenz bereit, Verzicht zu üben und sich für völlige Abstinenz zu entscheiden. Ich behaupte damit nicht, daß unbedingte Absage an den Alkohol für jeden Christen bindend ist, aber ich freue mich über jeden einzelnen, der die Willensstärke und den Mut aufbringt, um der Schwachen willen auf den Genuß von Alkohol ganz zu verzichten. In vielen Fällen habe ich aber auch erlebt: Wo ein Mensch sich bewußt in die Nachfolge Christi stellte und auf alles verzichtete, was ihm schädlich werden könnte, war er auch imstande durchzuhalten und blieb bewahrt.

Wollte ich alle Erlebnisse dieser Art schildern, die Seiten dieses Buches würden dafür bestimmt nicht ausreichen.

An dieser Stelle entsteht die Frage, ob nach meiner Meinung bei einem süchtigen Menschen der Glaube genüge, um frei zu werden. Dazu habe ich zu sagen: Wie bei Doktor Kronmaier müssen Glaube und Wille zusammenwirken, damit ein neuer Mensch entsteht. Ich kann mir kaum vorstellen, daß ein gläubig gewordener Mensch nicht auch dazu bereit ist, mit dem ganzen Einsatz seines Willens den neuen Weg zu gehen, und daß andererseits der schwache Wille durch den Glauben gestärkt wird.

Als ich früher in der Gefängnis-Missions-Arbeit stand, habe ich erlebt, daß die meisten gefangenen Männer und Frauen, mit denen ich ins Gespräch kam, für das Evangelium zugänglich waren. Sie freuten sich, daß überhaupt ein Mensch sich Zeit nahm, sie anzuhören, mit ihnen ihre Probleme zu erörtern und für die Zeit nach ihrer Entlassung nach einem gangbaren Weg zu suchen. In einigen Fällen konnte man helfen, indem man Kontakt mit Heimen für entlassene Strafgefangene aufnahm oder versuchte, ihnen irgendwo einen Arbeitsplatz zu besorgen. Manche nahmen diese Fürsorge dankbar an und ließen sich helfen. In vielen Fällen aber waren die gefaßten guten Vorsätze bald vergessen, und der Betreffende wurde wieder rückfällig, weil er mit der ihm neu geschenkten Freiheit nicht umzugehen verstand. Der gute Wille allein reichte nicht aus – und bald war auch dieser nicht mehr vorhanden. Wo aber der Straffällige Wille und Glauben einsetzte, da vollzog sich in ihm eine Wandlung, und er brauchte nicht rückfällig zu werden.

Ich habe mich immer für zwei Arten von Menschen besonders interessiert. Einmal für solche, die irgendwie auf der Schattenseite des Lebens standen, die sich anderen gegenüber benachteiligt fühlten oder aus irgendeinem Grund unglücklich waren – die Armen und Elenden, die Mühseligen und Beladenen.

Es hat sich mir tief eingeprägt, daß meine Eltern von einem verkommenen oder dem Laster verfallenen

Menschen – etwa einer Dirne oder einem Trinker, stets mit tiefem Mitgefühl sprachen. Vater und Mutter lehrten uns, solche Menschen als bedauernswert anzusehen und warnten uns davor, über sie ein vorschnelles Urteil zu fällen. »Wer weiß, warum sie so geworden sind? Vielleicht haben sie keine guten Vorbilder gehabt. Vielleicht war niemand da, dem sie vertrauen konnten und der ihnen zurechthalf. Vergeßt es nie: auch sie sind von Gott geliebte Menschen!« Unsere Eltern sahen ihre Lebensaufgabe darin, diesen »Armen« zu helfen. Dabei waren ihre Schutzbefohlenen nicht immer arm an irdischen Gütern. »Arm« waren eben alle, die in der Gottesferne lebten. Ich bin meinen Eltern dankbar, daß sie mir dafür den Blick geöffnet haben. Ihnen verdanke ich es, daß es mich mein Leben lang zu diesen »Armen« hingezogen hat.

Andererseits interessierte ich mich schon als Kind für solche, die ihre Zeit und Kraft in den Dienst für die Hilfsbedürftigen stellten. Es war dem Aufgabengebiet meiner Eltern zuzuschreiben, daß sie uns voller Hochachtung, ja, in Bewunderung von dem Gründer der Heilsarmee erzählten, der mit seiner Frau in die Verbrecherviertel von London ging, um den Geächteten das Evangelium zu verkündigen. Aber dabei ließ er es nicht bewenden. Ihm war klar, daß ein Mensch mit knurrendem Magen zuerst einmal eine heiße Suppe und ein Stück Brot vorgesetzt bekommen mußte, ehe er für das Evangelium zugänglich war. Und so kam zu seinem seelsorgerischen Dienst auch das Sozialwerk. Mit großen Augen hörten meine Geschwister und ich den Eltern zu, wenn sie uns von William Booth erzählten. Es erfüllte uns mit Freude und mit Stolz, daß sie ihr Leben dafür in gleicher Weise einsetzten. Wir konnten nie genug hören, wenn meine Mutter berichtete, daß mein Vater ein Obdachlosenheim in Hamburg geleitet hatte und wie sie mit einigen Helfern durch die Gassen der Armut, in denen sich auch Verbrechen und Laster aller Art verbargen, mit einem Suppenwagen gezogen waren, um an kalten Wintertagen den Ärmsten eine warme Mahlzeit anzubieten.

Es gehört wohl zu den unvergeßlichen Eindrücken meiner Kinderzeit – ich war damals etwa sieben Jahre alt –, als meine Eltern uns vier Geschwister in den gewaltigen Zirkus Busch in Berlin mitnahmen, in dem der General der Heilsarmee zu einer großen Zuhörerschaft sprach. Voller Bewunderung blickte ich auf den weißhaarigen alten Herrn mit dem wallenden Bart und der warmen, gütigen Stimme. Das also war er, der keine Angst vor den Verbrechern, den Trunkenbolden und Messerstechern hatte, die er seine Brüder und Schwestern nannte.

Unsere Eltern führten uns nach der Versammlung zu dem würdigen Herrn, der uns in einem Nebenzimmer erwartete. Unvergeßlich bleibt mir, wie er mit und für uns Kinder gebetet hat, indem er jedem von uns segnend die Hand auflegte. Schon damals nahm ich mir vor, auch einmal den Armen und Verachteten zu helfen.

Vor meinem geistigen Auge steht eine Frauengestalt, die ebenfalls wegweisend für mein Leben war: Baronin Eva von Tiele-Winckler. Schon bevor ich als etwa Neunjährige mit ihren Nichten im Schloß ihres Bruders, des Barons von Tiele-Winckler spielen durfte, hatte ich von dieser Frau, der Mutter vieler heimatloser Kinder gehört und war von ihrem Leben stark beeindruckt gewesen. Ihr Bruder hatte der Heilsarmee ein Erholungsheim an einem See in Mecklenburg zur Verfügung gestellt. Meine Eltern verbrachten dort mit uns

Kindern eine unvergeßliche Ferienzeit, in deren Verlauf ich einige Male im Ponnywagen von den Baronessen abgeholt wurde. Bei dieser Gelegenheit lernte ich auch Baronin Eva von Tiele-Winckler kennen, die einmal in der schlichten Tracht der Diakonisse vor mir stand. Eine Baronin hatte ich mir natürlich ganz anders vorgestellt. Noch mehr als diese unverhoffte Begegnung beeindruckte mich später ihre Lebensbeschreibung und andere von ihr verfaßte Bücher. Ihrem Vorbild kann ich es verdanken, daß ich als Erwachsene Jahre meines Lebens in den Dienst für hilfsbedürftige Kinder stellte. Nach dem Krieg gründete ich mein Flüchtlings-Kinderheim in Geislingen, in dem damals fast 1500 Kinder eine Heimat fanden, die zum Teil aus unbeschreiblichen Erlebnissen kamen. Als ich Eva von Tiele-Winckler kennenlernte, imponierte sie mir, weil ich empfand, daß es bewunderswert war, auf Reichtum und Stellung zu verzichten, um heimatlosen Kindern eine Heimat zu bieten. Später begriff ich, daß sie das fast unmöglich Scheinende durch die Kraft ihres Glaubens erreicht hatte. Es blieb nicht bei meiner Bewunderung für sie. Ich habe von ihr gelernt und bin Gott noch heute dankbar für die Begegnung in meiner Kinderzeit.

Wenn ich zu Anfang in diesem Buch sagte, daß wir alle viel mehr, als wir ahnen, von den Menschen geformt werden, denen wir begegnen, dann meinte ich auch diese Frau, die meinem Leben eine gewisse Prägung gab, die ich nicht missen möchte. Ich könnte noch eine ganze Reihe solcher Menschen aufzählen, die richtungweisend für mein Leben wurden. Ich habe von ihnen gelernt, meine Umgebung mit wachem Auge zu sehen.

Es ist zweifellos interessant, Menschen, die uns begegnen, zu beobachten und daraus über ihr Wesen und ihre Veranlagung Folgerungen zu ziehen. Wichtiger aber ist es, sie mit Augen der Liebe zu sehen. Das bewahrt vor einem zu raschen Urteil, läßt zuweilen auch hinter die Kulissen schauen und interessante Entdekkungen machen. Man bekommt dann ein besseres Verständnis für das Wort: »Der Mensch sieht, was vor Augen ist, Gott aber sieht das Herz an«. Manchmal macht man dann die Erfahrung, daß im Innern eines Menschen Werte verborgen sind, die man gar nicht vermutet hatte.

Dafür ein Beispiel: Frau Schneider war im ganzen Dorf verschrieen. Jeder wußte von ihr eine andere Schauergeschichte zu erzählen. Man grüßte sie nicht. Keiner wollte mit ihr zu tun haben.

Eines Tages zog ein älteres Ehepaar in ihre Nachbarschaft. Es kam aus der naheliegenden Stadt und hatte diesen kleinen, landschaftlich sehr schön gelegenen Ort gewählt, um hier den Lebensabend zu verbringen. Der sich hinter ihrem Haus ausbreitende Wald bot eine gute Gelegenheit zu ausgedehnten Spaziergängen. Bald waren sie auch mit der Nachbarschaft bekannt. Sie lernten freundliche, sympathische Leute kennen und fühlten sich bereits nach kurzer Zeit am neuen Ort heimisch.

Bei seinen Spaziergängen kam das Ehepaar öfter an einem kleinen, wenig gepflegten Haus vorbei, das von den anderen Gebäuden des Ortes merklich abstach. Glücklicherweise stand es etwas abseits und konnte darum das geordnete Dorfbild nicht stören. Die anderen Hausbesitzer schienen zu wetteifern in dem Bemühen um den schönsten Vorgarten und den prächtigsten Blumenschmuck vor den Fenstern.

Eines Tages fragten die neu Hinzugezogenen einen ihrer Nachbarn nach den Bewohnern des kümmerlichen Häuschens nahe des Waldrandes. Mit einer entsprechenden Handbewegung, die unzweideutig Nichtachtung ausdrückte, erwiderte dieser: »Von der halten Sie sich ja fern! Wenn man sich erst mit Frau Schneider einläßt, wird man sie nicht mehr los.« Man wußte Romane von der Frau zu erzählen, die mit einigen Hunden, Katzen und Hühnern in dem verkommen wirkenden Häuschen wohnte.

»Gehen Sie nur nicht hinein. Da ist alles verdreckt und verwahrlost. Die Fenster bleiben meist verschlossen, damit ja keine Katzen davonlaufen . . .«

Herr und Frau Tannhäuser beendeten das Gespräch. Mochten die Leute mit ihren Anschuldigungen recht haben, aber einmal war es ihnen denkbar unsympathisch, daß sie über die Frau in deren Abwesenheit in dieser abfälligen Art herzogen, und sicher gab es über sie auch etwas Positives zu sagen. Ausschließlich schlechte Eigenschaften hatte doch kein Mensch. Es mochte sein, daß diese einsame Frau ziemlich verschroben war und es an Ordnung und Sauberkeit fehlen ließ – es konnte aber auch der Wahrheit entsprechen, daß in ihrer Vergangenheit einige dunkle Punkte lagen. Vielleicht war es begründet, wenn sich die Nachbarschaft von ihr zurückzog. Aber diese Antipathie gleich neu Hinzugezogenen weiterzugeben, fanden sie nicht recht. Doch schließlich hatten Tannhäusers die Nachbarn ja nach der Bewohnerin des Hauses am Waldrand gefragt. Sie nahmen sich vor, der Frau ohne Vorurteil zu begegnen, sollte sich eine Gelegenheit dazu bieten. Wie oft schon hatten sie erlebt, daß Menschen durch üble Nachrede verbittert wurden und sich deshalb von ihrer Umgebung im Groll zurückzogen.

»Es ist nicht unsere Aufgabe, nachzuprüfen, was an

den Anschuldigungen gegenüber dieser Frau auf Wahrheit beruht. Wir werden sie zumindest grüßen, wenn wir sie treffen. Wer weiß, was sie alles durchgemacht hat, daß sie so verschroben und unliebenswert wurde, wie die Leute sie schildern. Um ein Urteil abgeben zu können, müssen wir auch sie hören«, sagte Frau Tannhäuser zu ihrem Mann.

»Wahrscheinlich würde auch sie Grund haben, über die zu klagen, die jetzt über sie herziehen«, erwiderte dieser. »Wir werden wohl kaum Gelegenheit haben, mit ihr näheren Kontakt aufzunehmen. Anscheinend meidet sie bewußt jeden Umgang mit anderen.«

Es ergab sich dann doch recht bald eine Begegnung mit Frau Schneider. Tannhäusers, die möglichst jeden Tag einen ausgedehnten Spaziergang machten, kehrten vom Wald zurück. Es war einer der ersten Frühlingstage, an denen man das neue Erwachen der Natur als ein besonderes Geschenk empfindet. Die Buchenbäume zeigten ihre ersten grünen Blättchen, die dunklen Tannen hatten zarte helle Spitzen an ihren Zweigen aufgesteckt. Anemonen bedeckten den Waldboden, und auf den Wiesen leuchtete das Gelb der Schlüsselblumen wie in jedem Frühjahr, und doch immer wieder beglückend neu.

Frau Tannhäuser war unter dem Eindruck des Geschauten geradezu festlich gestimmt. Sie hatte in den Wintermonaten durch manche Krankheitsnot gehen müssen und genoß dieses Frühlingserwachen sehr.

»Als ich im Krankenhaus lag, wagte ich nicht zu hoffen«, sagte sie zu ihrem Mann, der sie fürsorglich stützte, »daß ich all das Schöne noch einmal erleben würde. Ich fühle mich direkt beschenkt.«

Herr Tannhäuser drückte ihren Arm. Auch er war an diesem Tag besonders froh gestimmt. Wie gut verstand er seine Frau, hatte er doch manche Stunde an ihrem Krankenbett gesessen und fast nicht mehr zu hoffen gewagt, daß sie das Frühjahr erleben würde. Als sie dann doch wieder genesen durfte und der Arzt ihm dringend riet, mit seiner Frau aufs Land oder in einen ruhig gelegenen Vorort der Stadt zu ziehen, hatte er mit Freuden zugegriffen, als sich ihnen in einem Dreifamilienhaus eine schöne Wohnung bot.

Sie fanden auch rasch Anschluß an die Kirchengemeinde des Ortes, in der sie einige tätige Christen kennenlernten. Das sich auch unter ihnen solche befanden, die Frau Schneider beinahe gehässig aburteilten, störte sie. Selbst wenn sie mit dieser Frau üble Erfahrungen gemacht hatten, sollten sie nicht in dieser lieblosen Weise über sie herziehen.

»Eigentlich müßte man dies den Leuten offen sagen«, meinte Herr Tannhäuser, als er mit seiner Frau durch den Wald ging und nun das Häuschen von Frau Schneider sah.

»Du hast recht«, erwiderte Frau Tannhäuser, »aber könnten wir sie überzeugen, wenn wir ihre Art lieblos und unchristlich nennen würden? Da wir Frau Schneider noch nicht kennengelernt haben, sind wir nicht einmal in der Lage, ihre Argumente zu widerlegen. Vielleicht sind wir auch nur zu feige, uns ihrer Kritik auszusetzen und verstecken uns hinter der Meinung: Was geht uns der andere an? Es ist wahr, oft befinde auch ich mich in einem inneren Zwiespalt, ob man reden oder schweigen soll. Vielleicht braucht diese arme Person jemand, der sie verteidigt, wenn alle anderen auf ihr herumhacken.«

In Gedanken versunken, ging das Ehepaar weiter. Beide beschäftigten sich mit der von allen gemiedenen Frau. Sie hatten sie bereits ein- oder zweimal in ihrem

Gärtchen gesehen, waren aber noch nicht mit ihr ins Gespräch gekommen.

In diesem Augenblick entdeckten sie beide. »Da kommt sie!« flüsterte Frau Tannhäuser ihrem Mann zu. »Und sie schlägt den Weg hierher ein.«

Ihnen war klar, daß sie Frau Schneider jetzt anzusprechen hatten. Als sie nahe bei ihnen war, begannen die drei Hunde, die sie an der Leine führte, wütend zu bellen. Tannhäusers hielten vorsichtig einen Augenblick den Schritt an.

»Sie brauchen keine Angst haben«, rief die Frau ihnen entgegen. »Die Hunde beißen nicht. Sie bilden sich nur ein, der Wald gehöre ihnen ganz allein, und keiner außer ihnen habe ein Recht, ihn zu betreten.«

Nun stand man sich gegenüber. Tannhäusers stellten sich vor: »Wir wohnen seit einiger Zeit nicht weit von Ihnen in der Brunnenstraße.« Ein Wort gab das andere. Wenn es auch nicht zu einem ausgiebigen Gespräch kam, so war doch ein Anfang gemacht. Als Tannhäusers sich verabschiedeten und weitergingen, blieb die Frau mit den Hunden noch eine Weile stehen und blickte ihnen verwundert nach. Man merkte, daß die Leute hinzugezogen waren. Von den Einheimischen wäre keiner bei ihr stehengeblieben. Aber es würde ohnehin nicht lange dauern bis die Nachbarschaft ihr Gift verspritzen und die Leute vor ihr warnen würde. Sie kannte sie doch. Da war keiner, der auch nur ein einziges gutes Wort über sie sprach.

»Frau Schneider machte doch gar keinen so schlechten Eindruck«, sagte Frau Tannhäuser zu ihrem Mann. »Ihre Kleider sahen zwar abgetragen, aber nicht unsauber aus.«

Es blieb nicht bei dieser ersten Begegnung. Tannhäusers waren Tierfreunde und hatten selbst lange Zeit einen Hund besessen. So fanden sie beim nächsten Treffen gleich einen Gesprächsstoff.

Voller Stolz stellte Frau Schneider ihre drei Pudel vor. »Sie sind reinrassig und sehr kluge Tiere.« Sie erzählte einige originelle Begebenheiten, die dies beweisen sollten.

So ergab es sich, daß die einsame, von den anderen gemiedene Frau danach ausschaute, ob das ältere Ehepaar bei seinen Spaziergängen in die Nähe ihres Hauses kam. Einmal trug Frau Tannhäuser einen Wiesenstrauß in ihrer Hand, den sie am Wegrand gepflückt hatte. Vielleicht täuschte sie sich, aber ihr schien es, als seien die Augen Frau Schneiders bewundernd auf ihn gerichtet. Spontan teilte Frau Tannhäuser den Strauß und reichte ihr die Hälfte.

»Darf ich Ihnen diese Blumen schenken?«

Verlegen stotterte die Angesprochene: »Oh – ich – Sie haben sie doch für sich gepflückt, und das Bücken fällt Ihnen bestimmt auch nicht mehr leicht.«

Herr Tannhäuser ermutigte sie, den Strauß anzunehmen. »Meine Frau schenkt Ihnen gerne die Blumen.«

Wieder blickte Frau Schneider den beiden verwundert nach. Wie lange war es her, daß ihr jemand etwas geschenkt hatte! Wie kamen diese Leute dazu, die sie doch gar nicht kannten?

Lange standen die Blumen auf der Fensterbank, von außen sichtbar. Vielleicht war ihnen vorsätzlich dieser Platz zugewiesen worden, damit die Fremden, wenn sie an ihrem Häuschen vorbeigingen, erkennen konnten, daß sie ihr Geschenk zu würdigen wußte.

Der Winter nahte. Sturm und Kälte hinderten Tannhäusers daran, längere Spaziergänge zu unternehmen. Aber wenn immer möglich lenkten sie ihre Schritte zu dem Häuschen von Frau Schneider. Längst hatten sie gemerkt, daß diese nicht zufällig davorstand, wenn sie vorbeikamen. Manchmal machte sie sich auch am Fenster zu schaffen, um den beiden wenigstens von innen einen Gruß zuzunicken.

Weihnachten kam. Als Frau Tannhäuser ihre Vorbereitungen zum Fest traf und für manche ihrer Angehörigen und Freunde liebevoll Päckchen zurechtmachte, fragte sie ihren Mann: »Meinst du nicht auch, daß wir Frau Schneider ebenso ein kleines Geschenk bringen sollten?«

»Warum nicht?« erwiderte er. »Ich könnte mir denken, daß sie von keinem Menschen etwas bekommt.«

So unternahmen die beiden am Nachmittag des Heiligen Abends einen Waldspaziergang, der sie wieder an dem bewußten Häuschen vorbeiführte. Heute war weit und breit von Frau Schneider nichts zu sehen.

»Sicher hält die Kälte sie zurück, hinauszugehen«, meinte Herr Tannhäuser. »Aber die Hunde muß sie ja schließlich täglich hinausführen.«

»Klopfen wir doch an.«

Es dauerte lange, bis ihnen geöffnet wurde. Frau Schneider schien erkältet zu sein. Sie hustete heftig, hatte rote, verschwollene Augen und sah ihren Besuch fragend an, ohne ihn jedoch einzuladen, hereinzukommen. Die Hunde kläfften wütend. Die Frau hatte größte Mühe, zwei Katzen davon abzuhalten, aus der geöffneten Haustür zu entweichen.

»Wir möchten Ihnen ein gesegnetes Weihnachtsfest wünschen«, sprach Frau Tannhäuser sie an. »Und hier bringen wir Ihnen einen kleinen Gruß zum Fest.«

Frau Schneider griff nicht sofort danach. Sie sah geradezu fassungslos auf das Päckchen in der ihr entgegengestreckten Hand. »Ein Weihnachtsgeschenk für mich?« fragte sie schließlich. »Ich weiß gar nicht, wie Sie dazu kommen.«

»Wir möchten Ihnen nur eine kleine Freude machen.« Da griff die Frau hastig danach, murmelte einen unterdrückten Dank und zog eilig die Tür hinter sich zu.

»Ich glaube, sie hat geweint!« stellte Frau Tannhäuser fest. »Jedenfalls schien es ihr schwer, zu glauben, daß ihr jemand eine Freude machen will. Sie kann einem schon leid tun.«

»Erinnerst du dich daran, daß sie im Herbst, als wir sie vor ihrem Häuschen ansprachen – sie trug gerade eine ihrer Katzen auf dem Arm – sagte: Ein Tier kann treuer und anhänglicher sein, als es Menschen sind. – Was wissen wir letztlich von ihr? Wer weiß, welche traurigen Erfahrungen sie mit der Nachbarschaft oder auch mit anderen Menschen gemacht hat!«

Es war im darauffolgenden Frühjahr. Eines Tages stand Frau Schneider vor Tannhäusers Tür.

»Darf ich einen Augenblick zu Ihnen hereinkommen?« fragte sie und blickte sich scheu um.

»Gerne«, erwiderte Frau Tannhäuser. »Treten Sie nur näher.«

In ihrer aufgenommenen Schürze trug Frau Schneider ein Dutzend Eier. »Sie sind ganz frisch«, sagte sie. »Wenn Sie mir bitte eine Schüssel geben wollen, damit ich sie hineinlegen kann.«

»Die haben Sie für uns gebracht?«

»Ja, Sie sind immer so freundlich zu mir, Sie und Ihr Mann – und Blumen haben Sie mir auch schon geschenkt.« Frau Schneider blickte bewundernd um sich. »Wie schön Sie es hier haben! Da würde ich mich auch wohlfühlen. Aber wissen Sie, meine Tiere, die Hunde und die Katzen – und manchmal kommen auch die

Hühner zu mir in die Küche. Da kann es natürlich nicht so gepflegt und aufgeräumt aussehen wie bei Ihnen.«

»Sie hängen wohl sehr an Ihren Tieren?«

»Ja, sehr. Ich habe doch sonst niemanden.«

Der Augenblick, von dem Frau Schneider beim Eintritt in die Wohnung gesprochen hatte, zog sich ziemlich in die Länge. Frau Tannhäuser blickte verstohlen auf die Uhr. Sie hätte das Essen aufsetzen sollen. Ihr Mann war auf die Post gegangen und würde bald zurückkommen. Er war es gewöhnt, seine Mahlzeiten pünktlich einzunehmen. Obgleich sie nichts sagte, erriet Frau Schneider ihre Gedanken.

»Entschuldigen Sie, daß ich solange geblieben bin!« Sie erhob sich. »Wissen Sie, wenn man soviel allein ist, dann tut es einem gut, einmal mit jemandem zu sprechen.«

Nicht lange, nachdem Frau Schneider gegangen war, klingelte es aufs neue. Eine Frau aus dem Nachbarhaus stand vor der Tür. Der von ihr angegebene Grund ihres Erscheinens war so fadenscheinig, daß Frau Tannhäuser sofort klar war, daß die Neugierde sie zu ihr getrieben hatte.

»Sie haben Besuch gehabt?« begann sie. »Ich habe Frau Schneider aus dem Haus gehen sehen, als ich mein Küchenfenster putzte. Na, dann tun Sie gut daran, Ihre Wohnung ordentlich zu lüften – so wie das Weib stinkt!«

»Das ist mir gar nicht aufgefallen.«

»Na, dann müssen Sie keinen ausgeprägten Geruchssinn haben. Aber achten Sie darauf, wenn sie wiederkommen sollte. Ist ja auch kein Wunder, wenn einer mit drei Hunden und fünf Katzen zusammenhaust – die Hühner soll sie ja auch in der Wohnung haben.«

»Fünf Katzen sagen Sie?«

»Na ja, drei sind es sicher. Aber das würde ja auch reichen. Was wollte sie überhaupt bei Ihnen? Mir käme sie nicht in die Wohnung.«

Frau Tannhäuser überging die Frage.

»Wollen Sie nicht zu mir in die Küche kommen? Es ist nämlich höchste Zeit, daß ich meine Kartoffeln und das Mittagessen zubereite. Mein Mann wird jeden Augenblick kommen.«

Die Nachbarsfrau lehnte ab. »Nein, die andere hat Sie schon lange genug aufgehalten. Aber wenn ich Ihnen einen Rat geben darf: Hüten Sie sich vor ihr! Ehrlich ist sie nämlich auch nicht.«

»Hat sie Ihnen schon einmal etwas weggenommen?«

»Nein, dazu gäbe ich ihr gar nicht erst die Gelegenheit. Ich sagte ja schon, ich ließe sie nicht zu mir 'rein. Die ganze Nachbarschaft spricht aber davon. Und dann die verschiedenen Männergeschichten . . .«

»Ich sehe meinen Mann kommen!«

»Dann will ich nicht länger stören. Auf Wiedersehen.«

»Was ist mit dir?« fragte Herr Tannhäuser seine Frau, als er eintrat. »Du kommst mir so erregt vor.«

»Ich hatte Besuch. Frau Schneider war hier und hat uns Eier gebracht. Sie blieb ungefähr eine halbe Stunde bei mir sitzen. Ich hatte nicht den Mut, sie fortzuschikken. Sie tut mir unendlich leid. Und bevor ich das Mittagessen aufsetzen konnte, kam die Frau aus dem Nebenhaus – ich weiß nicht, wie sie heißt. Weißt du, die aus dem zweiten Stock.«

»Hat die etwa auch Eier gebracht?« fragte lachend ihr Mann. »Aber das ist doch kein Grund, aufgeregt zu sein.«

»Gewiß nicht, aber nun werden wir mit dem Essen noch eine ganze Weile warten müssen.«

»Wenn's nichts Schlimmeres ist.«

»Komm in die Küche. Während ich mich ums Essen kümmere, erzähle ich dir alles Nähere. Ich kann dir gar nicht sagen, wie traurig es mich macht, daß die Nachbarschaft so sehr über Frau Schneider herzieht.«

»Desto freundlicher wollen wir zu ihr sein.«

In den kommenden Monaten fiel ihnen auf, daß Frau Schneider oft elend aussah.

»Geht es Ihnen nicht gut?« fragte Frau Tannhäuser, als sie ihr wieder einmal im Wald begegneten.

»Mein Herz ist nicht in Ordnung.«

»Haben Sie einen guten Arzt?«

»Ja, ich gehe zu Frau Doktor Stumm.«

»Die wohnt doch am anderen Ende des Ortes?«

»Ich fahre immer mit dem Autobus hin. Aber es ist schon mühsam, zumal ich oft lange im Wartezimmer sitzen muß, selbst wenn sie mich bestellt hat. Dann muß ich meine Tiere solange allein lassen.«

»Wenn wir irgend etwas für Sie tun können, etwa in der Apotheke Ihre Medizin besorgen, dann sagen Sie es uns bitte. Sie wissen ja, daß wir ein Auto haben.«

»Vielen Dank, Herr Tannhäuser.«

Eines Tages im Herbst begegnete sie ihm alleine auf einem der Waldwege. Auch heute blieb er bei ihr stehen. Die Hunde bellten ihn nicht mehr an. Als er sich darüber wunderte, sagte Frau Schneider: »Meine Tiere wissen genau, wer es mit ihnen gut meint. Die Hunde kennen Sie schon. Aber wo haben Sie heute Ihre Frau?«

»Sie hat sich erkältet und wollte wegen ihres Hustens bei diesem kalten Wind nicht hinaus.«

Am Nachmittag brachte Frau Schneider eine Flasche Hollundersaft für Frau Tannhäuser. »Das ist bei starken Erkältungen das beste. Und hier habe ich noch eine gute Teemischung, selbst gesucht im Wald und auf den

Wiesen.« Aus ihrer Tasche kramte sie ein nicht gerade appetitlich aussehendes Tütchen hervor: »Und hier ist Kandiszucker. Der löst den Schleim, wenn Sie den Tee damit süßen.«

Wieder blieb Frau Schneider mit großer Ausdauer sitzen. Schließlich erlaubte sich Frau Tannhäuser zu sagen: »Wenn Sie uns jetzt bitte entschuldigen möchten, Frau Schneider. Ich muß noch ein Paket packen, das wir Verwandten zu ihrer Silberhochzeit schicken wollen. Damit es pünktlich ankommt, sollte mein Mann es noch heute auf die Post bringen!«

Errötend war Frau Schneider aufgestanden. »Entschuldigen Sie, ich habe wieder einmal die Zeit vergessen.«

»Sie dürfen gerne wiederkommen. Dann trinken wir zusammen eine Tasse Kaffee.«

Die Kälte setzte in diesem Jahr früh ein. Der Wald hatte sein schönstes Winterkleid angezogen. Doch die Straßen waren schlecht passierbar. Glatteis erschwerte besonders alten Leuten das Gehen. Eines Tages hatten Tannhäusers einen größeren Einkauf am anderen Ende des Ortes vor. Als sie mit dem Auto an der Bushaltestelle vorbeifuhren, sahen sie dort Frau Schneider stehen.

»Vielleicht können wir sie mitnehmen«, sagte Frau Tannhäuser. »Dann muß sie nicht hier in der Kälte auf den Bus warten.« Ihr Mann fuhr eine Straßenkreuzung weiter, wo er den Wagen gut wenden konnte, und dann zurück.

»Schnell, steigen Sie ein!« rief er Frau Schneider zu. »Ich darf hier nicht halten. Wo wollen Sie denn hin?«

»Ich muß zur Ärztin.«

»Die wohnt doch in der Gartenhäuserstraße«, meinte Frau Tannhäuser.

»Ja.«

»Geht es Ihnen wieder nicht gut?«

»Es ist immer dasselbe – das Herz.«

Als Herr Tannhäuser Frau Schneider vor dem Haus der Ärztin absetzte, reichte sie ihm die Hand. »Haben Sie vielen herzlichen Dank! Und bitte, fahren Sie vorsichtig, damit Ihnen bei der Straßenglätte nichts passiert. Es wäre mir schrecklich, wenn Sie einen Unfall hätten. Ich möchte Sie in meiner Nachbarschaft nicht missen.« Sie winkte Frau Tannhäuser herzlich zu und wiederholte noch einmal: »Vielen Dank und bitte, vorsichtig fahren!«

Das waren die letzten Worte, die Tannhäusers von ihr hörten. Am andern Tag wurde die Nachbarschaft von Frau Schneider durch anhaltendes Hundegeheul aufmerksam. Als es nicht nachließ, sah man nach der Ursache. Man fand Frau Schneider tot vor ihrem Haus im Schnee liegen. Ein Herzschlag hatte ihrem Leben ein Ende gesetzt.

Wie ein Lauffeuer zog es bald durch den ganzen Ort. »Habt ihr schon gehört, die Schneidersche ist tot – ganz plötzlich!«

Die Reaktionen waren verschieden: »'s ist ihr gut gegangen. Sie hat nicht viel Schönes in ihrem Leben gehabt.« Doch die meisten Stimmen ließen sich auch im Angesicht des Todes nicht davon abhalten, ihrer Abneigung gegenüber dieser Frau Luft zu machen und lieblos über sie herzuziehen. »Tot ist sie? Das bedeutet für keinen einen Verlust. Ich weine ihr keine Träne nach.«

»Am besten wär's, man würde die ganze Bruchbude, so wie sie dasteht, in Flammen aufgehen lassen. Wem ist es zuzumuten, diesen Dreckstall auszumisten?«

»Was wird nun aus ihren Tieren?«

»Das kümmert mich wenig. Soll sich der Tierschutzverein darum kümmern.«

An der Beerdigung von Frau Schneider nahmen nur wenige teil, ein paar Neugierige, die bei keinem Trauerfall fehlten und zwei, drei aus der nächsten Nachbarschaft. Frau Tannhäuser war die einzige, die Blumen am Grab niederlegte.

»Gott hat die Verstorbene mehr geliebt als irgendeiner von uns«, sagte der Pfarrer, der wohl kaum jemals eine solch armselige Beerdigung erlebt hatte. Natürlich wußte auch er, wie man über die Tote geurteilt hatte, und vielleicht empfand auch er so etwas wie ein Schuldgefühl, sonst hätte er kaum diese Worte ausgesprochen.

»Na, wie war's?« fragte Tannhäusers Nachbarsfrau, als sie vom Friedhof zurückgekommen waren, dieselbe, die sie vor Frau Schneider damals gewarnt hatte.

»Nun, wie soll es schon bei einer Beerdigung gewesen sein?« erwiderte Herr Tannhäuser und ging weiter, ärgerlich über die lässig gestellte Frage und nicht gewillt, in diesem Augenblick Meinungsäußerungen der geschwätzigen Nachbarin entgegenzunehmen. Seine Frau aber blieb noch einen Augenblick stehen. »Der Pfarrer hat sehr gut gesprochen. Er hat gesagt: Gott hat die Verstorbene mehr geliebt als irgendeiner von uns. Ich meine, das sollte uns allen einiges zum Nachdenken geben.«

Ohne ein weiteres Wort zu sagen, wandte sich die Nachbarin um und ging ins Haus.

Frau Tannhäuser aber lag an diesem Abend lange schlaflos wach. Ihr Mann schien ebenfalls nicht zur Ruhe zu kommen.

»Bist du auch noch wach?« fragte er. »Weinst du etwa?«

»Nein, ich weine nicht, aber ich bin traurig.«

»Geht dir der Tod von Frau Schneider so nahe?«

»Ich bin traurig über mich selbst. Mir ist, als hätte ich für die Verstorbene viel mehr tun sollen. Warum habe ich sie nicht früher schon zu uns zum Kaffee eingeladen? Warum haben wir es damit bewenden lassen, ihr ein Weihnachtspäckchen zu bringen, anstatt sie am Heiligen Abend zu uns zu bitten? Wohl ist mir damals der Gedanke gekommen, aber ich ließ mich von der Überlegung zurückhalten, was wohl die Nachbarschaft dazu sagen würde. Warum haben wir sie nie zur Kirche mitgenommen? Das alles empfinde ich jetzt als Schuld. Es ist wohl etwas vom Allerschwersten, wenn man an einem Grab steht und erkennen muß, wieviel man versäumt hat. – Wenn es stimmt, was die Nachbarn von ihr gesagt haben, daß in ihrer Vergangenheit schlimme Dinge lagen, dann hätten wir mindestens den Versuch machen müssen, sie zum Gottesdienst mitzunehmen. Für mich wäre es unerträglich, wenn wir durch unser Versäumnis mitschuldig geworden wären, daß sie nichts von Gnade und Vergebung gehört hat. Und noch eins bewegt mich. Nicht ein einziges Mal ist ein gehässiges oder auch nur unfreundliches Wort über ihre Lippen gekommen über diejenigen, die mit Wonne alle ihre Schandtaten weitererzählt haben. Sie konnte sich ja denken, daß uns alles, was man von ihr wußte oder zu wissen meinte, zugetragen worden ist.«

Herr Tannhäuser kannte seine Frau zu gut, und wußte, daß sie sich ihren Kummer vom Herzen reden mußte, sonst konnte sie ihn nicht ablegen. Er faßte nach ihrer Hand.

»Wie gut, daß wir wissen, wo auch wir unsere Versäumnisse und Fehlentscheidungen hintragen dürfen. Immer wieder werden wir an einem Menschen schuldig. Darum müssen wir uns auch immer wieder neu vor Gott beugen.«

»Liebster, es gefällt mir nicht, daß du nur von Fehlentscheidungen sprichst«, sagte Frau Tannhäuser und drückte die Hand ihres Mannes an ihre Wange. »Du erinnerst dich doch an den Vortrag: ›Mut, sich selbst zu erkennen‹. Da wurde unter anderem gesagt, daß man heute vielfach das Wort Sünde vermeidet. Man spricht von Fehlentscheidungen. Damit versucht man, sich selbst zu entlasten. Was ich in bezug auf Frau Schneider empfinde, hat nichts mit Fehlentscheidungen zu tun. Ich kann es nur Schuld nennen. Meine ihr entgegengebrachten kleinen Freundlichkeiten waren Almosen. Viel mehr hätte ich für sie tun müssen. Nun ist es zu spät. Ich kann nichts mehr von dem Versäumten nachholen.«

Herr Tannhäuser antwortete: »Und doch dürfen wir bitten, wie es der Psalmist getan hat: ›Herr, verzeihe mir auch die verborgenen Fehler.‹ Ich muß gestehen, daß ich mich in bezug auf unser Verhalten gegenüber Frau Schneider bisher nicht schuldig gefühlt habe. Aber ich kann dich verstehen. Wir wollen beide aus dem Geschehenen lernen.«

Tannhäusers waren, solange sie Frau Schneider kannten, nicht imstande gewesen, nachzuprüfen, was von den Anschuldigungen der Nachbarn gegenüber Frau Schneider begründet war. Jetzt schien es ihnen erst recht nicht wichtig zu sein. Unter Umständen entsprach es sogar den Tatsachen, daß sie Grund zum Ärger und zum Anstoß gegeben hatte. Sicher war es nicht unberechtigt, wenn Herr Tannhäuser einmal zu seiner Frau sagte: »Schließlich kannst du es den Leuten nicht verdenken, wenn sie sich über andere entrüsten, die nach ihrer Meinung anstößig leben. Solange sie nicht in der Gesinnung Christi leben, ist dieses Denken ganz natürlich. Es müssen einem doch erst von Gott die Augen geöffnet werden über seinen eigenen, verlorenen Zustand.«

»Du hast recht«, erwiderte Frau Tannhäuser. »Wenn man sich so erkannt hat, hütet man sich, über andere zu urteilen. Dabei fallen mir die Worte eines Liedverses ein: ›Es ist doch unser Tun umsonst, auch in dem besten Leben. Vor dir niemand sich rühmen kann, des muß sich fürchten jedermann und deiner Gnade leben.‹ Es erschüttert mich nur, wie auch sogenannte Fromme unbekümmert über andere urteilen, anstatt sich zu fragen: Wie kann ich dem helfen, an dessen Tun ich Anstoß genommen habe, daß er sich ändert. Aber was will ich von ihnen erwarten, nachdem ich selbst so viel versäumt habe?«

»Laß es jetzt gut sein«, beruhigte Herr Tannhäuser seine Frau, deren zartbesaitetes Gewissen er genau kannte. »Wir haben dieses Versagen vor Gott gebracht und uns vorgenommen, daraus zu lernen.«

»Als ich zum erstenmal die Losung für dieses Jahr hörte, bin ich fast ein wenig erschrocken«, fuhr Frau Tannhäuser fort. »Nicht, daß ich dies Wort aus der Schöpfungsgeschichte nicht schon längst vorher gekannt hätte: ›Gott schuf den Menschen zu seinem Bilde‹. Aber nie zuvor ist mir so erschreckend klar geworden, was durch den Sündenfall aus dem Bilde Gottes geworden ist. Die Menschheit ist in bestürzender Weise degeneriert. Solche Auswüchse werden uns heute besonders klar, wenn wir an die Sittenlosigkeit und Laster verschiedenster Art denken. Der Mensch verwirft die göttlichen Ordnungen bewußt und rühmt sich dessen noch.«

»Und doch will Gott, daß allen geholfen werde und

daß auch der Dieb, der Mörder, der Süchtige, die Dirne und der Zuhälter wieder dem Bilde Gottes ähnlich werden.«

»Aber auch der selbstsichere, von seinen guten Qualitäten überzeugte Mensch, der durch seine Überheblichkeit und Selbstgerechtigkeit von Gott ebenso getrennt ist wie die Menschen, die du eben genannt hast. Wir gehörten ja auch zu jenen, die meinten, sich auf ihre Anständigkeit etwas einbilden zu können, bis wir eines Tages zur Einsicht kamen. Ach, wieviel braucht es doch, bis man dem Bilde Gottes ähnlich ist! Erst wenn man sich seiner eigenen Schwachheit bewußt wird, urteilt man milder. Menschen wie Frau Schneider ist Jesus barmherzig begegnet. Dagegen hat er den Frommen gesagt: ›Wer unter euch ohne Sünde ist, der werfe den ersten Stein.‹ «

»Ja, es ist wunderbar, wie die Bibel auf solche Fragen Antwort gibt«, erwidert Herr Tannhäuser.

»Am liebsten würde ich darüber einmal mit unserer Nachbarsfrau sprechen, die so gehässig über Frau Schneider hergezogen hat. Aber ich fürchte, dadurch könnte zwischen uns eine Feindschaft aufbrechen, und das möchte ich vermeiden. Schließlich wollen wir doch mit unserer Nachbarschaft im Guten auskommen.«

»Bestimmt sollen wir unsere Einstellung klar bekennen, wo sich dazu Gelegenheit bietet. Aber es heißt auch hier, sich innerlich leiten lassen und Türen, die sich vielleicht einen Spalt weit geöffnet haben, nicht durch unkluges Reden zuwerfen. Ich meine, als du der Frau das Wort wiederholt hast, das der Pfarrer am Grabe der Verstorbenen sagte, hast du ihr bereits eine Lektion erteilt. Hoffentlich denkt sie darüber ein wenig nach!«

»Es ist in der Tat nicht ganz einfach, mit allen Menschen recht umzugehen – mit denen, die sich anständig nennen, und mit den anderen, die von diesen verachtet werden.«

»Ja, und ebensowenig mit den Frommen.«

»Zu denen wir uns ja auch zählen, nicht wahr?«

»Wie gut, daß uns das Wort gegeben ist: Barmherzig und gnädig ist der Herr, geduldig und von großer Güte!«

Auf zwei Gedanken möchte ich im Zusammenhang mit der vorausgegangenen Begebenheit noch eingehen. Einmal auf die üble und auch unchristliche Angewohnheit, über andere unfreundlich herzuziehen. Es gibt Menschen, deren Bedürfnis scheint es zu sein, andere schlecht zu machen, ganz unabhängig davon, ob das, was sie sagen, auch der Wahrheit entspricht. Ich kenne Menschen, von denen ich noch nie ein anerkennendes Wort über andere gehört habe. Sie heben nicht nur hervor, was diese ihrer Meinung nach falsch machen, sie suchen bei ihnen geradezu nach Beweisen ihres Versagens. Es fällt ihnen nicht schwer, solche sogar zu erfinden, nur um andere Menschen herabzusetzen. Sie sehen alles negativ und merken nicht, wie sie selbst durch eine solche Einstellung unzufrieden und freudlos sind. Meistens gehören solche, alles verneinenden Menschen zu den Einsamen. Weil sich andere von ihnen abgestoßen fühlen, meiden sie den Umgang mit ihnen. Kürzlich las ich ein afrikanisches Sprichwort: Wer dir Klatsch erzählt, wird auch über dich klatschen!

Wir ertappen uns wohl alle dabei, das Versagen anderer mehr herauszustellen als ihre guten Eigenschaften. Gehören wir aber zu den Menschen, die aus Gott leben, wird es nicht ausbleiben, daß uns jedes unbedachte oder gar lieblose Urteil über andere innerlich belastet. Worte können sich so schnell ausbreiten wie etwa der Same des Löwenzahns. Vom Winde fortgetragen faßt er Fuß, geht auf und wird zum Unkraut, das sich unheimlich ausbreitet und nicht auszurotten ist. Scheinbar belanglos, lässig hingesprochene Worte können Böses anrichten und machen uns schuldig. Ein bewußter Christ wird bemüht sein, nicht über andere lieblos zu reden. Er wird seine Worte wägen, und das um so mehr, weil die Bibel uns warnend sagt, daß wir für jedes unnütze Wort Rechenschaft ablegen müssen. Wer von uns kann da vor Gott bestehen? Auch hier leben wir nur von der Vergebung.

Das zweite, auf das ich besonders hinweisen möchte, sind die einsamen Menschen in unserer Umgebung, auch wenn alleinstehende Menschen nicht unbedingt einsam sein müssen.

Kürzlich sagte mir eine Frau, deren Mann gestorben ist: »Wenn ich nur nicht so unter meinem Alleinsein leiden würde. Es gibt Tage, an denen spreche ich kein Wort, weil mich niemand anredet. Oft meine ich, es nicht mehr aushalten zu können.«

»Aber lebt auf Ihrem Stockwerk nicht noch ein älteres, berufstätiges Fräulein?« erwiderte ich. »Ich meine, Sie hätten mir einmal davon erzählt.«

»Ja, das stimmt. Aber die scheint furchtbar verschlossen zu sein. Jedenfalls hat sie noch keine Annäherungsversuche gemacht.«

»Warum tun Sie es dann nicht? Ich könnte mir denken, daß dieses Fräulein am Abend erschöpft aus dem Geschäft heimkommt, sich aber über einen freundlichen Gruß von Ihnen freuen würde. Vielleicht könnten Sie ihr hin und her einige Gänge abnehmen. Das wäre für Ihre Nachbarin gewiß eine Entlastung. Meinen Sie nicht? Auf diese Weise käme vielleicht auch ein Gespräch in Gang.«

»Ich dränge mich keinem Menschen auf.«

»Aber Sie sagten doch eben, daß Sie unter Ihrem Alleinsein leiden.«

»Das stimmt, aber wenn diese Nachbarin das Bedürfnis nach einem Kontakt mit mir hätte, wäre sie bestimmt schon auf mich zugekommen.«

»Könnte es nicht sein, daß sie genauso denkt wie Sie oder ein besonders scheuer Mensch ist?« gab ich zu bedenken.

»Wir haben bisher außer einem kurzen Gruß im Treppenhaus noch keine zehn Worte miteinander gewechselt.«

»Seien Sie mir nicht böse, aber haben Sie dann ein Recht, sich über Ihr Alleinsein zu beschweren?«

»Ich beschwere mich ja gar nicht.«

»Aber Sie leiden darunter. Machen Sie doch einmal einen Anfang. Gehen Sie bewußt auf Ihre Nachbarin zu. Wenn Sie den Eindruck haben, daß Sie absolut nicht zueinander passen, können Sie sich immer noch zurückziehen. Aber den Versuch sollten Sie wenigstens machen. Darf ich Sie an das Wort Jesu erinnern: Liebe deinen Nächsten wie dich selbst.«

»Dieses Fräulein ist doch nicht mein Nächster.«

»Sagen Sie das nicht. Mein Nächster ist heute vielleicht mein Ehepartner, morgen ein Kind, das mir begegnet, übermorgen der Briefträger und an einem anderen Tag irgendein anderer. Mein Nächster ist der, den Gott mir gerade an den Weg stellt. Alleinsein ist sehr schwer, aber Einsamsein ist nicht nötig; denn immer warten Menschen auf uns. Wir müssen nur aus unserer oft selbst gemachten Isolierung heraustreten und auf den anderen zugehen.«

Ich meine, ein Alleinstehender, der unter seiner Einsamkeit leidet, hilft sich selbst am besten, wenn er sich um solche kümmert, die in der gleichen Situation leben. Dabei erkennt er, daß es anderen genauso geht wie ihm. Wenn die zwei sich dann nicht gegenseitig etwas vorjammern, sondern sich ermutigen, ist beiden geholfen.

Allerdings sollten sich nicht nur die Alleinstehenden umeinander kümmern. Hier bieten sich gerade für ältere Ehepaare manche Gelegenheiten der Hilfe, die sie davor bewahren, sich einzureden, von niemand mehr gebraucht zu werden, als Ruheständler auf dem Abstellgleis zu sein.

Es gehört zu meinen und meines Mannes Aufgaben, uns um ältere und einsame Menschen zu kümmern. Gerade weil wir um das Glück der Zweisamkeit noch in unserem Alter wissen, betrachten wir dies als eine innere Verpflichtung.

Da ist zum Beispiel jener alte Herr, der gut versorgt im Haushalt seines Sohnes lebt. Da aber dieser und auch die Schwiegertochter im eigenen Geschäft tätig sind, bleibt ihnen nicht viel Zeit, sich um den bettlägerigen alten Mann zu kümmern, der darüber oft verbittert und ungerecht ist.

»Ich bin Ihnen so dankbar«, läßt der Sohn uns wissen, »wenn Sie immer wieder einmal nach meinem Vater sehen. Er versteht es gar nicht, daß meine Frau und ich im Geschäft so sehr eingespannt sind und tagsüber nicht stundenlang bei ihm sitzen können. Zwar haben wir eine Pflegerin angestellt, die ihn an fünf Tagen der Woche betreut. Wenn er nachts Hilfe braucht, und das ist oft der Fall, sehe ich natürlich nach ihm, und am Samstag und Sonntag sind wir selbstverständlich für ihn da. Aber das genügt ihm nicht. Er klagt immer, daß wir ihn so viel allein lassen.«

Natürlich vergehen die Stunden für den Kranken nur

sehr langsam. Er kann nicht mehr lesen noch schreiben und sich auch nicht mit anderen Dingen beschäftigen. Darum fahren wir von Zeit zu Zeit zu ihm hinaus, unterhalten uns ein wenig mit ihm und versuchen, ihn behutsam daran zu erinnern – er ist äußerst empfindlich und leicht gereizt –, wie gut es ihm im Vergleich zu anderen alten Leuten geht. –

Oder da ist Frau Simon, eine alleinstehende Dame, die ein schönes Haus bewohnt. Auch sie ist körperlich behindert, kann sich nur mühsam am Stock bewegen und verbringt die meisten Stunden am Tag allein. Nur für zwei Stunden täglich kommt eine Haushaltshilfe. Frau Simon ist finanziell gut gestellt. Sie leidet keine Not, aber unter der Einsamkeit! Wie gut, daß es ein Telefon gibt. Zwei- bis dreimal in der Woche rufen wir sie an, oder sie meldet sich bei uns. Ein paar freundliche Worte, einige Fragen nach dem Ergehen der alleinstehenden Frau, eine Ermutigung – das genügt schon. Sie ist dafür sehr dankbar. Und warum soll man durchs Telefon nicht auch einen Bibelspruch oder Gesangbuchvers zitieren dürfen? Mancher mag es seltsam finden – aber wenn ich in besonderen Fällen den Eindruck habe, daß sich der Betreffende in einer Notsituation befindet und besonders trostbedürftig ist, dann frage ich ihn: »Ist es Ihnen recht, wenn ich jetzt mit Ihnen bete?« Warum sollte man durchs Telefon nicht auch beten können?

Frau Simon gehört zu denen, die wir dann und wann zu einer Spazierfahrt mit dem Auto abholen. Wegen ihres Leidens kann sie keine Fahrt allein unternehmen. Meist bringen wir sie an eine schöne Stelle des Waldes und kehren anschließend in einem netten Café ein.

Als wir es unlängst wagten, den Gedanken auszusprechen, ob es für sie nicht besser sei, in ein Alters-

und Pflegeheim zu gehen, erkannten wir, wie schwer ihr dieser Entschluß fallen würde. Er würde bedeuten, das hübsche, in einem Garten gelegene Haus zu verlassen. Wäre das nicht eine Kapitulation gegenüber dem Leben? Hieße das nicht, unter die Vergangenheit einen Strich zu ziehen? Dennoch war Frau Simon einsichtsvoll genug zu erkennen, daß es auf die Dauer für sie einfach unmöglich sein würde, die meisten Stunden am Tag und die ganze Nacht über ohne Hilfe zu sein. Natürlich hätte sie ihre Nichte zu sich nehmen können, aber da sie kein Verhältnis zu deren Mann gefunden hatte, befürchtete sie, daß das Zusammenleben alles andere als harmonisch verlaufen würde. Darum blieb sie lieber allein. Aber wie lange würde das noch möglich sein?

Vor einiger Zeit rief sie bei uns an. »Ich habe mich nun dazu durchgerungen, in ein Alters- und Pflegeheim zu gehen. Dann soll eben meine Nichte, die doch einmal meine Erbin sein wird, schon jetzt mit ihrem Mann in mein Haus ziehen. Für mich wird es das einzig richtige sein, mich von meinem Besitz zu lösen. Ich warte nun täglich auf die Zusage der Heimleitung. Nicht wahr, Sie finden doch auch, daß mein Entschluß gut ist?«

Ich konnte Frau Simon beruhigen, zumal ich die Leiterin des Alten- und Pflegeheimes kenne und weiß, daß dort die alten und kranken Menschen liebevoll betreut werden. Wir versprachen Frau Simon, sie nicht zu vergessen und auch im Altersheim regelmäßig nach ihr zu sehen.

Aber nicht nur alleinstehende Menschen leiden unter ihrer Einsamkeit. Ich habe im Laufe der Jahre manchen kennengelernt, der sich inmitten seiner eigenen Familie oder unter seinen Berufskollegen, umgeben von vielen Menschen, oft sehr einsam und unverstanden fühlte. Das sollten auch Unverheiratete bedenken, die manchmal mit ihrem Schicksal hadern und sich vom Leben benachteiligt sehen. Nicht jede Zweisamkeit bewahrt vor dem Einsamsein.

Da hat sich ein junges Mädchen vergiftet, obgleich es in einer großen Familie lebt. Keiner hatte Zeit für den anderen und dessen Probleme. Die Abende brachte man vor dem Fernsehgerät zu. Das gegenseitige Gespräch war verstummt. Auch unter den Arbeitskollegen fühlte sich das Mädchen alleingelassen und unverstanden. Als ihr Freund, dem sie vertraut und das Letzte gegeben hatte, sich einer anderen zuwandte, nahm sie sich das Leben. Der Liebeskummer war nur der Endpunkt eines Weges, auf dem sie sich schon längst völlig verlassen fühlte.

Dürfen wir an solchen und ähnlichen Schicksalen innerlich unbeteiligt vorübergehn? Das Erschütternde ist, daß wir uns an solche Geschehnisse schon gewöhnt haben. Wir lesen davon fast täglich in der Zeitung, finden es bedauerlich und blättern weiter. Man kann daran ja doch nichts ändern! Und sich in die persönlichen Angelegenheiten anderer einzumischen, bringt nichts als Ärger.

Die Bibel sagt uns, daß wir einmal vor dem Gericht Gottes nicht nur wegen aller bösen Taten angeklagt werden, sondern wegen all der Versäumnisse, durch die wir schuldig geworden sind. In der Jackentasche eines Selbstmörders fand man einen Zettel, auf dem zu lesen war: »Ein freundliches Wort hätte genügt, um mich zu retten!«

Ich erhalte aus meinem Leserkreis viele Briefe und bin oft erstaunt und beschämt über das Vertrauen, das mir völlig fremde Menschen entgegenbringen. Manche

Not wird vor mir ausgebreitet. Ich weiß nicht immer einen Ausweg, aber versuche, auf die Probleme einzugehen. Wiederholt habe ich darauf dann die Antwort erhalten: »Wenn es Ihnen auch nicht möglich ist, meine Situation zu ändern und mir aus meinen Schwierigkeiten herauszuhelfen, so bin ich Ihnen schon dafür dankbar, daß Sie mich angehört und mir geantwortet haben. Das allein ist mir schon eine Hilfe.«

Da schreibt mir eine ältere Frau: »Noch nie in meinem Leben habe ich mich so einsam und verlassen gefühlt wie jetzt, obgleich ich meine nächsten Verwandten um mich habe. Ich bemühe mich, gegen Bitterkeit und innere Auflehnung anzugehen, aber oft ist es vergeblich, und ich frage mich, womit ich das verdient habe, da ich doch nur Gutes tun und helfen wollte.«

Ich hörte dann Näheres von ihr: Der Mann von Frau Springer war vor einiger Zeit gestorben. Ihr einziger Sohn, der mit seiner Familie auswärts wohnte, hatte ihr den Vorschlag gemacht, mit den Seinen zu ihr ins Haus zu ziehen, damit sie nicht so alleine sei.

Obgleich sie sich klar war, daß es im Zusammenleben von jung und alt auch Spannungen geben würde, nahm sie den Vorschlag ihres Sohnes an und ließ die jungen Leute mit ihren drei Kindern zu sich ziehen. Trotz der Unruhe, die die Kleinen ins Haus bringen würden, freute sie sich auf ihre Enkel, die bisher erst einige Male zu kurzem Besuch bei der Großmutter gewesen waren.

Noch vor dem Einzug kam der Sohn mit einem Vorschlag: »Mutter, das Treppensteigen wird dir je länger desto schwerer werden, besonders bei deiner Arthritis. Rosi meint, ob du nicht lieber in die untere Wohnung ziehen willst und wir nach oben?«

»Meine Wohnung verlassen, in der ich all die Jahre

mit Vater gelebt habe? Kurt, das würde mir sehr schwerfallen.«

»Wir wollten es dir ja nur leichter machen, Mutter. Mit dem Umzug hättest du nicht die geringste Mühe. Das würden wir alles für dich erledigen. Außerdem sagt Rosi, es würde dir sicher lieb sein, jetzt nur noch drei Zimmer in Ordnung halten zu müssen. Wir benötigen mit unseren Kindern dringend vier Räume. Aber wie gesagt, Mutter, das ist nur ein Vorschlag. Wenn wir nach unten ziehen, müssen wir uns eben einschränken.«

Das war natürlich einleuchtend. Daß damit aber auch mit mehr Unruhe zu rechnen war, wenn die drei lebhaften Kinder in der oberen Wohnung herumliefen, darüber wurde von seiten des Sohnes nicht gesprochen, und sie mochte es nicht sagen. In der Folge hieß es dann immer wieder: Rosi meint, Rosi sagt!

»Ich habe von vornherein damit gerechnet, daß es Schwierigkeiten geben würde und mir vorgenommen, möglichst nie einen Anlaß zu Disharmonien zu geben«, so schrieb mir Frau Springer, »aber es wurde alles noch viel schlimmer, als ich gedacht hatte.

Beim Umzug legte ich soviel Hand mit an, wie es mir möglich war. Ich kochte die ersten Mahlzeiten für uns alle, nachdem der Möbelwagen ausgeräumt und wieder abgefahren war.

›Die Möbel und anderen Gegenstände an ihren Platz stellen, müssen Kurt und ich selber tun‹, sagte meine Schwiegertochter. ›Da darf uns keiner im Weg stehen. Aber wenn du, Mutter, die drei Kinder zu dir nehmen kannst, wäre uns das schon eine Hilfe. Die würden uns doch nur stören.‹

Natürlich tat ich das und freute mich an dem fröhlichen Geplauder der drei, von denen noch keines zur

Schule geht. In meiner neuen Wohnung in der unteren Etage fühlte ich mich noch etwas fremd, aber die Kinder würden mir schon helfen, darin bald heimisch zu werden. Ich malte mir aus, wie schön es sein würde, wenn wir am Sonntag nachmittag auf meiner Holzveranda, von der man direkt in den Garten gelangen kann, gemeinsam Kaffee trinken. Ich wollte den Kuchen backen, den mein Sohn immer so gerne gegessen hatte, als er noch daheim war. Ab und zu würden die jungen Leute mich sicher zu sich einladen, und ich hätte die Gelegenheit, mich an meiner bisherigen Wohnung zu freuen.

Nachdem der Umzug beendet war und alles an seinem Platz stand, wurde es schlagartig anders. Es war am dritten oder vierten Tag nach dem Einzug der jungen Familie. Ich hatte eins der Kinder bitterlich weinen gehört und befürchtet, es sei krank geworden. Mit einem kleinen Teddybär in der Hand – noch aus den Kindertagen meines Sohnes – stieg ich die Treppe zum ersten Stock empor. In der Meinung, daß die Glastür offen sei, drückte ich die Klinke herunter. Die Tür war abgeschlossen, obwohl außer uns niemand im Hause wohnt. Da das Haus selbst verschlossen ist, kann es kein Fremder betreten.

Nachdem ich einen Augenblick gewartet hatte, klopfte ich: einmal, zweimal. Es verging eine Weile, ehe meine Schwiegertochter öffnete. Ohne mich eintreten zu lassen, sagte sie: ›Ach du bist's, Mutter, möchtest du etwas?‹

Die kühl ausgesprochene Frage verwirrte mich so, daß ich nichts anderes sagen konnte als: ›Warum schließt du eigentlich deine Glastür zu? Außer uns wohnt doch keiner im Haus.‹

›Wir sind es so gewohnt und werden es auch weiterhin so halten.‹ Sie mußte wohl mein inneres Erschrekken erkennen und versuchte etwas einzulenken: ›Es ist auch wegen der Kinder. Sie sind noch so klein und könnten die Treppe herunterfallen.‹

Das leuchtete mir ein, aber ich spürte deutlich: Hier ging es nicht nur um die verschlossene Glastür, sondern um eine bewußt herabgelassene Schranke. Ich verstand! Darum sah ich auch davon ab, Rosi darauf hinzuweisen, daß in der Bodenkammer noch eine kleine Lattentür war, die mein Mann gezimmert hatte, als Kurt noch so klein war und wir befürchteten, ihm könnte die Treppe zum Verhängnis werden. Das wußte mein Sohn genausogut wie ich. Er hätte das Türchen nur anbringen müssen. Aber darum ging es ja nicht. Es war eine bewußt vor mir verschlossene Tür.

So sah der Anfang aus. Wortlos stieg ich wieder hinab in meine Wohnung und merkte erst unten, daß ich das Bärchen gar nicht abgegeben hatte. Ich hielt es noch immer in der Hand, so, als müßte ich krampfhaft ein Stück Vergangenheit festhalten, was mir zu entgleiten drohte . . .«

Ich stand eine Zeitlang im regelmäßigen Briefwechsel mit Frau Springer. Sie tat mir unendlich leid. Es blieb bei der verschlossenen Tür. Eines Tages, als sie etwas aus ihrem Keller holen wollte, kamen auch ihr Sohn und dessen Frau hinunter, um in ihrer am anderen Ende des Ganges liegenden Kammer etliches zu ordnen. Frau Springer wagte nicht, aus ihrem Kellerraum zu gehen. Irgendwie war sie gehemmt und hörte nun ungewollt Teile des Gespräches, das die beiden jungen Leute miteinander führten. Zuerst wollte Frau Springer nicht darauf achten. Schon hatte sie sich entschlossen, ihren Keller möglichst unbemerkt zu verlassen, da wurde die Stimme ihrer Schwiegertochter lauter: »Das kann ich dir sagen, Kurt, unter keinen Umständen dulde ich, daß deine Mutter Abend für Abend bei uns oben sitzt.«

»Aber das hat sie bisher doch gar nicht getan. Ich wundere mich überhaupt, daß sie kaum zu uns kommt. Eigentlich habe ich angenommen, daß sie gerne einmal ein Stündchen in ihrer bisherigen Wohnung zubringen würde, weil es ihr nicht so leicht geworden ist, nach unten zu ziehen.«

»Du weißt, daß ich dem Wohnungswechsel nur unter der Bedingung zugestimmt habe, daß wir nach oben ziehen«, hörte Frau Springer Rosi sagen.

Der Sohn lenkte ein: »Nun ja, Mutter hat das ja auch eingesehen.«

»Aber das kannst du ihr gleich von vornherein klarmachen«, fuhr seine Frau fort. »Wir haben ein Anrecht darauf, als Familie unter uns zu sein. Noch mit Grauen denke ich daran, wie meine eigene Großmutter, die ebenfalls mit uns im gleichen Haus wohnte, Abend für Abend bei uns in der Stube saß, sich in alles einmischte, was gesprochen wurde, an uns Kindern herumtadelte und, weil sie schon ziemlich verkalkt war, zehnmal in einer Stunde dasselbe erzählte. Nie waren meine Eltern mit uns allein.«

»Aber bei Mutter wäre es bestimmt nicht so«, versuchte Kurt einzulenken.

»Das weißt du nicht. Sie wird auch immer älter. Schließlich ist es zur Gewohnheit geworden, jeden Abend bei uns oben zu sitzen.«

»Wir haben meiner Mutter viel zu verdanken! Denkst du nicht mehr daran, wie Vater und sie uns den größten Teil unserer Möbel bezahlt haben, als wir heirateten?«

»Das ist ja wohl so üblich, wenn man nur einen Sohn hat. Übrigens habe ich die Küchenmöbel mitgebracht.

Du willst mir wohl vorwerfen, daß ich ein armes Mädchen war?« Die Stimme der Schwiegertochter war weinerlich geworden.

»Ich denke nicht daran, Rosi«, hatte ihr Mann sie zu beruhigen versucht. »Aber ganz können wir Mutter nicht ausschalten. Zumindest an den Sonntagen und an den Geburtstagen, zu Weihnachten und anderen Festtagen muß sie doch zu uns kommen können.«

»Nicht an jedem Sonntag! An den Geburtstagen meinetwegen. Sie hat ja uns und den Kindern auch bisher immer Geschenke gemacht.«

»Aber doch nicht nur deswegen, Rosi. Wir waren uns klar, daß wir hierher ziehen wollten, damit Mutter nicht so allein ist.«

»Aber nicht nur aus diesem Grund, das weißt du ganz genau.«

»Du denkst natürlich an den Vorteil, daß wir hier im eigenen Haus, das wir ja auch einmal erben werden, mietfrei wohnen können.«

»Na, du etwa nicht?«

Die jungen Leute hatten anscheinend ihre Aufräumungsarbeiten erledigt. Frau Springer hörte, wie sie nach oben gingen, die Kellertür abschlossen und in ihre Wohnung hinaufstiegen.

Sie saß wie erstarrt in ihrem Verschlag, fast unfähig, sich zu bewegen. Deutlicher denn zuvor erkannte sie: Verschlossene Türen, wohin sie auch blickte.

Plötzlich schreckte sie hoch. Sie meinte noch das Geräusch des sich in der oberen Kellertür drehenden Schlüssels zu hören. Nie vorher war der Eingang zum Keller verschlossen worden. Wozu auch? Nun aber war sie eingesperrt. Wie konnte sie hier nur herauskommen? Ihr Rufen würde kaum in das obere Stockwerk dringen. Sollte sie das kleine Kellerfenster öffnen und mit lauter Stimme hinausschreien? Wäre es nicht so eng gewesen, sie hätte versucht, durch das Fenster in den Garten zu steigen. Doch das war unmöglich.

Unter keinen Umständen durften Kurt und Rosi wissen, daß sie Zeuge ihres Gesprächs gewesen war. Aber was nur konnte sie tun, um hier herauszukommen? Plötzlich fiel ihr die Waschküche ein. Von dort kam man auf den Trockenplatz hinaus. Wenn der Schlüssel wie sonst von innen stecken würde, konnte sie ins Freie gelangen. Wenn aber Rosi von draußen zugeschlossen und den Schlüssel zu sich genommen hätte, saß sie in einer Falle. Mit zitternden Knien lief sie durch den Kellergang zur Waschküche. Befreit atmete sie auf. Der Schlüssel steckte von innen.

»Ich saß längere Zeit in meiner Küche«, schrieb Frau Springer. »Wie geschlagen fühlte ich mich. Das also war der Dank dafür, daß ich die jungen Leute mit ihren Kindern zu mir genommen hatte. In meinem Innern zählte ich ungewollt voller Bitterkeit auf, was alles ich schon für sie getan hatte. Wie oft hatte ich mit Geld geholfen, wenn es bei ihnen knapp war, manchmal ohne Wissen meines Mannes. Eine größere Summe habe ich Kurt zum Autokauf gegeben. Meinen Fernsehapparat habe ich ihnen geschenkt, weil ich nach dem Tod meines Mannes solche Unterhaltung nicht mehr ertragen konnte. Meine Wohnung im ersten Stock habe ich an sie abgetreten – und – und – und . . .

Als ich fühlte, daß die innere Auflehnung gegen die jungen Leute von mir immer mehr Besitz ergreifen und Bitterkeit in nie gekannter Weise jeden anderen Gedanken verdrängen wollte, gab ich mir einen Ruck und stand auf. Plötzlich wußte ich, daß ich hier keinen Tag länger bleiben konnte. Meine Schwester, die in der nächsten größeren Stadt lebt, hatte mich nach dem

Tode meines Mannes schon verschiedentlich eingeladen, für einige Tage zu ihr zu kommen. Ich hatte mich dazu bisher nicht entschließen können. Nun aber würde ich fahren, gleich heute noch. Ich mußte diesem Kreislauf mich verzehrender Gedanken entfliehen. Mit zitternden Händen wählte ich die Telefonnummer meiner Schwester.

›Was ist mit dir?‹ fragte diese. ›Du kommst mir so erregt vor.‹ Zuerst hatte ich mir vorgenommen, ihr alles zu erzählen, meinem empörten Herzen Luft zu machen. Aber plötzlich wußte ich, daß ich das nicht durfte. Es wäre mir wie Verrat an meinem Sohn vorgekommen. Ich mußte damit allein fertig werden. Nur ein paar Tage Abstand nehmen wollte ich, innerlich zur Ruhe kommen. So antwortete ich meiner Schwester: ›Ich bin wohl ein wenig mit den Nerven herunter. Die Tage des Umzugs liegen hinter uns. Es war wahrscheinlich etwas zu viel für mich. Jetzt kann ich gut aus dem Haus. Die Jungen sind ja da, die nach dem Rechten sehen können. Wenn es dir und deinem Mann paßt, würde ich gern schon heute mit dem Nachmittagszug für ein paar Tage zu euch kommen.‹

›Heute schon?‹ wiederholte meine Schwester erfreut. ›O Hella, wie schön! Wir holen dich beide am Bahnhof ab.‹

Als mein Sohn kurz darauf wieder ins Geschäft ging – er hatte die Mittagszeit dazu genutzt, seiner Frau beim Aufräumen des Kellers zu helfen –, fing ich ihn vor meiner Wohnung ab. Zuerst hatte ich vorgehabt, einfach abzureisen, ohne den jungen Leuten etwas zu sagen. Sollten sie sich ruhig ein wenig um mich sorgen. Aber dann verwarf ich diesen Gedanken wieder. Nein, das durfte ich meinem Sohn nicht antun. Deshalb trat ich ihm jetzt in den Weg: ›Kurt, ich wollte dir nur sagen, daß ich noch heute zu Tante Juliane fahre und dort etwa eine Woche bleibe.‹

Er sah mich verwundert an. ›So plötzlich, Mutter? Du hast doch vorher gar nicht davon gesprochen.‹

›Tante Juliane und Onkel Eduard haben mich gleich nach Vaters Tod eingeladen, zu ihnen zu kommen. Bisher meinte ich, das Haus nicht alleinlassen zu können. Aber nun seid ihr ja da.‹

›Ja, nun sind wir da‹, wiederholte Kurt. ›Du kannst also beruhigt verreisen.‹

Am liebsten hätte ich ihm alles ins Gesicht hineingeschrien, was mich seit dem Anhören des Gespräches im Keller umtrieb. Aber ich konnte es nicht. Ich mußte damit allein fertig werden. So reichte ich ihm die Hand und verabschiedete mich. Er schien nicht zu merken, was in mir vorging. ›Leb wohl, Mutter!‹ sagte er und küßte mich leicht auf die Wange (das tat er nie in Gegenwart seiner Frau). ›Soll ich dir eine Taxe bestellen, damit du gut zum Bahnhof kommst? Ich muß leider sofort zu einer Sitzung, sonst hätte ich es möglich gemacht, dich mit meinem Wagen hinzufahren.‹

Ich erwiderte: ›Danke, Kurt, ich nehme nicht viel Gepäck mit und kann es selbst gut zum Bahnhof tragen.‹ Mit diesen Worten verabschiedete ich mich traurigen Herzens von meinem Sohn.

Und nun bin ich schon ein paar Tage bei meiner Schwester. Sie und ihr Mann sind rührend um mich besorgt. ›Du bist so still geworden‹, sagte gestern meine Schwester zu mir. ›Ich bin froh, daß nun Kurt mit seiner Familie bei dir wohnt. Dadurch bist du nicht mehr so allein.‹

Einsamer denn je zuvor, dachte ich; aber ich sprach es nicht aus.«

Frau Springer fuhr eine Wocher später wieder zurück

nach Hause. Wohl war sie in diesen Tagen innerlich etwas zur Ruhe gekommen, aber der Stachel, der in ihr Herz gedrungen war, blieb in ihrem Innern.

Ich versuchte, ihr brieflich Mut zu machen und erinnerte sie daran, daß wir Christen – Frau Springer wollte bewußt als solche leben – oftmals durch dunkle Täler der Trübsal, der Enttäuschung und der Einsamkeit hindurch müssen. Ich erwähnte Worte aus dem 23. Psalm: »Und ob ich schon wanderte im finsteren Tal, fürchte ich kein Unglück, denn du bist bei mir . . .« Und doch klang aus ihren Briefen immer wieder die Klage heraus: Ich bin so allein! Lange Zeit änderte sich nichts im Zusammenleben mit ihren jungen Leuten. Der Sohn war zwar nie unfreundlich gegenüber seiner Mutter, aber sein Beruf ließ ihm wenig Zeit für sie. Andererseits spürte sie die Eifersucht der Frau, die ihn nur für sich allein haben wollte und es kaum ertrug, wenn er dann und wann für eine Stunde zu seiner Mutter ging. Rosi begegnete ihr sehr zurückhaltend und hielt sogar die Kinder von der Großmutter fern. War es nicht verständlich, daß diese sich immer mehr zurückzog und sich sagte: Hätte ich doch nur nicht meinen Sohn und seine Familie zu mir ins Haus genommen! Das Zusammenleben wurde immer unerfreulicher. Manchmal, wenn Frau Springer unten in ihrer Wohnung allein saß und von oben das Jauchzen der Kinder hörte, als der Vater aus dem Geschäft heimkam, mußte sie an sich halten, um nicht hinaufzugehen und an der Freude teilzunehmen. Sie erinnerte sich dann an die Worte der Schwiegertochter: »Unter keinen Umständen dulde ich, daß deine Mutter Abend für Abend bei uns sitzt. Wir haben ein Anrecht darauf, als Familie unter uns zu sein.«

Wer aber fragte nach ihrem Anrecht? Frau Springer

spürte deutlich, daß es nicht recht war, der immer stärker um sich greifenden Bitterkeit in ihrem Herzen Raum zu geben. Aber sie war einfach nicht imstande, zu vergessen und zu vergeben, zumal die Schwiegertochter nicht im geringsten zu erkennen schien, daß sie an ihr schuldig geworden war. Wie konnte man verzeihen, wenn auf der anderen Seite weder Einsicht noch Reue war?

Eines Tages kam Kurt, ihr Sohn. »Hast du ein wenig Zeit für mich?« fragte er seine Mutter.

»Zeit, Kurt? Viel zu viel Zeit, mehr denn je in meinem ganzen Leben. Was soll ich den ganzen Tag über tun? Meine drei Zimmer sind schnell in Ordnung gebracht.« Und dann war es ihr doch nicht möglich gewesen, alles zu unterdrücken, was sie bis dahin ängstlich in sich verborgen hatte. So fuhr sie fort: »Ich hatte mir manches anders vorgestellt, als ihr zu mir kamt. Ich hatte gehofft, die Kinder öfter einmal bei mir haben und Rosi zur Hand gehen zu können. Bei drei kleinen Kindern gibt es doch immer etwas zu tun.« Einen Augenblick war sie versucht, hinzuzufügen: Wie gerne würde ich dann und wann auch einmal bei euch sitzen und mich an eurem Familienleben erfreuen! Aber das zu sagen, war sie zu stolz. Nein, weder die Sache mit der verschlossenen Korridortür und noch viel weniger das belauschte Gespräch kam über ihre Lippen. Aber sie konnte nicht verhindern, daß Tränen über ihr Gesicht liefen.

»Als ihr zu Besuch kamt, waren wir uns näher als jetzt, wo wir in einem Haus wohnen.«

Der Sohn blickte die Mutter betroffen an. So also sah es in ihrem Innern aus. Davon hatte er keine Ahnung gehabt.

»Aber du weißt doch, daß du jederzeit zu uns heraufkommen kannst«, versuchte er die Weinende zu beruhigen.

Da ließ sich Frau Springer doch dazu hinreißen, zu sagen: »Zu dir vielleicht, Kurt, aber nicht zu deiner Frau. Das weißt du so gut wie ich.«

»Rosi ist mir lieb«, verteidigte er sie, »und den Kindern eine gute Mutter. Vielleicht empfindet sie deine Zurückhaltung kränkend und mag sich nicht aufdrängen. Aber ich will mit ihr reden. Der Gedanke, daß du dich hier unten einsam fühlst, ist mir entsetzlich. Glaube mir, Mutter, an diese Möglichkeit habe ich bisher nicht gedacht.«

Ja, sie glaubte ihm, aber es schmerzte sie doch, daß er in einer solchen Ichbezogenheit mit seiner Familie neben ihr lebte und nicht in der Lage war, sich in ihre Situation zu versetzen.

Kurt stand auf. »Gleich jetzt will ich mit Rosi reden.«

Ängstlich sah die Mutter ihn an. »Laß es lieber!« bat sie. »Ich möchte nicht –«

»Überlaß das nur mir!«

Hätte ich besser nichts sagen sollen? fragte sich Frau Springer, als ihr Sohn sie verlassen hatte. Ihre Befürchtung bestätigte sich, als bald darauf ein heftiger Wortwechsel der Eheleute aus dem oberen Stockwerk zu ihr herunterdrang. Noch nie vorher war es so gewesen. Und an dieser Meinungsverschiedenheit war sie schuld.

»Nun ist es noch viel schlimmer als vorher«, schrieb Frau Springer. »Meine Schwiegertochter grüßt mich nur noch kurz im Vorbeigehen. Sonst fällt zwischen uns kein weiteres Wort. Die Kinder hält sie bewußt von mir fern. Mein Sohn kommt dann und wann auf einen Sprung zu mir herein. Kürzlich sagte er: ›Mutter, könntest du nicht versuchen, wieder so zu sein, wie du früher warst? Du bist so – so‹, er suchte nach Worten. Deutlich empfand ich, daß er mich nicht verletzen wollte. Ich aber fühlte mich bereits wieder angegriffen und antwortete gereizter, als ich eigentlich wollte: ›Sprich es nur aus – verschroben und unausstehlich bin ich geworden, nicht wahr?‹

›Das habe ich nicht gesagt und auch nicht gemeint‹, antwortete er mir. ›Nur anders bist du geworden, ganz anders, als du früher warst. Vielleicht war es doch nicht richtig, daß wir dich baten, aus deiner Wohnung zu gehen.‹ Traurig sah er mich an. ›Vielleicht war es überhaupt nicht richtig, hierher zu ziehen.‹ Und dann verließ er meine Wohnung.

Ich aber blieb allein zurück, jetzt nicht nur unglücklich, sondern auch schuldbewußt . . .«

Mir war es ein großes Anliegen, Frau Springer recht zu beraten. Nur zu gut verstand ich ihre Situation. Sie, die seit Jahren alles, was nur möglich war, für ihren Sohn und dessen Familie getan hatte, wurde nun einfach beiseitegeschoben. Das tat weh. Andererseits war ich aber froh, daß nun der Augenblick gekommen war, an dem sie erkannte, auch versagt zu haben. Die Liebe zu ihrer Schwiegertochter war erloschen, und selbst ihrem Sohn konnte sie nicht mehr die herzlichen Gefühle entgegenbringen wie früher. Ihr Selbstmitleid richtete eine Wand auf zwischen ihr und den jungen Leuten, die immer höher wurde.

Ich schrieb ihr: »Könnte es nicht sein, daß Gott Sie durch Ihr augenblickliches Erleben in eine Schule gestellt hat, in der Sie notwendige Lektionen lernen, um auszureifen? Ich kann nur zu gut mit Ihnen fühlen und weiß, daß es für Sie sehr schwer ist, zu diesen Führungen Gottes ein Ja zu finden. Auch im Alter haben wir noch manches hinzuzulernen. Bemühen Sie sich täglich, Ihrer Schwiegertochter Liebe entgegenzubringen. Lesen Sie immer wieder 1. Korinther 13. Dort heißt es: Die Liebe ist langmütig und freundlich, sie sucht nicht das Ihre, sie läßt sich nicht erbittern, sie rechnet das Böse nicht zu. Sie verträgt alles, sie hofft alles, sie duldet alles. Die Liebe höret nimmer auf!

Liebe Frau Springer, da zu lieben, wo man uns achtet oder sogar verehrt, wo man selbst mit Liebe überschüttet wird, ist nicht schwer. Wo man uns aber kalt, ja, vielleicht mit spürbarer Ablehnung begegnet, da will Liebe gelernt sein, nein, diese Liebe kann uns nur Gott selbst schenken. Gehen Sie wieder auf Ihre Schwiegertochter zu. Erweisen Sie ihr Freundlichkeiten. Lassen Sie sich für sie und ihre Kinder etwas einfallen – nicht einmal, nein, immer wieder! Und bringen Sie auch Ihrem Sohn die Herzlichkeit entgegen, die er in früheren Zeiten von Ihnen gewöhnt war. Haben Sie die jungen Leute lieb, wie sie sind. Und dann trauen Sie es Gott zu, daß er eines Tages eine Änderung bewirken kann. ›Weg hat er allerwegen, an Mitteln fehlt's ihm nicht.‹ Sie aber bleiben in der Liebe.«

Lange Zeit hörte ich nichts von Frau Springer. Eines Tages aber kam wieder ein Brief, in dem es hieß: »Denken Sie, bei uns ist einiges anders geworden. Vor ein paar Monaten kam mein Sohn im Zeichen großer Besorgnis zu mir. ›Mutter, Rosi erwartet ihr viertes Kind. Ihr geht es nicht gut. Der Arzt will sie ins Krankenhaus überweisen, aber sie weigert sich. Sie sagt, sie könne mich und die Kinder nicht allein lassen. Da war die geöffnete Tür. Niemals durfte ich sie in Groll und gekränkter Ehre zuschlagen.

›Wenn Rosi mir zutraut, daß ich dich und die Kinder versorge‹, sagte ich, ›dann will ich dazu gerne bereit sein.‹

›Mutter, dazu wärst du bereit, trotz allem?‹ Kurt umarmte mich. ›Laß es mich nur gleich Rosi sagen. Ihr wird ein Stein vom Herzen fallen.‹

›Wenn es dir recht ist‹, schlug ich vor, ›will ich gleich mit dir hinaufkommen, damit sie mir die nötigen Anweisungen geben kann.‹

Meine Schwiegertochter hatte eine Fehlgeburt, wochenlang lag sie im Krankenhaus. Danach mußte sie noch einige Zeit zu Hause liegen. Ich pflegte sie und versorgte ihren Mann und die Kinder. Über das Vorausgegangene haben wir kein Wort mehr gesprochen. Ich konnte die Kellergeschichte begraben. Als Kurt eines Tages zögernd mit der Frage an mich herantrat, ob ich es mir zutraue und auch dazu bereit sei, die drei Kinder zu versorgen, während er mit Rosi zur Erholung ins Gebirge fahre, konnte ich ihm fröhlich antworten: ›Ja, mein Junge, ich will es gerne tun.‹ Daß ich in den letzten Wochen manchmal ziemlich am Rande meiner Kraft gewesen war, sagte ich ihm nicht. Er sah es mir wohl auch nicht an. Gott, der eine Tür aufgetan hat, wird mir schon die nötige Kraft geben. Und wenn ich später auch wieder in meine kleine Wohnung und in mein Alleinsein zurück muß – ich will nicht hadern, denn nun weiß ich von der offenen Tür und kenne den Schlüssel, der sie öffnen kann. Der Schlüssel heißt Liebe. Ich will ihn nie verlieren.«

Kürzlich kam mir ein Buch von Dostojewski in die Hand. Sein Titel lautete: *Entscheide dich für die Liebe.* Viele Menschen sehen den Begriff Liebe nur in Zusammenhang mit Sex. Von einer solchen Liebe ist hier nicht die Rede, sondern von selbstloser Liebe, die sich in Kraft umwandelt. Wer sich für diese Liebe entscheidet, wird nie ohne Aufgaben sein. Der hat nicht nötig zu fragen: Wozu bin ich überhaupt da? Wer braucht mich noch?

Mir fällt der Verzicht auf frühere Aufgaben viel leichter, seitdem mein Mann und ich es uns zur Pflicht gemacht haben, uns bewußt um andere zu kümmern.

Mancher, für den wir nichts anderes tun konnten, als seiner im Gebet zu gedenken, ließ uns wissen: »Ich bin Ihnen so dankbar für Ihre Fürbitte. Sie bedeutet mir sehr viel.«

Betende Hände – ich möcht sie nicht missen –
für mich erhoben, welch seliges Wissen.

Diejenigen sind wirklich zu bedauern, die mit dem Gebet und der Fürbitte nichts anzufangen wissen. Sie verschließen sich selbst den Weg zu der ewigen Welt Gottes. Menschen der Liebe, der von Gott gewirkten Liebe, sind solche, die das Leben meinen – das Leben aus Gott. Das allein schafft völlig neue Situationen, öffnet den Blick für ungeahnte Möglichkeiten und gibt dem Dasein eines Menschen seinen tiefen Sinn.

Da fällt mir noch ein kleines Erlebnis ein, das zeigt, wie hartherzig und ichbezogen Menschen an der Not anderer vorübergehen können.

Wir verbrachten einige Ferientage im Schwarzwald. Eines Tages fuhren mein Mann und ich mit dem Auto hinauf auf eine Höhe, die mit ihren herrlichen, sich kilometerweit hinziehenden Tannenwäldern dem Schwarzwald sein eigenes Gepräge geben. So weit es möglich war, fuhren wir bergauf. Dann stellten wir den Wagen ab und gingen noch ein Stück weiter. Von Zeit zu Zeit blieben wir stehen, um an diesem strahlendschönen Herbsttag den Blick ins Tal zu genießen. Hinter den uns gegenüberliegenden Höhenzügen lag bereits Frankreich. Von einer bestimmten Stelle aus konnte man wie ein silberglänzendes Band den Lauf des Rheins sehen. Wie schön ist doch die Welt, auch wenn es sich nur um den Schwarzwald handelt. Es muß nicht immer Spanien, Italien oder ein anderes fernes Ziel sein.

An jenem Tag, als wir frohen Herzens die Schönheit des Schwarzwaldes auf uns einwirken ließen, fanden wir am Fuße des hochgelegenen Waldes eine Art Wochenendhaus, mehr Holzhütte, umgeben von niederem Gesträuch und einigen alten, vom Wind zerzausten Bäumen.

»Ob hier wohl jemand wohnt?« fragte ich meinen Mann. »Landschaftlich ist es hier ja einmalig schön, aber doch sehr einsam.« Irgendwie ließ mich der Gedanke, an den eventuellen Bewohner dieser Hütte nicht los. Er beschäftigte mich noch in der darauffolgenden Nacht, nachdem wir von unserem Pensionswirt erfahren hatten, daß dort ein über siebzigjähriger Mann ganz allein haust. Er berichtete:

»Einmal in der Woche steigt er hinunter ins Tal und kauft im Kurort seine Lebensmittel ein. Dann fährt er mit dem Autobus bis zur Endstation und schleppt seinen Einkauf im Rucksack mühsam hinauf, für den alten Mann eine große Anstrengung.«

Wer kümmert sich um ihn, wenn er krank sein sollte? Wer fühlt sich verpflichtet, nach ihm zu sehen und ihm gegebenenfalls zu helfen?

Ich wurde den Gedanken an den Einsiedler auf der Höhe nicht mehr los. Am anderen Morgen bat ich meinen Mann: »Laß uns doch noch einmal auf die Höhe fahren. Vielleicht sehen wir den alten Mann und kommen mit ihm ins Gespräch. Wir könnten ihm in der Zeit unseres Hierseins auch seine Lebensmittel mit dem Wagen hinaufbringen.«

»Mir scheint, du hast wieder einmal einen Schutzbefohlenen aufgestöbert«, sagte mein Mann. »Gut, wir fahren heute noch einmal hinauf.«

Die letzte Steigung war geschafft. Wir standen vor der Hütte. Weit und breit war niemand zu sehen. Keiner reagierte auf unser Klopfen und Rufen. Ob der Alte unten im Tal war? Von hier aus konnte man den steilen Weg bis weit nach unten überblicken, aber wir sahen ihn nicht. Es fing bereits an zu dämmern, und wir mußten uns auf den Heimweg machen.

»Ist denn hier in der Nähe kein Haus?« forschte mein Mann, »dessen Bewohner sich wenigstens ab und zu um den Einsamen kümmern könnten?«

Wir gingen ein Stück in entgegengesetzter Richtung durch den Wald. Es gab sicher eine Möglichkeit, auch auf diesem Weg an die Stelle zu gelangen, an der wir unseren Wagen geparkt hatten. Plötzlich entdeckten wir etwa fünfhundert Meter von der Hütte entfernt auf einer Wiese am Waldrand ein noch ziemlich neues Haus. Daneben stand ein alter Bauernhof im Schwarzwaldstil, umgeben von prächtigen, hohen Tannen, die uns bisher die Sicht zu den Häusern verdeckt hatten. Ein Mann mittleren Alters war dabei, das Laub einiger Ahornbäume zusammenzurechen, das der Herbstwind über den ganzen Hof verstreut hatte. Wir grüßten und kamen mit ihm ins Gespräch. Er erzählte uns, daß sich die Landwirtschaft hier oben nicht mehr lohne, daß er jeden Morgen mit seinem Volkswagen ins Tal hinunterfahre und dort im Sägewerk arbeite. Seine Frau betreue die zehn, zwölf Gäste, die sie im Sommer in ihrem neuerbauten Haus aufnehmen könnten. Die beiden Kühe, die noch im Stall ständen, lieferten die notwendige Milch, ein paar Hühner sorgten für Eier. Alles andere, was sie zum Leben benötigten, brächte er vom Ort im Tal hinauf. Das wenige, was sie anpflanzten, würde meistens vom Wild gefressen werden. Deshalb seien sie je länger desto mehr davon abgekommen, hier oben Landwirtschaft zu betreiben.

Nachdem wir uns eine Weile unterhalten hatten, wagte ich es, nach dem einsamen Mann zu fragen, mit dem sich meine Gedanken seit dem gestrigen Tag immer wieder beschäftigt hatten.

»Ist die Hütte dort hinten am Waldrand noch bewohnt?«

Ich deutete mit der Hand in die Richtung, aus der wir gekommen waren.

»Ach die da drüben. Ja, da wohnt der alte Jakob.«

»Ganz allein? Hat er niemand, der sich um ihn kümmert?«

»Nein, er ist ein verschrobener alter Kauz.«

»Und wenn er nun einmal krank wird?«

Der Mann zuckte lässig die Achseln. »Ja, dann liegt er eben alleine, bis er wieder gesund ist. Er will es ja nicht anders.«

»Aber könnte es nicht sein, daß man ihn einmal tot in seiner Hütte findet, vielleicht, weil es jemand auffällt, daß er nicht mehr ins Tal hinuntersteigt und seine Einkäufe macht?«

Der Nachbar griff nach seinem Rechen und begann weiter Laub zusammenzuharken. Er schien zu merken, daß wir auf eine Antwort warteten.

»Sicher, das kann schon sein«, sagte er in einem Ton, als handelte es sich um die selbstverständlichste Sache der Welt. »Aber das ist nun einmal nicht anders in unserer Zeit. Keiner kümmert sich um den anderen. Jeder hat genug mit sich selbst zu tun. Früher war das noch anders. Da wußte man voneinander. Da pflegte man die Beziehungen zu den Nachbarn. Aber seh'n Sie, wenn ich abends vom Sägewerk heraufkomme, dann bin ich hundemüde, obwohl noch eine Menge Arbeit auf mich wartet. Meine Frau hat mit den Kindern und den Gästen zu tun, dazu muß sie das Haus und die Tiere versorgen. Die kann sich nicht auch noch um den Alten kümmern. So ist's heute nun einmal.« Und damit wandte er uns den Rücken zu, ein Zeichen dafür, daß er das Gespräch als beendet ansah.

Nachdenklich gingen wir weiter. »Der arme, einsame Mensch!«

Am Tag vor unserer Abreise fuhren wir noch einmal auf die Höhe und stiegen hinauf zu der Hütte. Diesmal hatten wir Glück. Der Alte war damit beschäftigt, Reisigbüschel zu machen. Die Arbeit schien ihm nicht leicht zu fallen. Immer wieder richtete er sich mühsam auf und griff mit der Hand ins Kreuz, das ihm offensichtlich weh tat. Da er uns den Rücken zuwandte, dauerte es ziemlich lange, ehe er uns wahrnahm. Erst als wir direkt neben der baufälligen Hütte standen, drehte er sich um. Vielleicht war er über unser plötzliches Auftauchen erschrocken. Mißtrauisch sah er uns an, erwiderte dann aber doch unseren Gruß. Wir versuchten, ein Gespräch in Gang zu bringen. Da er schwerhörig war, mußten wir schreien. So gerne hätte ich ihm ein paar gute Worte gesagt. Er schien jedoch unser Wohlwollen zu spüren, legte das Beil aus der Hand und trat etwas näher an den morschen Gartenzaun heran.

»Wohnen Sie hier ganz alleine?« fragten wir.

»Ja! Warum nicht?«

»Haben Sie keine Angst?«

»Vor wem?« lachte er mit zahnlosem Mund. »Die Räuber und Banditen vermuten in meiner baufälligen Hütte keine Reichtümer. Denen wäre der mühsame Aufstieg hier herauf zu unbequem.«

»Haben Sie denn keine Angehörigen, die sich um Sie kümmern können?«

»Nur meine Frau.«

»Sie haben noch eine Frau, und die läßt Sie hier oben allein hausen?«

»Im Winter gehe ich manchmal zu ihr. Wir haben in Mannheim ein eigenes Haus. Aber es ist besser für uns beide, wenn wir nur selten beisammen sind. Sie braucht den Stadtbetrieb, und ich benötige, um leben zu können, die Stille hier oben.«

»Kommt Ihre Frau nie hierher?«

»Doch, vielleicht zweimal im Jahr. Aber sie kann es hier nicht aushalten. Und ich bin auch froh, wenn sie dann wieder geht. Wissen Sie, ich will nichts gegen sie sagen, aber sie redet mir zuviel. Sie kann ihren Mund nicht halten.«

»Aber wie ist es, wenn Sie einmal schwer krank werden würden und hier oben allein ohne Pflege sind?«

Der alte Mann blieb gelassen: »Irgendwann würden die Leute unten im Tal, wo ich immer mein Brot und die anderen Lebensmittel kaufe, schon merken, wenn ich längere Zeit nicht mehr erscheine. Dann würden sie vielleicht nach mir schauen oder meine Frau benachrichtigen. Ich hoffe nicht, daß es soweit kommt. Am liebsten wäre es mir, es ginge mit mir einmal rasch zu Ende.«

Nach einer Weile verabschiedeten wir uns und schritten in Gedanken versunken den Weg abwärts. Wir erkannten, es gab für uns kaum eine Möglichkeit, für den alten Mann irgend etwas zu tun. Er suchte bewußt die Einsamkeit. Unter Umständen fühlte er sich in seinem Alleinsein glücklicher als in der Zweisamkeit seiner Ehe. Die Antwort jenes Mannes, der nur fünfhundert Meter von dem Alten entfernt lebt, hat mich bestürzt: »Das ist heute anders. Jeder hat mit sich selbst genug zu tun. Natürlich kann es sein, daß der verschrobene Kauz einmal tot in seiner Hütte gefunden wird. Aber was geht mich das an?«

Vielleicht war dieser Nachbar im Grunde seines Herzens gar nicht so roh, wie er tat? Vielleicht hätte er doch nach dem Alten gesehen, wenn er gewußt hätte, daß er krank wäre. Das ist gewiß: Ein Mensch, der von der Liebe Christi durchdrungen ist, kann nicht einfach tatenlos am Leid seines Nächsten vorbeigehen – auch wenn er sich im Grunde genommen nur um einen Bruchteil des ihn umgebenden Leides kümmern kann, so setzt er mit seiner Hilfsbereitschaft doch ein kleines Steinchen in das Mosaikbild der Liebe, von dem es in der Bibel heißt: »Daran wird jedermann erkennen, daß ihr meine Jünger seid, so ihr Liebe untereinander habt« (Johannes 13, 35).

Obgleich wir manchmal den Eindruck haben, als seien die Menschen heute immer ichbezogener und das Wort der Bibel bewahrheite sich wie nie zuvor: »Die Liebe wird in vielen erkalten«, so gibt es doch noch Menschen, die ihre Aufgabe darin sehen, für andere da zu sein.

Die Seiten dieses Buches würden nicht ausreichen, wollte ich nur diejenigen aufzählen, deren Tun und Gesinnung mich bei persönlichen Begegnungen stark beeindruckt haben.

Ich hatte einmal in Paris zu Schülern und Schülerinnen einer internationalen Bibelschule zu sprechen, ebenso auch im Institut Biblique Europeen in Lamorlage, nicht weit von Paris. Es würde sich lohnen, über Ziel und Zweck dieser beiden Internate zu berichten. Unvergeßlich ist mir der Eifer und die Freude, mit denen sich die jungen Männer und Mädchen dem Bibelstudium widmeten. Das war um so eindrucksvoller, weil meine Freunde und ich vorher durch jene Gassen von Paris gegangen waren, in denen uns das Laster und die Verkommenheit sehr deutlich begegnet waren. Aber davon habe ich bereits in meinem Buch »Als flögen wir davon« berichtet. Ich will mich hier nur darauf beschränken, von einem Erlebnis zu erzählen, das ich in dem genannten Buch nur gestreift habe.

Ich wurde damals gebeten, zu alten russischen Emigranten zu sprechen, die im Ersten Weltkrieg und später nach Paris verschlagen wurden. Ebenfalls hielt ich einen Vortrag in einer juden-christlichen Gemeinde, deren meisten Mitglieder vor dem Zweiten Weltkrieg nach Paris geflüchtet waren. Beide Begegnungen sind mir unvergeßlich. Die alten Russen weinten vor Freude, und küßten mir dankerfüllt die Hände, weil ich zu ihnen von der Bruder- und Schwesternschaft in Christus gesprochen hatte.

Bei dieser Gelegenheit lernte ich drei Missionare kennen. Sie luden uns zum Tee ein, deckten uns den Tisch und bewirteten uns mit dem Besten, was sie hatten. Sie lebten nur von dem, was ihnen durch Freunde ihrer Arbeit zukam, ein reines Glaubenswerk. Aber auf Gottes Wegen ist ja jeder Schritt ein Akt des Glaubens. Seitdem ich mit ihnen Verbindung habe, sind mir manche ihrer Erfahrungen bekannt geworden. Einige darf ich hier weitergeben:

Alle drei haben das »Bible College auf Wales in Swansea« besucht, das Rees Howells einmal ins Leben rief. Es besteht noch heute und arbeitet in großem Segen. Die Überzeugung des Gründers dieser Schule war: Ich traue Gott zu, daß er weiß, was ich benötige und wie er es mir zukommen läßt. Man muß das Buch gelesen haben »Fürbitte ändert die Welt«, in dem von ihm erzählt wird, um zu begreifen, was Glaubenswagnis heißt.

Diese drei Missionare, die ich in Boulogne bei Paris kennenlernte, arbeiten nach demselben Grundsatz wie Rees Howells. Sie haben ihr Leben ganz Gott zur Verfügung gestellt und erfahren, daß er sie versorgt. Alle drei wurden von der Bibelschule nach Paris gesandt, wo man ein Haus kaufen konnte. In ihm sollten sie russische Flüchtlinge beherbergen und ihnen das Evangelium verkündigen. Gleichzeitig waren sie beauftragt, unter der französichen Bevölkerung ein Missionswerk zu beginnen und sich vor allem der Menschen anzunehmen, die keiner Kirche oder christlichen Gruppe angehörten. Diese Arbeit erfordert viel Geduld und Ausdauer, vor allem einen starken Glaubensmut. Daß sie ohne festes Gehalt leben müssen, betrachten sie nicht als die größte Schwierigkeit. Immer wieder erfahren sie, in welcher erstaunlichen Weise Gott für sie sorgt (nach Matthäus 6, 8: »Euer Vater weiß, was ihr bedürfet, ehe denn ihr ihn bittet«). Ihre Lebensansprüche sind bescheiden. Sie haben es gelernt, mit wenig auszukommen, versenden grundsätzlich keine Bittbriefe oder Zahlkarten. Oft wissen sie am Abend eines Tages nicht, wovon sie am nächsten Tag leben sollen. Aber bisher hat Gott ihnen stets gegeben, was nötig war.

Andere wären längst mutlos geworden und hätten die Arbeit niedergelegt, in der sich so wenig Erfolg zeigt. Aber sie halten durch, Jahr für Jahr. Eine der Missionarinnen schrieb mir. Eine kleine Gruppe Leute zu Christus zu führen, nahm mehrere Jahre, viel Gebet, Geduld, Ausdauer und Tränen in Anspruch. Es gelang, eine Gemeinschaft zu gründen, die vom Staat anerkannt wurde. Sie begannen, neben dem Dienst an den Russen mit einer Kinderarbeit, durch die viele Jungen und Mädchen erreicht werden konnten, die in den engen Gassen ihres Viertels herumstromern und um die sich kaum jemand kümmert, wenn die Eltern berufstätig sind. So horchte mancher auf, wenn aus dem Missionshaus fröhliches Singen auf die Gasse schallte. In der ersten Zeit war es der Reiz des Neuen, der Scharen von Kindern herbeilockte. Geschichten hörten sie alle gern, das Singen fröhlicher Lieder machte ihnen Spaß. Dann und wann gab es im Saal ein kleines Fest, auch Ausflüge wurden unternommen. Mit der Zeit aber ließ der Eifer nach. Es kamen nicht mehr so viele Kinder. Doch die drei Missionare ließen sich nicht beirren; denn sie wußten um ihren Auftrag. Durch die Kinder bekamen sie mit manchen Elternhäusern Kontakt. Sie besuchten die Mütter und waren oft entsetzt über die Armut und Verkommenheit, vor allem über den Sumpf der Sünde, in dem die meisten Kinder hier heranwuchsen.

Sie luden auch die Väter und Mütter zu den Versammlungen ein, die im Missionshaus gehalten wurden. Es dauerte lange, ehe einige dieser Einladung folgten. Zuerst trieb sie die Neugierde. Man wollte doch wissen, was das für Menschen waren, die sich unter ihnen niedergelassen hatten. Die Missionare stießen auf eine erschütternde Gleichgültigkeit gegenüber göttlichen Dingen. Aber sie gaben nicht auf. Ganz langsam sammelte sich ein kleiner Kreis Mühseliger und Beladener um sie. Ein paar alte Mütterchen, einige verhärmte, trostbedürftige Frauen. Meist hatten sie einen Trinker zum Mann, der an jedem Wochenende total betrunken nach Hause kam, Frau und Kinder in seinem Rausch mißhandelte und oftmals das wenige Mobiliar kurz und klein schlug. Die Missionare machten

Hausbesuche, kümmerten sich um die Kranken in ihrer Nachbarschaft und fanden bei allen Schwierigkeiten, mit denen sie zu kämpfen hatten, bald ein großes Aufgabengebiet. Daß sie durchhielten – jetzt sind sie über dreißig Jahre dort tätig – ist nur dem zuzuschreiben, der ihnen zu diesem Auftrag Kraft und viel Geduld schenkte. Sie leben in ständiger Verbindung mit Christus und trauen ihm zu, daß er das in den Herzen der Menschen begonnene Werk auch vollenden wird.

Außenstehende, die von dem entsagungsvollen, opferwilligen Leben dieser Missionare hören, zur Reichsgottesarbeit aber keine innere Beziehung haben, werden den Kopf schütteln und fragen: Was soll das alles? Wem soll ein solches Leben nützen? Weil diese Missionare durchdrungen sind von dem Leben aus Gott und kein höheres Ziel kennen, als dieses Leben anderen zu vermitteln, darum setzen sie sich so ein. Werden sie nachts aufgeschreckt vom Johlen Betrunkener oder dem Kreischen der Dirnen, dann treibt es sie, für diese Frauen und Männer zu beten. Und sie denken mit tiefem Erbarmen an die Kinder, die in diesem Morast heranwachsen. Dabei wird ihnen immer wieder neu bewußt: Wir müssen hier aushalten, müssen uns der Verzweifelten annehmen, die Traurigen trösten, den Verkommenen und Gestrauchelten einen Weg aus ihrer inneren Versklavung zeigen und alles nur mögliche tun, um die Kinder vor dem Bösen zu bewahren.

Als ich in Paris mit den Missionaren zusammentraf und wir uns bei einer Tasse Tee ein wenig näherkamen, stellte sich heraus, daß eine der Frauen vor Jahren die gleiche Schule in Aarau/Schweiz besucht hatte wie ich, nur einige Jahre später. Aber wir wurden von den gleichen Lehrern unterrichtet. Diese Feststellung schuf natürlich sogleich eine Verbindung. Ich blieb mit dieser

Schweizerin im Briefwechsel und erfuhr daher manche Einzelheiten über ihren Dienst und den der beiden anderen Missionare.

Ganz glücklich schrieb sie mir eines Tages: »Denken Sie, wir haben einen jungen Mann als Mitarbeiter gewonnen. Er hat sich ganz klar für die Nachfolge Christi entschieden und ist nun erfüllt von dem brennenden Wunsch, anderen Menschen den Weg zum Leben zu zeigen. Er bat uns, ihm Traktate zu besorgen. Nun steht er, wenn er seine Arbeitszeit hinter sich gebracht hat, an den Fabriktoren und verteilt den herausströmenden Arbeitern die Blätter, in denen auf Christus hingewiesen wird. Er tut diesen Dienst mit großer Freudigkeit, obwohl er viel Hohn und Spott erntet. So ist auch er ein Missionar geworden. Und wenn wir nur diesem einen Menschen helfen konnten, Christus anzunehmen, dann hätte sich unser Dienst hier gelohnt.«

Auch eine Frauenarbeit wurde begonnen. Im Missionshaus finden regelmäßig Frauenstunden statt.

Die Schweizerin schrieb mir, daß eine ihrer Mitarbeiterinnen, eine Engländerin, einen Weg gesucht hat, um an die einfachen Leute heranzukommen. »Wir müssen uns Zugang zu den Märkten ermöglichen«, sagt sie. »Wir müssen einen Bücherstand aufmachen und Bibeln, vor allem Neue Testamente, Traktate und andere christliche Literatur unter die Leute bringen.« Die Verbreitung christlicher Bücher lag ihr sehr am Herzen und ließ sie nicht mehr los. Eines Tages machte sie den Anfang. Sie nahm einen kleinen Geldbetrag – mehr als sieben oder zwölf Franken konnte sie dafür nicht ausgeben – und ging in eine christliche Buchhandlung, die von Heilsarmeeoffizieren betrieben wird. Sie legte das Geld auf den Ladentisch und sagte: »Mehr habe ich nicht! Geben Sie mir bitte ein paar Bücher, die auf Christus hinweisen, und wenn das Geld reicht, noch einige Traktate und Spruchkarten. Damit will ich den Anfang machen. Ich spüre, daß Gott mir hierzu einen Auftrag gegeben hat.«

Nachdem die Missionarin den Laden verlassen hatte – so schrieb mir meine Schweizer Bekannte –, knieten die beiden Heilsarmeeleute in dem Stübchen hinter dem Laden nieder und baten Gott, diesen Missionsdienst zu segnen. Er war der Auftakt zu einer erweiterten Möglichkeit des Dienstes in Boulogne.

Zuerst stellte man in den Versammlungssaal einen kleinen Tisch. Die christlichen Bücher, Spruchkarten und Traktate, die dort ausgelegt wurden, fanden bei den Gottesdienstbesuchern reges Interesse. Manche einfache Frau suchte aus ihrem Geldbeutel einige Münzen hervor, besann sich, ob sie das Geld entbehren könnte und nahm einiges vom Büchertisch mit nach Hause. Nach kurzer Zeit konnte die englische Missionarin die Buchhandlung wieder betreten. Vom Verkauf der Broschüren war ein kleiner Gewinn geblieben. Er sollte für neue Literatur verwendet werden.

Der christliche Kolporteurdienst weitete sich aus. Die von diesem Auftrag erfüllte Missionarin besuchte auch die umliegenden Märkte. Warum sollte sie nicht dort, wo andere ihre Waren anbieten, christliche Schriften zum Verkauf bringen? Sie stieß auf heftigen Widerstand.

»Was glauben Sie denn? Da könnte ja jeder kommen und alles Mögliche und Unmögliche anbieten! Nein, so geht das nicht! Dazu benötigen Sie eine behördliche Genehmigung.«

Neun Monate lief die Missionarin von einer Amtsstelle in Paris zur anderen. Niemand schien ihr die nötige Bewilligung geben zu können. Sie wurde von einer

Behörde zur anderen geschickt. Nach neun Monaten war sie nahe daran, ihre Bemühungen aufzugeben. Da fühlte sie sich plötzlich veranlaßt, es an einer bestimmten Stelle noch einmal zu versuchen. Hier fragte man sie, ob sie den Chef des Marktamtes von Paris sprechen wolle. Natürlich bejahte sie das. Die Unterredung kam zustande, und zu ihrer großen Freude sagte der Marktdirektor, er sehe keinen Grund, ihr diese Bewilligung nicht zu geben.

Weil Mary nicht Französin ist, so schrieb mir meine Bekannte, war die ganze Sache so kompliziert gewesen. Einer von hundert bekommt unter Umständen diese Bewilligung.

An einem frühen, nebelfeuchten Morgen baute Mary ihren Stand auf einem der großen Märkte in Paris auf. Fast schon beim Morgengrauen kommen die Marktfrauen und die anderen Verkäufer mit ihren Karren oder auch Autos angefahren und breiten ihre Waren aus: Obst, Gemüse, Blumen, Tonwaren, Brote, Kleingebäck und vieles andere mehr. Es gibt ein Stimmengewirr sondergleichen, ein Rufen und Schreien, ein Anpreisen der Waren zur Werbung der Kunden.

Plötzlich entdecken die Marktfrauen den neuen Stand. »Nanu, wer ist denn das?« – »Was will die denn hier?« – »Hat sie überhaupt eine Genehmigung?«

Einer der Händler geht auf Mary zu. »Ja, so einfach ist das nicht«, sagte er. »Sie bauen hier Ihren Verkaufstisch auf. Haben Sie eine polizeiliche Erlaubnis?«

Mary hält ihm strahlend die schriftliche Genehmigung hin. »Ja, die habe ich. Bitte, sehen Sie selbst!«

Kopfschüttelnd geht der Mann davon. So etwas ist doch noch nie dagewesen. Christliche Bücher auf dem Wochenmarkt! Die Köpfe werden zusammengesteckt, man tuschelt hinter der Hand oder macht auch hörbare

Bemerkungen. Ein paar Marktfrauen äußern sich auch lautstark und höhnisch. Soll doch die Neue hören, was man über sie denkt.

Mary spürt die ihr entgegengebrachte Ablehnung, aber sie läßt sich nicht beirren. Sie überwindet nach und nach die Distanz, reißt durch ihre Liebenswürdigkeit die Mauern nieder, die hier auf dem Markt durch die Händler rings um sie aufgerichtet werden. Sie baut ihren Stand an den Markttagen immer wieder neu auf, spricht die Händler an, lobt ihre Waren, packt entschlossen zu, wo es etwas zu helfen gibt – und wird eines Tages von ihnen anerkannt. So eigenartig es ihr zu Anfang auch vorkommt – sie ist in die Marktfrauengemeinschaft als eine der ihren aufgenommen worden. Mit der Zeit lernt sie auch die Namen der Händler kennen und erfährt, wo sie zu Hause sind. Man berichtet ihr von allerlei Krankheits- und Familiennöten. Das ist es ja, was Mary sich gewünscht hat. Und als nicht nur die Kunden des Markts an ihrem Bücherstand haltmachen, sondern auch die Händler Interesse an ihrer »Ware« zeigen und sogar einiges kaufen, ist ihr Herz voll Dankbarkeit. Die drei Missionare in Boulogne sehen darin eine Gebetserhörung.

Aber Mary ist noch nicht zufrieden. »Wir müßten auch Zutritt zu anderen Märkten haben. Ich brauche ein Auto.«

»Ein Auto? Wie willst du zu einem Auto kommen?«

»Glaubst du, Gott ist nicht in der Lage, ein Auto zu schenken, wenn es für seine Sache gebraucht wird?«

Sie beginnen dafür zu beten und sparen – von dem wenigen, was sie haben; denn sie sind nun alle der festen Überzeugung, daß sie eines Tages zu diesem von Gott erbetenen Auto kommen werden. Inzwischen zieht Mary mit ihrem Bücherkoffer auf die umliegenden Märkte, die sie zu Fuß oder mit der Straßenbahn erreichen kann.

Ein Ehepaar aus Deutschland fühlt sich innerlich verpflichtet eine Spende von DM 1000,- nach Boulogne ins Missionshaus zu senden. »Verwenden Sie es dort, wo Sie es am nötigsten brauchen«, schrieben die Leute. Einige Zeit vorher hatten sie schon einmal diese Summe mit dem gleichen Vermerk gesandt. Damals standen die Missionare vor der Frage: Womit sollen wir unsere dringend renovierungsbedürftigen Räume herrichten? Dafür fehlte einfach das Geld. Wie immer sprachen sie darüber mit Gott: »Du siehst, Herr, in diesem Zustand können wir die Zimmer nicht lassen.« Immer wieder kehrten Besucher auch aus anderen Ländern bei ihnen ein, die sich für ihre Arbeit interessierten. Die Missionare schämten sich schon, ihnen die Räume zum Übernachten anzubieten. Da war es jenes Ehepaar aus Deutschland, das einem inneren Auftrag nachkam und ihnen das Geld schickte.

Mit großer Dankbarkeit wurde der Eingang des Geldes bestätigt. »Es kam gerade zur rechten Zeit. Nun können wir unsere Räume tapezieren.« Ähnlich war es beim Autokauf. »Sie haben uns gerade die Summe geschickt, die noch nötig war, um ein gebrauchtes Auto zu kaufen, das aber für unsere Zwecke genügt. Wir sind Ihnen sehr dankbaer!«

Nun kann Mary auf die Märkte fahren. Als Evangelistin steht sie an ihrem Verkaufsstand, spricht die Vorübergehenden an, wie es die anderen Händler auch tun, und kommt immer wieder mit Leuten ins Gespräch. Sie erlebt, wie ihr einige Vertrauen schenken und ihr Einblick gewähren in die Nöte ihres Alltagslebens. Oft kommt sie voller Freude ins Missionshaus zurück und berichtet die Erlebnisse auf den Märkten.

Inzwischen wurde eine der Missionarinnen als Hausmutter und Seelsorgerin in die Bibelschule nach Lamorlage berufen. Die Schweizerin ist seit Jahren neben ihrer Tätigkeit in Boulogne verantwortlich für die Bibelfernkurse dieser Bibelschule.

Ich fragte sie einmal in einem Brief, ob es oft nicht recht schwer sei, ohne jede finanzielle Sicherheit zu leben. Darauf schrieb man mir: »Sie fragen, wovon wir leben? Der Gründer der Bibelschule, aus der wir hervorgegangen sind, Rees Howells, lebte in dem zuversichtlichen Glauben: Gott weiß, was wir brauchen. In diesem Geist wurden wir Schüler erzogen, und ebenso arbeiten wir hier im Missionshaus. Gott hat uns noch nie im Stich gelassen. Wir haben immer bekommen, was wir brauchten.

Einmal hatten wir zur Weihnachtszeit besonders große Ausgaben. Dringende Reparaturen am Haus waren nötig, aber wir hatten kein Geld. Da erhielten wir von Leuten aus Südamerika einen größeren Scheck. Wir hatten sie seit vielen Jahren nicht mehr gesehen. Wie oft ist es schon geschehen, daß uns Leute aus der Nachbarschaft Lebensmittel brachten, ohne zu wissen, wie dringend wir sie gerade benötigten. Manchmal läßt Gott uns auch warten – vielleicht, um unseren Glauben zu prüfen . . .«

Ein anderes Mal erzählte mir die Schweizerin ein Erlebnis, das ich ebenfalls hier weitergeben möchte: Es war vor einigen Jahren am 24. Dezember. Wir hatten kein Geld im Haus. Da fragte uns ein Bekannter, ob es uns möglich sei, eine Frau aus einem Land im Osten zu beherbergen, die auf der Durchreise nach Amerika ein bis zwei Tage in Paris warten mußte. Wir waren dazu gerne bereit. Doch was sollten wir ihr zu essen geben? Trotzdem sagten wir zu. Der Bekannte, der die Anfrage an uns gerichtet hatte, wußte nichts von unserer augenblicklichen Situation, und wir sagten es ihm auch nicht. Wir waren gespannt, wie Gott sich in dieser Lage erweisen würde. Die Angemeldete war eine gläubige, bescheidene Frau. Spät am Abend, bevor wir zu Bett gehen wollten, sagte sie: »Ich habe die Gewohnheit, am Weihnachtstag zu fasten.« Vielleicht hatte sie ein Gelübde getan. Nun, uns war das ganz recht, weil wir damit der Sorge enthoben wurden, was wir ihr zu essen anbieten sollten. Wir taten ziemlich dasselbe. Am anderen Morgen, bevor die Frau abreiste, gab sie uns drei große Brote, die ihr daheim Bekannte als Reiseproviant mitgegeben hatten. Sie sagte, daß sie die Brote auf der Flugreise nicht mehr benötigte. Auf diese Weise waren wir für mehrere Tage mit Brot versorgt. Die Frau hatte keine Ahnung von unserer Situation. Aber Gott wußte es und brauchte sie und ihre russischen Freunde zu unserer Versorgung. Wir aber wurden an das Wort in Hebräer 13, 2 erinnert: »Gastfrei zu sein, vergesset nicht; denn dadurch haben etliche ohne ihr Wissen Engel beherbergt.«

Wenn ich hier versucht habe, ein Bild aus dem Leben der Missionare in Boulogne zu zeichnen, dann würde ich mir nie erlauben, hinzuzufügen: »Zur Nachahmung empfohlen!« So etwas kann man nicht nachmachen. Dazu muß man berufen sein. Aber ich wünschte, einigen meiner Leser ginge es wie mir, wenn ich an diese sich für Gottes Sache aufopfernden Menschen in Paris denke: Einerseits beschämen sie mich, andererseits ermutigen sie mich. So groß ist Gott, daß er die Seinen über Bitten und Verstehen versorgt, wenn sie ihm nur vertrauen. Aber sind diese Missionare nicht auch ein Beweis dafür, wozu Menschen imstande sind, die sich für die Liebe, die selbstlose Liebe entschieden haben?

Als ich gebeten wurde, eine Fortsetzung meiner Autobiographie »Als flögen wir davon« zu schreiben, habe ich mich gefragt, was ich nach dem Erzählen aus den sechzig Jahren meines Lebens meinen Lesern noch zu berichten habe. Die Geschehnisse aus der Zeit meines Lebensabends sind nichts Außergewöhnliches, vielleicht einiges persönliche, mit dem man nicht von Tür zu Tür geht. Doch dann wurde mir klar, daß man immer wieder wunderbare Erfahrungen mit Gott macht, und dazu gehören auch die Menschen, durch die ich gesegnet wurde oder deren Schicksal anderen etwas zu sagen hat. Von ihnen möchte ich noch erzählen.

Natürlich könnte ich von einer ganzen Reihe Menschen berichten, die sich für die Liebe entschieden haben und entsprechend handeln.

Ich denke dabei an die fünf unverheirateten Frauen in Berlin, die sich zusammengetan haben, weil sie von der großen Not süchtiger und psychisch kranker Mädchen und Frauen erschüttert sind und ihre Aufgabe darin sehen, ihnen auf verschiedene Weise zu helfen. Zuerst taten sie es neben ihrem Beruf. Doch bald erkannten sie, daß das nicht genügte. Sie suchten und fanden ein Haus, in dem sie süchtige Frauen und Mädchen aufnehmen konnten. Zwei von ihnen arbeiteten weiter und sorgten so für den Unterhalt der anderen, die sich nun ganztägig dieser schweren Aufgabe zur Verfügung stellten. Drogen- und Alkoholsüchtige wurden in ihre Lebensgemeinschaft aufgenommen. Die jungen Frauen teilten mit ihnen ihr Brot und ihr Heim. Ihr Grundsatz blieb es, den Gestrauchelten oder durch Laster, Veranlagung und Verführung Gefallenen aufzuhelfen. »Kommunität Steh auf!« nennen sie sich, nach dem Vorbild ihres Meisters, aus dessen Munde immer wieder das Wort kam: »Ich sage dir, stehe auf!«, wenn er es mit Kranken zu tun hatte.

Diese jungen Frauen in Berlin lassen sich nicht entmutigen – weder von Rückschlägen noch durch Skepsis, Hohn oder Spott. Das erste Haus, das sie für ihre Aufgaben gemietet hatten, reichte nicht mehr aus. Sie suchten ein anderes in günstiger Lage mit größerem Garten, denn sie wollen ihren Schutzbefohlenen durch eine gezielte Arbeitstherapie zur Gesundung verhelfen.

Eine fröhliche Atmosphäre, vor allem aber ihr Beispiel und Vorbild ist für die Süchtigen von großer Bedeutung. Unermüdlich sind die jungen Frauen im Einsatz. Sie scheuen keine Mühen, setzen ihre Zeit, ihre Kraft und alle ihre Möglichkeiten für diese Aufgabe ein. Sie nehmen sich auch solcher an, die andere Stellen als hoffnungslos oder anstaltsreif abgeschoben hätten. Dazu dringt sie die Liebe Christi. Es hat lange gedauert, ehe sie von den zuständigen Behörden anerkannt wurden und ihnen für ihre Pflegebefohlenen von den Sozialämtern Unterhaltsgelder gezahlt wurden. Ein Freundeskreis steht fürbittend hinter ihrer Arbeit und hilft auch mit Spenden aller Art. Das alles gibt es in einer Zeit, von der manche behaupten, daß es in ihr kein selbstloses Dienen und keine Opferbereitschaft mehr gäbe.

Schon oft wurde mir die Frage gestellt, die ich in diesem Buch bereits anklingen ließ: Wo sind denn die Christen, die Sie in Ihren Büchern schildern, die Idealmenschen? Nein, als Idealmenschen sehen sie sich nicht, und sie sind es auch nicht. Jeder, der sein Leben in den Dienst Gottes gestellt hat, weiß um Fehler und eigenes Versagen, aber auch von der umgestaltenden, verändernden Kraft Christi. Ihnen sind die Augen aufgegangen, so daß sie erkannt haben, wie die dämonischen Mächte den Menschen knechten und krank machen. Dem treten sie entgegen in der Kraft dessen, der die Werke des Teufels zerstören kann und will. Auch sie meinen das Leben.

In einer engen Gasse der Hamburger Altstadt ertönt zur nächtlichen Stunde lautes Geschrei. Die Polizei hält ein junges Mädchen fest, das nicht älter als fünfzehn Jahre sein kann. »Lassen Sie mich los!« schreit das Mädchen und wehrt sich mit Händen und Füßen. Es beißt und kratzt und schlägt wie wild um sich. Mit aller Gewalt versucht es, sich dem festen Griff des Polizisten zu entziehen. Zwei junge Burschen, wohl Freunde des Mädchens, gehen nun ebenfalls auf den Beamten los. »Hände weg, oder es passiert was!« droht einer von ihnen.

»Hilfe, Hilfe!« schreit das Mädchen und wirft sich auf die Erde, um auf diese Weise zu entkommen.

Aus einer Nebengasse eilen drei, vier weitere Burschen hinzu, um ihren Kumpanen beizustehen. Wer weiß, was ohne weitere polizeiliche Hilfe passiert wäre. Ein im Hintergrund stehender Polizist hat seine Kollegen herbeigerufen. Ein grünes Auto fährt vor. Nur wenige Augenblicke, und das Mädchen befindet sich im Wagen. Fluchend und gemeine Redensarten hinter dem davonfahrenden Auto herschreiend, bleiben die Burschen und noch ein paar Mädel zurück.

»Die Ella ham'se diesmal erwischt! Was werden sie mit ihr machen?«

»Nach Salem werden sie se bringen.«

»Elende Bande!«

Eine weinende Mutter sitzt im Vorraum eines Büros des Jugendamtes in Hamburg. Endlich wird sie zu der zuständigen Fürsorgerin gerufen.

»Na Frau Schulze, hat es mit Lilo wieder nicht geklappt?«

»Nein, sie ist nach zwei Tagen auch dort fortgelaufen. Nachdem sie ihren Koffer zu Hause abgestellt hat, ist sie verschwunden und nun schon drei Tage und Nächte nicht mehr daheim gewesen. Ich weiß nicht, wo ich sie suchen soll und mit welchen verkommenen Menschen sie sich wieder herumtreibt.« Frau Schulze bricht in lautes Weinen aus.

»Was habe ich nur falsch gemacht, daß ich mit allen meinen Kindern nichts als Enttäuschung erlebe! Ich habe es ihnen doch wirklich an nichts fehlen lassen. Nie haben sie Hunger gelitten, und für Kleidung und Schuhe habe ich auch immer gesorgt. Dafür, daß mein Mann ein Säufer ist und uns verlassen hat, kann ich doch nichts. – Ich – ich –«

Die Fürsorgerin unterbricht den Redeschwall der Frau, die sie schon lange kennt. »Frau Schulze, nun beruhigen Sie sich erst einmal. Ich kenne ja Ihre Verhältnisse. Wir kommen nicht weiter, wenn Sie mir das alles noch einmal erzählen. Bruno haben wir nun ja in einem Kinderheim unterbringen können, und wir wollen hoffen, daß er dort nicht wieder stiehlt. Jedenfalls wird man alles nur mögliche versuchen, ihn zu einem ehrlichen Menschen zu erziehen. Schlimm ist das natürlich mit Lilo! Nachdem sie jetzt schon von der dritten Stelle fortgelaufen ist, wird man nun für eine Unterbringung in einem Mädchenheim sorgen müssen. Gehen Sie heim zu Ihren zwei Kleinen, Frau Schulze. Die können sie doch schlecht so lange allein lassen. Ich werde die Polizei verständigen. Man wird Lilo suchen. Sobald ich etwas von ihr weiß, benachrichtige ich Sie.«

Frau Schulze verläßt schluchzend das Büro: »Mein armes Kind! O meine arme Lilo! Wenn sie nur nicht wieder schlechten Menschen in die Hände gefallen ist.«

Die Fürsorgerin macht für heute Schluß. Eine ganze Reihe ähnlicher Fälle hat sie bearbeiten müssen. Nun ist sie froh über den Feierabend. Aber so rasch kann sie sich von dem Erlebten doch nicht freimachen. Sie meint noch Frau Schulzes Ausruf zu hören: »Wenn sie nur nicht schlechten Menschen in die Hände gefallen ist!« Das ist schon des öfteren geschehen. Die noch nicht siebzehnjährige Lieselotte ist längst kein unbeschriebenes Blatt mehr. Schon einige Male hat die zuständige Fürsorgerin ihr eine Haushaltsstelle besorgt. Das Mädchen hält nirgend länger als ein paar Tage aus. Wie von unsichtbaren Kräften gezogen, landet sie immer wieder im Sumpf. Stadtbekannte, zum Teil bereits straffällig gewordene Burschen, sind ihre Freunde und lassen sie jeweils untertauchen, so daß es meist eine Zeitlang dauert, ehe sie wieder aufgegriffen wird.

Fräulein Munk, die Fürsorgerin, mag sich nicht ausdenken, was sie inzwischen alles erlebt hat. Die Verzweiflung der Mutter ist zu verstehen, aber schon länger hat sie keine Macht mehr über ihre drei ältesten Kinder. Der zwanzigjährige Sohn war wegen mehrerer Einbrüche schon vor zwei Jahren im Jugendgefängnis und sitzt nun wieder hinter Schloß und Riegel. Bruno, der Zwölfjährige, hat in der Schule von sich reden gemacht, indem er seine Klassenkameraden, ja sogar den Lehrer bestahl. Ist's ein Wunder? Der Vater der Kinder ist schon wiederholt straffällig geworden. Nun hat er Frau und Kinder im Stich gelassen. Und heute das mit Lieselotte. Doch jetzt muß etwas geschehen. Fräulein Munk überlegt, wo sie das Mädchen unterbringen kann. Gleich nachher wird sie im Landhaus Salem anrufen und fragen, ob die Schwestern noch Platz haben.

Dann würde sie Lieselotte Schulze dort hinbringen, sobald das Mädchen von der Polizei gefunden worden ist.

Auf dem Hauptbahnhof in Hamburg fährt soeben ein Schnellzug ein. Suchend blickt die Frau von der Bahnhofsmission, die heute Dienst hat, dem Strom der Menschen entgegen, der sich auf den Bahnsteig ergießt. Noch immer findet sich Gelegenheit, einer alleinreisenden Frau, die sich nicht auskennt, oder einer alten Dame, die nur mühsam ihren Koffer schleppen kann, oder anderen Behinderten zu helfen. Auf dem gegenüberliegenden Gleis fährt ein weiterer Zug ein. Der Bahnsteig wimmelt jetzt von Menschen.

Frau Lenker schaut mit geübtem Blick um sich. Seit Jahren steht sie im Dienst der Bahnhofsmission. Wollte sie alle dabei gemachten Erlebnisse aufschreiben, sie könnte Bücher füllen. In diesem Augenblick fällt ihr Blick auf zwei junge Mädchen, bepackt mit Koffern und Schachteln, unsicher, die einen von ihnen offensichtlich ängstlich um sich blickend – so, als befänden sie sich zum erstenmal in einer solchen Bahnhofshalle. Frau Lenker steuert auf sie zu.

»Kann ich Ihnen behilflich sein? Geben Sie mir etwas von Ihrem Gepäck. Wo wollen Sie denn hin?«

Die Forschere von beiden wirft den Kopf zurück. »Wir werden abgeholt.«

»Von wem denn? Haben Sie Verwandte hier?« fragt Frau Lenker.

Unsicher, ob sie dieser neugierigen Person überhaupt Antwort geben soll, erwidert das Mädchen schließlich widerstrebend: »Ja, unsere Verwandten holen uns ab.«

Hinter dem Rücken ihrer Kameradin schüttelt die andere verneinend den Kopf.

»Ich meine, Sie sollten jetzt erst einmal mit mir auf die Bahnhofsmission kommen. In diesem Menschengewühl können Sie von denen, die Sie abholen sollen, bestimmt nicht gefunden werden.«

Die eine widersetzt sich. »Nein, ich komme nicht mit Ihnen! Es ist abgemacht, daß wir vor dem Haupteingang des Bahnhofs warten, bis wir abgeholt werden. Daran halte ich mich.«

»Gut, dann komme ich mit«, sagt Frau Lenker und setzt sich in Bewegung, entschlossen, die beiden nicht aus den Augen zu lassen.

Eine ganze Weile stehen sie am Hauptausgang des Bahnhofs. Die lieben Verwandten lassen sich nicht blicken. Frau Lenker hat es nicht anders erwartet. Es ist nicht das erstemal, daß junge Mädchen vom Land oder aus einer Kleinstadt mit verheißungsvollen Versprechungen nach Hamburg gelockt werden und dann in zweifelhaften Häusern untertauchen. Als alles freundliche Zureden, wenigstens bei einem der Mädchen, erfolglos bleibt, mit auf die Bahnhofsmission zu gehen, meint Frau Lenker, ein Polizist sei schon auf sie aufmerksam geworden und komme auf sie zu.

»Dann lieber auf die Bahnhofsmission«, entschließt sich die Wortführerin der beiden. Sie folgen der Frau nun ohne Widerrede.

Es dauert nicht lange, bis Frau Lenker im Bilde ist. Zwar schweigt die eine zunächst verbissen, doch die Jüngere erzählt – von Schluchzen unterbrochen –, daß sie beide von zu Hause ausgerissen sind. Sie wollte zuerst nicht mitkommen; denn die Mutter sei streng und der Vater noch mehr. Aber als Marie, ihre Freundin, gedroht habe, sie würde sich das Leben nehmen, wenn sie nicht mitmache, habe sie daran nicht schuld sein wollen und sei schließlich mitgefahren. In einem Café hätten sie beide eine gutbezahlte Stelle als Serviererinnen zugesagt bekommen. Aber schon im Zug habe sie es mit der Angst zu tun bekommen, ob sie nicht Mädchenhändlern in die Hände gefallen seien. Am liebsten wäre sie an einem der Bahnhöfe, durch die sie gefahren sind, wieder ausgestiegen. Aber Marie hat ihr immer wieder gedroht, es würde etwas Fürchterliches passieren, wenn sie das täte.

Die Freundin wirft ihr drohende Blicke zu. Frau Lenker sucht vergeblich im Telefonbuch nach dem Café, in dem angeblich die beiden Mädchen eingestellt werden sollten. Es existiert überhaupt nicht. Es bleibt ihr nichts anderes übrig, als die Polizei zu benachrichtigen. Sie sagt es den Mädchen, die beide noch minderjährig sind.

Das Wort Polizei genügt, um sie in heftige Erregung zu bringen. Die Kleinere bittet in flehenden Tönen: »Lassen Sie mich nicht von der Polizei nach Hause zurückbringen. Meine Eltern würden sich furchtbar aufregen. Ich gebe Ihnen mein Ehrenwort: Ich fahre ohne Begleitung zurück, aber nicht mit der Polizei.«

»Eine Fürsorgerin wird euch nach Hause bringen«, versucht Frau Lenker das Mädchen zu beruhigen. »Sie wird deinen Eltern alles erklären. Sicher werdet ihr mit Vorwürfen rechnen müssen, aber die sind auch berechtigt. Letztlich werden Vater und Mutter bestimmt froh sein, wenn ihr wieder zu Hause seid.«

Marie benimmt sich daraufhin wie eine Rasende. »Sie können machen, was Sie wollen. Lieber gehe ich mit der Polizei, oder ich werfe mich vor einen fahrenden Zug. Aber zu meinen Eltern kehre ich nicht zurück. Sie haben keine Ahnung, wie rabiat die sind. Die schlagen mich tot. Bringen Sie mich hin, wo Sie wollen, aber nicht nach Hause.«

Frau Lenker spricht den beiden gut zu. »Ihr wißt ja nicht, in welche Hände ihr geraten wärt, wenn diejenigen, die du, Marie, eure Verwandten nanntest, euch mitgenommen hätten. Ich bin davon fest überzeugt, daß sie sich ganz in der Nähe des Haupteinganges aufgehalten haben, sich aber nicht hervortrauten, als sie meine Armbinde erkannt haben, die mich als Mitarbeiterin der Bahnhofsmission ausweist.

»Marie kann wirklich nicht mehr zurück nach Hause«, schaltet sich jetzt die Freundin ein. »Sie wissen nicht, was alles vorausgegangen ist.« Nun berichtet das Mädchen von bösen Dingen in der Vergangenheit der Freundin und von deren aufgebrachten Eltern, die nicht davor zurückschrecken würden, Marie in brutalster Weise zu strafen.

»Gut, ich werde mich mit deinen Eltern telefonisch in Verbindung setzen«, erwiderte Frau Lenker. »Vielleicht erlauben sie, daß du ins Haus Salem kommst. Die Jugendfürsorgerin wird sich bestimmt dafür einsetzen.«

»Haus Salem? Was ist das?« Beide Mädchen fragen es wie aus einem Munde. Und nun erzählt ihnen Frau Lenker von dieser segensreichen Einrichtung.

»Nicht weit von hier, in Asendorf, befindet sich das Landheim Salem. Es wird von Schwestern geleitet, die es sich zur Aufgabe gemacht haben, gefährdeten Mädchen zu helfen und ihnen für kurze oder längere Zeit ein Zuhause zu bieten.«

»Von Schwestern? Etwa von frommen?« fragt Marie skeptisch. »Dann will ich nicht zu ihnen. Mit den Frommen will ich nichts zu tun haben. Die sind alle scheinheilig und falsch. Ich habe eine Tante, die ist auch fromm, aber sie ist viel schlimmer als . . .«

Frau Lenker unterbricht sie. »Marie, es mag Fromme

geben, die ihrem Namen, ich möchte lieber sagen, dem Herrn Christus, nach dem sie sich nennen, keine Ehre machen. Aber es gibt, Gott sei Dank, auch andere. Und in diesem Haus, dem Landhaus Salem, wird echtes Christentum praktiziert. Die Diakonissen begegnen den Mädchen, die sie zur Arbeit anleiten, in Liebe und Güte.«

»Was, arbeiten muß man dort auch?«

»Ja, glaubst du, Marie, du kämst als Kurgast dorthin? Du würdest bald erkennen, wie sinnvoll die Arbeit ist im Haus, im Garten, in der Waschküche, im Nähzimmer oder in der Bügelstube. Glaubst du, ein Mensch kann ohne Pflichten glücklich sein?«

Das Mädchen scheint davon nicht überzeugt zu sein. Es hat sich bisher auch ohne Arbeit recht wohl gefühlt. Ganz unreif sind Maries Lebensauffassungen, während die Freundin klein beigibt: »Ich mußte zu Hause immer helfen, aber sehr gern habe ich es nicht getan.«

»Glaubt ihr vielleicht, in dem Café, in dem ihr nach eurer Meinung arbeiten solltet, hättet ihr die Hände in den Schoß legen können?«

Während Frau Lenker die verschiedenen Stellen telefonisch benachrichtigt – die Eltern, die Fürsorge und das Landheim Salem –, sitzen die beiden Mädchen sichtlich betroffen von alledem, was sie gehört haben, vor ihr . . .

Ins Haus Salem werden immer wieder gefährdete oder gestrauchelte Mädchen zu den Schwestern gebracht, die sich in aufopfernder Liebe dieser oft sehr widerspenstigen jungen Leute annehmen. Sie kommen vielfach bereits aus dem Abgrund eines unsittlichen Lebens und haben keine Ahnung von Ordnung und Zucht. Sie wehren sich oft gegen jede Pflichterfüllung, sind aufsässig und können sich nur schwer einreihen. Oft scheint der Dienst dieser Schwestern erfolglos zu sein. Sie erleben viele Enttäuschungen, aber ebenso dürfen sie erfahren, daß unter ihren Schutzbefohlenen immer wieder solche sind, die das Angebot Jesu annehmen und sich von Grund auf ändern lassen.

Seit Jahren lese ich den Freundesbrief »Gruß aus Salem«. Immer wieder bewundere ich die Ausdauer der dort arbeitenden Schwestern. »Mission an gefährdeten Frauen und Mädchen« nennen sie ihren aufopfernden Dienst, der unendlich viel Geduld und Liebe erfordert, aber auch nicht wenig Selbstüberwindung und Hingabe. Wie oft kommt es vor, daß sie glauben, eine ihrer Schutzbefohlenen habe erfaßt, um was es geht, und sei bereit, die ihnen angebotene Hilfe zu ergreifen. Dann verschwindet plötzlich solch ein Mädchen, taucht unter in Zuhälter- und Verbrecherkreisen, und scheint alles wieder über Bord geworfen zu haben, was ihm nahegelegt worden ist. Die Schwestern aber arbeiten weiter, warten, beten und hoffen. Überglücklich sind sie, wenn eine der verirrten Töchter zurückkehrt ins Haus Salem, ihre Fehlentscheidung einsieht und bereit ist, von vorne anzufangen.

Trotz vieler Enttäuschungen dürfen die Salemschwestern aber auch erleben, daß einige ihrer Schutzbefohlenen bewußt ein neues Leben beginnen und unter dem Einfluß der umgestaltenden Kraft Christi völlig veränderte Menschen werden.

Wenn sie dann nach Jahren mit ihren Ehemännern und Kindern zu Besuch kommen, berichten sie freudig, daß es sich gelohnt habe, auf dem von Gott gewiesenen Weg zu bleiben. Sie nehmen oft teil an den Freizeiten, die in Salem gehalten werden, und kehren so innerlich neu zugerüstet in ihren Alltag zurück.

Die Schwestern aber wissen: Gebraucht zu werden

ist Freude und Erfüllung. Sie arbeiten Jahr um Jahr in großer Treue und handeln nach dem Wort Martin Luther Kings: »Kein Problem wird gelöst, wenn wir träge darauf warten, daß Gott allein sich darum kümmert.« Sie wissen sich in aller Demut als Gottes Mitarbeiter und geben ihre Zeit und Kraft für diese gestrauchelten und gefährdeten Frauen und Mädchen hin.

Ist das nicht eine ausreichende Antwort auf die Frage: Wo gibt es denn solche Christen, die sich im Dienst für andere aufopfern? Die so zweifelnd oder herausfordernd reden, wollen es oftmals nur nicht wahrhaben, daß sie uns immer wieder begegnen – überall dort, wo Menschen wach geworden sind für die Liebe aus Gott, die sie nicht für sich behalten, sondern für andere einsetzen.

Vor mir liegt ein Büchlein, das den Titel trägt: »Mit dem Herzen fing es an.« Auf dem Titelbild sieht man vier junge Männer in sauberer Kleidung mit frischen Gesichtern. Sie blicken alle in eine Richtung, als hätten sie ein bestimmtes Ziel vor sich. Einer von ihnen spielt auf einer Gitarre. Alle machen sie einen frohen, gelösten Eindruck. Es ist anzunehmen, daß diese vier jungen Burschen zu der Schar derer gehören, die in dem Haus Aufnahme fanden, das ein Ehepaar vor einigen Jahren für süchtige Jugendliche eröffnete. In diesem Büchlein wird von dem Gründer des Werkes selbst erzählt, wie er und seine Frau in Gedanken an diese fehlgeleiteten, ziellosen, oft verzweifelten jungen Menschen nicht mehr zur Ruhe kamen. Sie gaben ihre guten beruflichen Möglichkeiten auf und stellten sich für diesen Auftrag Gottes zur Verfügung. Es war in der Tat ein Glaubensschritt, denn sie besaßen keine Mittel, keine Gönner, kein Haus, in dem sie diese Gestrauchelten hätten aufnehmen können. Sie wußten nur eines: Diese jungen Menschen gehen wie Schafe in der Irre. Sie gehen zugrunde, wenn ihnen nicht bald geholfen wird. Das einzige Kapital dieser Eheleute war ihr unerschütterlicher Glaube daran, daß der Gott, der ihnen für diese unbeschreibliche Not unter den Jugendlichen das Herz aufgetan hatte, auch die Mittel geben konnte, sich ihrer anzunehmen. Und so ist in Hessen ein Werk entstanden, das in seiner Art vorbildlich genannt werden kann. Junge Menschen wurden frei von Drogen, Alkohol und anderen Gebundenheiten. Sie haben sich entschlossen, als bewußte Christen ihren Weg zu gehen. Aber auch das andere erlebten die Heimeltern: Die Macht des Bösen, der manche junge Mädchen an sich gekettet hielt, so daß sie nicht bereit waren, den ihnen gewiesenen Weg der Befreiung einzuschlagen. Um dieses Ehepaar hat sich inzwischen eine Schar Helfer gesammelt.

Es ist wirklich spannend, die Entstehungsgeschichte dieses »help centers« zu lesen.

Da die Arbeit vom Staat finanziell nicht gefördert wird – man lehnt diese Hilfe ab, um ein Glaubenswerk zu bleiben –, hat sich ein Freundeskreis gebildet, der durch Fürbitte und Geldspenden die Arbeit unterstützt und fördert.

Beim Lesen des genannten Büchleins wird einem klar, daß diese Menschen nach dem Wort Dostojewskis handeln: »Einen Menschen lieben heißt, ihn so sehen, wie Gott ihn gemeint hat.« Wäre es anders, könnten sie diesen an Leib und Seele kranken jungen Menschen nicht zurechthelfen. In den Berichten, die den Freunden zugeschickt werden, kommt immer wieder zum Ausdruck: »Und wenn es nur einer wäre, dem wir helfen konnten – unser Tun hätte sich gelohnt!«

Einen solchen Dienst an gefährdeten oder gestrauchelten Menschen kann nicht jeder tun. Für diese Aufgabe muß man von Gott berufen sein. Aber ich meine, kein Christ bleibt ohne Aufgabe.

Ich möchte auch noch von der Sozialarbeit der Heilsarmee berichten, die immer mit seelsorgerischem Dienst gekoppelt ist. Ich denke an die Zeit in Wien, als ich selbst in dieser Organisation tätig war. Mit meiner Assistentin hatte ich in einem der Heime, in dem Nacht für Nacht vierhundert Obdachlose aufgenommen wurden, meine Wohnung. Diese Menschen kamen zum Teil in einem unbeschreiblich verkommenen Zustand, zerlumpt und verlaust, die wenigen Habseligkeiten in einem Bündel unter dem Arm tragend. Oft diente ihnen eine Konservenbüchse als Trink- und Eßgerät. Diesen Brüdern der Landstraße gab man nicht nur ein Obdach und etwas zu essen, sondern lud sie auch zur täglichen Hausandacht ein, sprach zu ihnen von Christus, der ihr Leben verändern kann und will.

Ich erinnere mich an die Gefängnismission, in der ich im Auftrag der Heilsarmee tätig war. Ich hatte Gefangene in ihren Zellen zu besuchen, Bibelstunden und Gottesdienste in der Gefängniskirche der Gefangenenanstalten zu halten. Wenn Sie fragen sollten, ob ein solcher Dienst sinnvoll ist und Erfolg bringt, muß ich mit dem Wort des Gründers der Heilsarmee antworten: »Gerettet sein gibt Rettersinn.« William Booth hat nicht nach Erfolg gefragt, als er vor vielen Jahren mit seiner Frau Katharina in die Londoner Slums ging, Obdachlose aufsuchte, die unter Brückenbogen oder in Parkanlagen nächtigten. Nirgends ist in der Bibel das Wort Erfolg zu finden. Aber von Liebe und Barmherzigkeit lesen wir immer wieder. Wer von dieser Liebe Gottes ergriffen worden ist, der kann gar nicht anders, als sich derer anzunehmen, deren Dasein liebeleer ist, die auf der Schattenseite des Lebens dahinvegetieren. Ein solcher Dienst lohnt immer, selbst wenn von sichtbarem Erfolg nicht die Rede sein kann, denn für selbstlose Liebe sind die Menschen immer zugänglich. Die Bibel umschreibt diesen Auftrag so:

»Stärket die müden Hände« (Jesaja 35, 3).

»Richtet wieder auf die müden Knie« (Hebräer 12, 12).

». . . daß ich wisse mit den Müden zu rechter Zeit zu reden« (Jesaja 50, 4).

Gott braucht immer wieder Menschen, die sich um die Müden und Verzagten kümmern. Inmitten unserer übersättigten Gesellschaft gibt es viele, von denen gilt, was in Psalm 6, 7 steht: »Ich bin so müde vom Seufzen« – auch wenn solche Worte nie über ihre Lippen kommen.

In Hamburg auf der Reeperbahn und in St. Pauli, wo sich das berüchtigte Nachtleben abspielt, kann man auch noch um Mitternacht uniformierte Heilsarmeeleute treffen, die sich mit anderen Christen zusammengetan haben und die durch ihre Zeugnisse und Lieder die Menschen daran erinnern, daß Gott sie sucht. Der Erfolg? Es sind nur einzelne, mit denen sie ins Gespräch kommen. Dann und wann folgt einer der Einladung in die Versammlung. Gott sei Dank findet hin und her auch ein verlorener Sohn oder eine in die Irre gegangene Tochter wieder heim – zu Gott, manchmal auch zu den Eltern. Viel Hohn und Spott müssen diese Heilsarmeeleute und die anderen Christen über sich ergehen lassen. Um des Erfolges willen bringen sie diese Opfer nicht – nein, sondern weil sie von der Liebe Christi durchdrungen sind.

Zu ihnen gehören auch die Aidlinger Schwestern, die auf den Jahrmärkten und Volksfesten seit Jahren mit ihren Büchertischen stehen. Inmitten der Buden und Bierzelte bieten sie christliche Literatur an, vor allem Bibeln und Neue Testamente. Unermüdlich werben sie für den, der die Mitte ihres Lebens geworden ist. Sie wissen, daß das, was den Menschen auf diesen »Plätzen der Lust« geboten wird, nicht den Hunger ihrer Seele stillen kann. Das vermag allein Jesus Christus, dessen Liebe und Kraft sie bezeugen.

Es wäre noch viel zu sagen von anderen Gruppen und Bewegungen, die aus innerer Berufung ihren Dienst am Menschen tun. Doch ist es unmöglich, über alle zu berichten. Mir war es ein Anliegen, wenigstens einige beispielhaft zu erwähnen.

Ich möchte aber noch einmal auf den Gedanken eingehen, den ich bereits anklingen ließ: Keiner unter uns Christen bleibt ohne Auftrag. Ich meine, gerade auch der ältere Mensch hat von Gott einen Auftrag, entsprechend seinen Kräften und Möglichkeiten. Wer das nicht erkennt, beginnt zu resignieren und abzustumpfen. Darum gibt es so viele unfrohe, depressive alte Leute. Ich wende mich deshalb an diejenigen, die den Herrschaftsanspruch auf ihr Leben Christus gegeben haben. Denn da, wo er das Leben eines Menschen erfüllt, ist es ihnen ein Anliegen, auch anderen dazu zu verhelfen. Von daher wird das Dasein immer sinnvoller, man lebt zielbewußter. So geht es mir. Im Wissen um dieses Ziel ertrage ich nicht nur die üblichen Alterserscheinungen, sondern bejahe sie auch: das Abnehmen der körperlichen Kräfte, das Loslassen-Müssen liebgewordener Gewohnheiten, das Zurückstehen und anderen den Vortritt lassen, das Einsamer-Werden. Man könnte noch mehr aufzählen. Was soll's? Es geht ja um das Ziel, um das Zubereitet-Werden auf die Ewigkeit bei Gott.

Kürzlich besuchte ich im Krankenhaus eine fast neunzigjährige Frau, die in unserer Nachbarschaft wohnt und schon längere Zeit bettlägerig ist. Als ich ihr Zimmer betrat, erkannte sie mich nicht sogleich. Doch bald streckte sie beide Arme aus und rief voller Freude und Überraschung in ihrer schwäbischen Art: »Oh, mei Nachbarin, mei Nachbarin!«

Als sie durch einen Sturz aus dem Bett mit einem Oberschenkelhalsbruch ins Krankenhaus gebracht wurde, war ich gerade auswärts gewesen und besuchte sie nun zum erstenmal dort.

Im Laufe des Gespräches sagte sie: »Wisset Sie, es wär' mir scho recht g'wese, wenn i uf dr Friedhof komme wär.«

»Der Friedhof ist nicht das Letzte!« erwiderte ich. »Sie wissen doch, es geht nachher weiter. Nur die leere Hülle wird in das Grab gelegt.«

Freudig griff sie meine Worte auf, und als ich ihr einige Lied- und Bibelverse sagte, sprach sie diese in erstaunlicher Frische mit. Darüber hatte ich mich schon immer gefreut, wenn ich sie in ihrer Wohnung besuchte. Längere Zeit war sie im Kirchenchor gewesen. Nun im hohen Alter riefen diese Lieder wertvolle Erinnerungen in ihr wach.

Könnte es nicht auch unsere Aufgabe sein, alten Menschen in unserer Umgebung zu helfen, diese Erinnerungen zu wecken und daraus eine Quelle der Kraft werden zu lassen? Wenn die fast Neunzigjährige mir beim Abschied sagte: »Aber Sie kommet doch bald wieder!«, dann bedeutete mir das auch eine Bestätigung der Wichtigkeit dieser Aufgabe. »Oh, mei Nachbarin!«

Haben wir nicht alle solche Nachbarn, die auf uns warten? Nicht erst, wenn sie hochbetagt sind. Solch ein

Krankenbesuch oder eine andere nachbarliche Hilfe kann zum Gottesdienst werden.

Laß dir ein Gottesdienst die Arbeit sein,
sie wandelt dir die Werkstatt zur Kapelle.
Leg deine Seele in das Werk hinein,
Gott ist der Meister und du sein Geselle.

Wozu bin ich denn noch da?
Niemand braucht mich mehr.
Sinnlos ist mein ganzes Leben.
Am besten wäre es, ich hätte alles bereits hinter mir!

Es ist falsch, sehr gefährlich und auch unrecht, so zu denken. Wir wären nicht mehr auf dieser Erde, hätten wir keine Aufgaben zu erfüllen oder andere an uns. Selbst wenn wir nicht mehr imstande wären, uns tatkräftig einzusetzen, so bleibt uns doch die Möglichkeit, in Fürbitte die Hände zu falten. Allerdings, derjenige, der nie gebetet hat und nichts von der Kraft der Fürbitte weiß, kann damit nichts anfangen.

In der Friedensstraße wohnt ein Lehrerehepaar. Seit drei Jahren ist Herr Specht pensioniert. Manche beneiden ihn. »So schön möchte ich es auch haben!« sagen sie. Ein hübsches Einfamilienhaus, umgeben von einem kleinen, gepflegten Garten. Daß er wie ein Schmuckstück wirkt, dafür sorgt Frau Specht. Ihr Mann bearbeitet mit dem Rasenmäher höchstens die grüne Fläche vor dem Haus oder beschneidet die Rosenbäumchen, wenn es Zeit ist. Er tut das alles mit freudlosem Gesicht, grüßt kaum die Nachbarn und lebt lustlos neben seiner Frau dahin.

Wenn die verheirateten Kinder zu Besuch nach Hause kommen, sind sie bestürzt über die Veränderung, die mit ihrem Vater seit seiner Pensionierung vor sich gegangen ist.

»Was fehlt ihm denn?« fragen sie, wenn sie die Mutter allein sprechen können. »Er hat doch alles, was er braucht – eine ausreichende Pension, ein schönes Heim. Jedes Jahr leistet ihr euch eine schöne Urlaubsreise. Dennoch macht er je länger desto mehr einen unzufriedenen Eindruck.«

»Es wird eigentlich von Tag zu Tag schlimmer mit ihm«, erwidert Frau Specht. »Manchmal fürchte ich direkt um seinen Gemütszustand. Natürlich hat er alles, was er benötigt, ja, mehr noch als das. Viele wären froh, hätten sie es so gut wie wir. Es ist eigenartig: In den beiden letzten Jahren vor seiner Pensionierung konnte er es kaum erwarten, bis es soweit war. Er schwärmte mir vor, was er alles unternehmen wolle, wenn er nicht mehr in den Schuldienst müsse, der ihm je länger desto mehr verhaßt wurde.«

»Verhaßt? Aber Mutter, hat er nicht wiederholt gesagt, es gäbe keinen schöneren Beruf als den eines Lehrers?«

»Das war früher so. Aber mit dem Älterwerden kam er mit den Schülern der höheren Klassen einfach nicht mehr zurecht. Die Frechheit und Arroganz, mit der ihm einige entgegentraten, regten ihn furchtbar auf. Er kam sich ihnen gegenüber machtlos vor. Wie oft sagte er zu Hause voller Empörung: ›Denen gehört eine Tracht Prügel oder zumindest eine kräftige Ohrfeige. Wenn ich ihnen zur Strafe eine Stunde Nachsitzen aufbrumme, verschwinden sie einfach. Unentschuldigt fehlen sie im Unterricht, und trage ich sie ins Klassenbuch ein, so lachen sie mir frech ins Gesicht.‹ – Einmal hat ihm einer seiner Schüler sogar Prügel angedroht. Einer schmuste während der Schulstunde mit seinem Mädchen. Vater fand es unter seiner Würde, sich immer wieder über die Klasse beim Rektor zu beschweren. Er tat es dann gar nicht mehr, als dieser ihm gesagt hatte: ›Herr Kollege, wir alle müssen sehen, wie wir mit den Jugendlichen unserer Zeit fertig werden. Mir geht es nicht viel anders als Ihnen.‹«

»Kein Wunder, daß er seine Pensionierung herbeisehnte«, meint einer der Söhne. »Wie bin ich froh, daß ich davon abgesehen habe, Lehrer zu werden, obgleich Vater es brennend gewünscht hat.«

»Aber warum ist er nun, da er den Schulärger hinter sich hat, so bedrückt?« fragt eine der Töchter.

»Er wird mit der Vergangenheit nicht fertig«, erwidert Frau Specht. »Er hat sich in die Idee verrannt, versagt zu haben.«

»Versagt? Welch ein Unsinn! Das weiß doch jeder, wie schwer es heute die Lehrer haben.«

»Und doch gibt es noch solche, die Autorität genug sind, sich durchzusetzen.«

»Vielleicht haben sie bestimmte Methoden«, meinte die Tochter.

»Vater war nicht mehr jung genug, um sich auf andere Methoden umzustellen.«

»Aber Mutter«, der älteste Sohn wagt es, Frau Specht darauf anzusprechen, »Vater hat sich doch immer Christ genannt. Wie eine feststehende Säule sah ich ihn vor mir, jedem Sturm trotzend, nicht schwankend in seinem Glauben. Müßte ihm sein Gottvertrauen nicht helfen, auch mit der nach seiner Meinung unbewältigten Vergangenheit fertig zu werden?«

Frau Specht antwortet nicht gleich. Tränen treten ihr in die Augen. Dann erwidert sie: »Vielleicht müssen wir ihm Zeit lassen, damit fertig zu werden.«

»Zeit, Mutter? Es sind jetzt drei Jahre, daß er pensioniert ist. Mit seiner Freudlosigkeit macht er dir das Leben schwer.«

»Er will es ja nicht. Ich muß ihn mit besonderer Liebe umgeben.«

»Du bist eine tapfere Frau, Mutter.«

Am Abend dieses Tages besucht Frau Specht wie üblich die Frauenstunde der Kirchengemeinde, die von der Pfarrfrau geleitet wird. Die beiden Frauen sind freundschaftlich miteinander verbunden. Als die Stunde zu Ende ist, hält die Gattin des Pfarrers Frau Specht zurück.

»Sie kommen mir heute besonders bedrückt vor. Geht es Ihnen oder Ihrem Mann nicht gut?«

Frau Specht berichtet von dem Gespräch mit ihren Kindern, die sie besucht haben. »Was kann ich nur tun«, fragt sie, »um meinem Mann wieder zu der alten Fröhlichkeit zu verhelfen, die er früher hatte?«

Die Pfarrfrau antwortet nicht gleich. Dann sagt sie: »Wir müssen es wohl lernen, einander zu tragen und noch mehr zu lieben als in früheren Jahren, wo wir von solchen Belastungen nichts wußten. Üben Sie sich in Geduld, Frau Specht, und breiten Sie Ihren Kummer immer wieder vor Gott aus. Er kann auch für Ihren Mann eine Tür auftun, durch die er eines Tages schreitet und wieder froh wird. Trauen Sie es Gott zu.«

Als Frau Specht sich auf dem Heimweg befindet, fragt sie sich: Was soll das für eine Tür sein, die Gott für meinen Mann und damit auch für mich auftut? Sie prüft sich selbst. Hat sie etwas falsch gemacht? Ist sie nicht imstande, ihrem Mann zur Freude an all dem Schönen und Guten zu verhelfen, das sie jetzt in ihrem Alter noch erleben dürfen? Fast erschrocken stellt sie fest, daß sie selbst nahe daran ist, durch seine Freudlosigkeit ebenfalls den Mut zu verlieren. Noch auf dem Nachhauseweg betet sie in ihrem Herzen: »Öffne für uns beide eine Tür, lieber Vater im Himmel. Laß uns nicht durch Freudlosigkeit undankbar und dadurch schuldig werden!«

Als sie nach Hause kommt, sitzt ihr Mann vor dem Fernsehgerät. Er schaltet es aus, als sie das Zimmer betritt. »Blödes Zeug!« murmelt er und fragt: »Wie war's?« Als seine Frau ihm berichten will, merkt sie, daß er gar nicht mehr hinhört. Von ihrem Gespräch mit der Pfarrfrau erzählt sie ihm nichts.

Obgleich Herr Specht jetzt im Gegensatz zu früher kaum noch ein Bedürfnis verspürt, gemeinsam mit seiner Frau vor dem Einschlafen zu beten, hindert er sie nicht daran, wenn sie es tut. Sie fügt heute ihrem freien Gebet um Bewahrung und eine gute Nacht hinzu: »Herr, tu uns eine Tür auf.« Ihr Mann kann sich nicht enthalten zu fragen: »Was soll das für eine Tür sein? Was meinst du damit?«

Da antwortet sie mit tränenbelegter Stimme: »Damit du wieder froh sein kannst wie früher.«

Wortlos nimmt er sie in seine Arme.

Einige Monate vergehen – es tut sich aber nichts. Herr Specht wird immer schweigsamer und freudloser. Irgendwie scheint in ihm alle Lebenserwartung erloschen zu sein. Lustlos hilft er seiner Frau da und dort ein wenig im Haushalt oder im Garten. Er wird direkt menschenscheu, stellt sie voller Sorge fest. Was soll nur aus ihm werden? Aber sie betet weiter um eine offene Tür. Und eines Tages geschieht etwas, an dem sie erkennt, daß ihr Beten nicht vergeblich war.

Ein früherer Kollege ihres Mannes besucht diesen an seinem Geburtstag. Man sitzt bei Kaffee und Kuchen zusammen, und der Lehrer erzählt von seinen Erlebnissen in der Schule. Wenn er doch nur damit aufhören würde, denkt Frau Specht, die spürt, wie unerträglich das für ihren Mann ist. Zwar äußert er sich nicht, aber sie kennt ihn zu genau, um nicht seine Gedanken lesen zu können. In ihm werden Erinnerungen wachgerufen, und erneut steht vor ihm die ihn immer wieder quälende Selbstanklage: Du hast versagt und bist durch deine Ungeduld, und dein oft unbeherrschtes Wesen an deinen Schülern schuldig geworden! Aber nun ist es zu spät. Nichts mehr kannst du ungeschehen, geschweige denn gutmachen.

Der Kollege merkt von alledem nichts. Er beginnt nun, von seinen augenblicklichen Schwierigkeiten zu reden. Fünfzehn Kinder von Ausländern hat er in den beiden Klassen, in denen er unterrichten muß. So sehr er sich auch bemüht, es gelingt ihm nicht, so auf sie einzugehen, wie er es möchte. Andererseits kann er sich um die anderen Schülern nicht mehr genügend kümmern, weil er auf die jungen Italiener, Türken und Spanier Rücksicht nehmen muß. Irgendwelche Kinder kommen dabei immer zu kurz. Er weiß nicht, wie er es machen soll. Das belastet ihn sehr. »Ich schaffe es beim besten Willen nicht«, klagt der Lehrer. »Das Schlimme ist, daß wir allesamt die Leidtragenden sind, die deutschen Schüler, denen ich mich nicht mehr genügend widmen kann, die armen Ausländer-Kinder, die weder hier bei uns noch in ihrer eigentlichen Heimat zu Hause sind, und als dritter ich, der ich nirgends einen Ausweg sehe.«

»Es müßte sich jemand finden«, schaltet sich nun Frau Specht in das Gespräch ein, »der diese fremden Kinder regelmäßig sammelt, um ihnen mit einem gezielten Nachhilfeunterricht, den sie in der Schulklasse niemals bekommen können, weiterzuhelfen.«

»Das wäre natürlich die beste Lösung!« stimmt ihr der Lehrer zu.

»Aber wer gibt sich dafür her? Die Zeitungen schreiben zwar über dieses Problem mit den Ausländerkindern in den Schulen, aber das ist vielfach auch alles. Doch wie komme ich dazu, Sie mit diesen Schwierigkeiten zu belasten?« Er erhebt sich. »Lange genug habe ich mich bei Ihnen aufgehalten. Es war so gemütlich bei Ihnen.«

Herr Specht hat sich zu dem letzten Thema mit keinem Wort geäußert. Auch nachher sprechen die Eheleute nicht darüber. Aber am Abend, bevor sie wieder die Hände zum Gebet falten, meint Frau Specht: »Ist dir bei unserem Gespräch heute nachmittag nicht der Gedanke gekommen, daß Gott dir dort eine Tür geöffnet haben könnte?«

Herr Specht weiß sofort, was sie meint. Aber er antwortet nicht gleich. Schließlich sagt er: »Natürlich war es mir klar, in welche Richtung deine Gedanken gingen. Aber wie stellst du dir das vor? Die ganze Nachbarschaft wird der Überzeugung sein, ich bin verrückt, nachdem sie alle wissen, wie sehr ich meine Pensionierung herbeisehnte.«

»Ist die Nachbarschaft maßgebend? Und wenn Gott nun wirklich unser Gebet erhört und dir eine Tür aufgetan hat?«

Wenige Wochen später kommen die ersten Ausländerkinder zu Spechts. Im Garten steht ein Häuschen, in dem deren Kinder viel gespielt haben, als sie noch zur Schule gingen. Es ist geräumig und hell, versehen mit einem großen Tisch und einer Eckbank. Überzählige alte, aber noch brauchbare Stühle stehen im Schuppen. Zehn, zwölf Kinder können hier gut untergebracht werden.

»Und im Winter kommst du mit ihnen in unser Eßzimmer«, sagt Frau Specht ermunternd zu ihrem Mann. Sie sieht, wie ihn die neue Aufgabe belebt.

»In unser Eßzimmer?« fragt er ungläubig. »Und deine Fußböden?« Er weiß, sie sind ihr ganzer Stolz.

Aber Frau Specht findet auch hier einen Ausweg. »Die Kinder können ihre Schuhe im Hausflur ausziehen. Ich stricke für sie alle Patscherl, solche, wie wir sie in Budapest kennengelernt haben, mit aufgenähten Filzsohlen. Die tragen sie nur, wenn sie zu uns zum Nachhilfeunterricht kommen.«

Da sitzen sie nun im Gartenhaus, die dunkelhaarigen Kinder – Guido, Marietta, Franko und wie sie alle heißen. Voller Erwartung sind ihre Augen auf den alten Lehrer gerichtet, der mit ihnen beginnt, als seien sie ABC-Schützen. Mit großem Eifer machen sie sich ans Werk. Über das seit langem so ernste Gesicht des Herrn Specht zieht ein belustigtes Lächeln, als einer der Jungen nach ein paar Tagen bereits feststellt: »Du besser als Lehrer in Schule!«

Natürlich ist das alles der Nachbarschaft nicht verborgen geblieben. Eines Tages bleibt ein Ehepaar an ihrem Gartenzaun stehen und fragt: »Frau Specht, was sind denn das für Kinder, die zwei- oder dreimal in der Woche zu Ihrem Mann ins Gartenhaus kommen? Wir nehmen an, daß er sie unterrichtet. Es würde uns interessieren, wer sie zu Ihnen schickt? Ist es eine bestimmte Organisation, die sich um die Kinder von Ausländern kümmert?«

»Ja«, erwidert Frau Specht, »es sind die Kinder der offenen Tür.«

»Ah so«, stellt der Mann fest. »Ich meine, davon unlängst in der Zeitung gelesen zu haben. Eine gute Sache!«

Frau Specht läßt ihn bei diesem Glauben und erzählt ihrem Mann schmunzelnd davon. Auch über Herrn Spechts Gesicht zieht ein froher Schein. Seine Frau stellt es beglückt fest. Wie lange hat sie ihn nicht mehr gelöst und heiter gesehen.

»Die Kinder der offenen Tür!« wiederholt ihr Mann und meint: »Eigentlich sollte man die Eltern dieser Kinder auch einmal aufsuchen, um zu sehen, wo und wie sie leben.«

Frau Specht greift diesen Gedanken sofort auf. »Ja, du hast recht. Wir wollen die Eltern besuchen und mit ihnen Kontakt aufnehmen. Das wird deinem Nachhilfeunterricht nur förderlich sein.«

In ihrem Innern denkt sie: Mein Mann braucht eine Selbstbestätigung, wir alle brauchen sie. Vielleicht tut sich auch dort eine Tür auf, wenn wir die Eltern dieser Kinder aufsuchen. Eine Tür von Gott.

Offene Türen, Gelegenheiten, Selbstbestätigung – aber noch mehr als das: Wenn wir erkennen, daß Gott für uns einen Auftrag hat, ist das Leben wieder sinnvoll und noch lebenswert.

Herr und Frau Barken waren erst kürzlich in ein Altersheim übergesiedelt. Bereits nach wenigen Wochen bekamen sie Besuch von Freunden. Die üblichen Fragen wurden gestellt: »Wie gefällt es euch hier? Habt ihr euch schon ein wenig eingelebt?«

»Die Wohnung hier ist zwar viel kleiner als unsere frühere«, antwortete Herr Barken, »aber das wußten wir ja – auch, daß wir einen Teil unserer Möbel weggeben mußten. Das ist uns nicht ganz leicht gefallen. Aber die Umgebung ist hier wunderschön. Ihr seht ja, rings herum viel Wald, und in die Stadt kommen wir auch rasch. Es gibt einen guten Autobusverkehr. Auch das Gemeinschaftsessen ist gut. Natürlich, ganz so wie zu Hause schmeckt es nicht, aber auch daran gewöhnt man sich. Nur die Langeweile! Man sitzt den ganzen

Tag herum und schlägt gewissermaßen die Zeit tot. Immer lesen kann man nicht.«

»Auch stricken kann ich nur eine Zeitlang am Tag«, fügte Frau Barken hinzu. »Spazierengehen mag man auch nicht stundenlang. Das hängt ja auch vom Wetter ab. Da bleibt einem eben viel Zeit, und man kommt in's Grübeln und fragt sich, wozu man eigentlich noch auf der Welt ist.«

Frau Meier war mit ihrem Mann auch in das Altersheim gekommen. Sie stellte Ähnliches fest wie Barkens, aber sie weigerte sich mit allen Kräften, zu resignieren und unausgefüllte Stunden zu haben. Noch war sie kein Pflegefall, außerdem geistig rege. Deshalb wollte sie aus ihrem Hiersein das Beste machen.

Sie ging in die Pflegeabteilung und fragte die Stationsschwester: »Sind unter Ihren Pflegebedürftigen solche, die sich dann und wann über einen Besuch freuen würden? Gibt es auch einige, die es gerne hätten, wenn ich ihnen etwas vorlese? Nichts Schweres, was sich nicht mehr verkraften können, irgendeine kleine, unterhaltende Geschichte oder ein Lied oder ein Bibelwort, etwas Ermutigendes.«

»Aber natürlich!« erwiderte die Schwester freudig. »Sie würden uns damit sogar einen großen Dienst erweisen.«

Frau Meier kam von da an regelmäßig ins Pflegeheim, kümmerte sich besonders um solche, die keinen Besuch erhielten, und war im »Freude machen« erfinderisch. Ein selbstgepflücktes Sträußchen Schlüsselblumen im Frühjahr, einen Wiesenstrauß im Sommer – nie kam sie mit leeren Händen. Eines Tages hörte eine ältere Frau von ihrem Dienst im Pflegeheim.

»Können Sie nicht auch bei uns im Altersheim einmal in der Woche im Aufenthaltsraum eine Lesestunde halten?« fragte sie. »Einige sehen nicht mehr so gut. Ich denke auch an drei Blinde in unserem Altenzentrum.«

Bald hielt Frau Meier regelmäßige Leseabende, die von der Heimleitung freudig begrüßt wurden. Nicht weniger auch von den Heiminsassen, die sich von einer Zusammenkunft auf die andere freuten. Frau Meier suchte dafür passende Literatur aus, die meist Anregung zu interessanten Gesprächen wurde.

Zwei »Fälle« in einem Altersheim – beide in der gleichen Situation. Das Ehepaar Barken resignierte, obwohl es sich dem Positiven ihrer neuen Umgebung nicht verschloß. Aber das Negative, die unausgefüllten Stunden, die Langeweile und anderes mehr sind für beide vordergründig. Frau Meier, die auch um Umstellungsschwierigkeiten weiß, um Verlust und Verzichtenmüssen, läßt sich die offenen Türen zeigen, blickt mit sehenden Augen um sich, und findet genügend Gelegenheiten, sich um andere zu kümmern.

Eine der wichtigen Lektionen, die wir Älteren lernen müssen, ist die, uns selbst nicht so wichtig zu nehmen und nicht immer mit früher zu vergleichen. Wie war doch früher alles so ganz anders! Wie ging es mir doch viel besser! Wie einsam bin ich im Gegensatz zu früher geworden!

So zu denken ist geradzu gefährlich. Wir leben nun einmal in einer neuen Zeitepoche und sollten unbedingt versuchen, daraus das Beste zu machen.

Von »Tante Zimmy« will ich noch erzählen. So wird sie von den Kindern ihrer Freunde genannt. Tante Zimmy hat nie eigene Kinder gehabt. Sie war nie verheiratet, obwohl sie dazu Gelegenheit hatte. Sie sah es als ihre Aufgabe an, als einzige Tochter für ihre alten Eltern da zu sein. Als beide tot waren, rechnete sie nicht mehr damit, sich zu verehelichen – es sei denn, es würde noch der »Richtige« kommen. Tante Zimmy hatte im engen Verwandtenkreis erlebt, daß auch ältere Leute noch eine glückliche Ehe eingehen können. Aber darüber macht sie sich keine Gedanken. Sie genießt vielmehr ihren Ruhestand in vollen Zügen.

Als sie unlängst jemand fragte: »Ist es Ihnen nicht schrecklich langweilig, nachdem Ihre Eltern gestorben und Sie auch nicht mehr berufstätig sind?«

Da begehrte Tante Zimmy fast auf: »Langweilig? Na hören Sie mal. Mir reicht der Tag fast nicht aus für alles, was ich zu tun habe.«

Tante Zimmy wird siebzig Jahre alt, aber ihr Herz ist das eines jungen Menschen, wenngleich ihr das organische Herz schon manchmal zu schaffen macht. Da wohnt in der Nachbarschaft ein altes Ehepaar. Es sind Flüchtlinge. Sie bleiben es auch für die Nachbarschaft, obwohl sie schon seit Ende des Krieges hier wohnen. Tante Zimmy ist einmal an ihrem Gärtchen vorbeigegangen, hat sie freundlich gegrüßt und ein Gespräch begonnen. Seitdem besucht sie sie regelmäßig. Ist sie einmal vierzehn Tage nicht dort gewesen, fragen schon die beiden Alten: »Wo bleiben Sie so lange?«

Da ist im Nebenhaus ein Mann gestorben. Seine Frau leidet sehr unter diesem Verlust. Ihre Ehe war selten glücklich. Jeden Tag geht sie ans Grab. Tante Zimmy besucht auch diese Frau und trägt durch ihre Fröhlichkeit Licht in ihr Alleinsein. Sie begleitet sie immer wieder auf den Friedhof, lädt die Witwe zu sich in ihre hübsche, kleine Wohnung ein und bemüht sich, die einsam gewordene Frau zu trösten und zu erfreuen.

Alle kleinen Kinder in der Nachbarschaft lieben Tante Zimmy. Sogar die Hunde im Haus und in der nächsten Umgebung freuen sich, wenn sie Tante Zimmy sehen und springen vor Freude an ihr hoch.

Sie lebt ganz für sich allein, aber in einer großen Selbstverständlichkeit doch für andere. Darum ist es nicht übertrieben, wenn sie sagt: »Mir reicht der Tag nicht aus, um alle Aufgaben zu erfüllen, die auf mich zukommen.«

Sie genießt ihren Ruhestand, der ihr Zeit gibt, sich um andere zu kümmern.

Ich sehe vor mir noch den kleinen Fünfjährigen, der seinem Großvater mit dem Ausruf um den Hals fiel: »Opa, du bist ein Frohmacher!«

In diesen Tagen las ich wieder einmal einiges über Charlotte Petersen und ihre einzigartige Hilfsaktion für Spätopfer eines Konzentrationslagers. Seit zwanzig Jahren setzt sie sich für Hunderte von Juden ein, die aus Konzentrationslagern (zumeist in Rumänien) noch mit dem Leben davonkamen, aber bis zum heutigen Tag an schweren Krankheiten leiden. Sie sind besonders anfällig für Tbc und verlieren zum Teil ihre Seh- und Hörfähigkeit. Die Ursache dieser schrecklichen Krankheitserscheinungen liegt in der Ernährung jener Zeit in den Lagern. Monatelang, ja, Jahre bekamen die Insassen fast ausschließlich Kichererbsen, die in den Mittelmeerländern als Viehfutter angebaut werden. Lathyrismus nennt man die daraus entstehende Krankheit.

Noch heute leben solche, die als Kinder in den Konzentrationslagern waren, und den Lathyrismustod vor sich sehen. Seit zwanzig Jahren setzt sich Frau Charlotte Petersen für die Opfer jener grauenvollen Zeit ein. Sie fliegt von Zeit zu Zeit nach Israel, wo die meisten dieser Bedauernswerten leben, um zu helfen. Sie hat eine Organisation ins Leben gerufen, die sich dieser Menschen annimmt, die von keiner Seite Unterstützung empfangen, weil sich niemand für sie verantwortlich fühlt.

Ich empfinde Hochachtung vor dieser Frau und bin voller Bewunderung für das, was sie seit Jahren in selbstloser Weise leistet. Wiederum kann so etwas nicht jeder tun. Aber eines können wir alle, nämlich »Frohmacher sein. Achten wir das nicht gering. In einer Zeit wie der unseren, in der es trotz des Wohlstandes so viele unfrohe, ja, tief unglückliche Menschen gibt, müßte es uns doch geradezu locken, »Frohmacher« genannt zu werden und auch zu sein. Haben wir als Christen nicht die beste Möglichkeit, ja, sogar den Auftrag, Freude zu verbreiten? Wieder meine ich den Einwand zu hören: »Freude? Ich bin doch selbst längst nicht mehr von Herzen froh!«

Haben wir den Schlüssel zur Freude verloren? Oder haben wir ihn noch nie besessen?

Freude hat nur der, dessen Herz voller Friede ist. Friede und Freude gehören zusammen. Ohne Frieden mit Gott und mit Menschen werden wir nie wahrhaft froh sein. Unsere Zukunft wird erst klar, wenn unsere Vergangenheit geklärt und geordnet ist.

Als der verlorene Sohn, von dem in diesem Buch bereits die Rede war, heimkehrte, feierte der überglückliche Vater mit ihm und allen Hausgenossen ein Freudenfest. Er sagte: »Dieser mein Sohn war tot und ist wieder lebendig geworden.« Ist es nicht eigenartig, er sagt nicht: »Mein Sohn war verschollen, von zu Hause fortgelaufen und lebte unglücklich in der Fremde.« Nein, er sagt: »Er war tot und ist wieder lebendig geworden.« In der Gottesferne leben ist gleichbedeutend mit Tod. Ich aber meine das Leben! Durch Christus zu Gott hinfinden heißt, zum ewigen Leben durchdringen und damit auch zur wahren Freude.

»Laßt uns fröhlich sein!« ruft der Vater des heimgekehrten Sohnes seinen Hausgenossen zu. Er kann die

Freude nicht für sich behalten. Er muß sie mit anderen teilen. So ist es auch, wenn ein Mensch zum lebendigen Glauben, zum sieghaften Glauben durchgedrungen ist. Er muß diese Freude einfach weitergeben! Er kann nicht anders. Das geschieht nicht, indem er dauernd von dem spricht, was er mit Gott erlebt hat. Sicher ist es auch notwendig, es anderen gegenüber klar und freimütig zu bekennen. Aber so etwas wird man nie gewaltsam herbeiführen, sondern auf eine gebotene Gelegenheit warten. Aber die Freude, die ihn bewegt, die kann und soll er weitergeben und Liebe üben, so wie Tante Zimmy und viele andere es in selbstverständlicher Weise tun.

Ein Mensch der Freude wird auch ein Mensch des Dankens. In einem Altersheim las ich einmal folgenden Wandspruch: »Wenn ich Gott wollte Dank für alle Liebe sagen, ich fände gar nicht Zeit, noch über Last zu klagen.«

Es gibt eine Legende, die erzählt, daß sich die Vögel nach ihrer Erschaffung bei Gott über die Bündel beklagt hätten, die sie auf dem Rücken tragen mußten, bis sie eines Tages entdeckten, daß die Bündel, die ihnen so beschwerlich schienen, nichts anderes waren als ihre Flügel, mit denen sie sich empor in die Lüfte schwingen konnten.

Sollten wir uns nicht bemühen, die uns auferlegten Lasten auch einmal von dieser Sicht zu sehen? Manche Lasten haben uns zu Gott geführt, Flügel, mit denen wir uns emporschwingen konnten. Wir brauchten diese »Bündel«, um zu erkennen, daß Gott uns liebt.

Wer das erkennt, dessen Blick wird wieder frei für die kleinen Freuden des Alltags und unserer schönen Welt.

Als ich im vergangenen Jahr aus dem Krankenhaus kam und mit meinem Mann einige Ferientage in Tirol verbrachte, kam es mir vor, als würde ich die Schönheit der Bergwelt zum erstenmal sehen. Wir waren vorher schon oft in der Schweiz gewesen, die ich ganz besonders liebe. Sie ist mir zur Heimat geworden. Etliche Jahre meines Lebens habe ich in der Schweiz zugebracht. Ich ging dort zur Schule und habe viele gute Freunde in diesem Land. Mein Mann und ich haben uns in einem lieblichen Ort am Brienzersee verlobt und auch unsere Hochzeitsreise dorthin gemacht. Das Berner Oberland mit seinen gewaltigen Bergen Jungfrau, Mönch und Eiger ist mir besonders lieb. Als mein Mann meinte, wir sollten nach meiner Erkrankung davon absehen, weite Autofahrten zu unternehmen, mußte ich meine Enttäuschung darüber erst überwinden. Es ist ja oft so, daß wir Menschen uns manchmal törichterweise an irgend etwas klammern, von dem wir uns nicht trennen möchten, obwohl Gott uns etwas viel Schöneres zugedacht hat. So empfand ich es, als wir in das uns viel näher gelegene Tannheimer Tal nach Tirol fuhren.

Mein Herz war von der Naturschönheit so beglückt, daß ich mich schämte, dem Vergangenen zuerst nachgetrauert zu haben und nicht gleich offen gewesen zu sein für das neue Geschenk, das Gottes Güte mir zukommen lassen wollte. Doch dann riß mich die Freude mit sich fort.

In jenen Tagen entstand ein Lied, dessen Text und Melodie mir auf unseren Fahrten mit dem Auto fast zuflogen:

Berge, Täler, grüne Matten,
Bächlein, Flüsse, blaue Seen –
wechselnd Bild von Licht und Schatten,
großer Gott, wie ist doch deine Welt so schön.

Blauer Himmel, junger Morgen,
Sonnenschein auf lichten Höhn.
Ich vergesse meine Sorgen,
will nur dankbar Gottes Güte sehn.

Naht sich auch der Alltag wieder
und der Pflichten steter Kreis,
ich sing' dennoch meine Lieder,
weil von Gottes Vaterhuld ich weiß.

»Ich sing' dennoch meine Lieder.« Das Dennoch im Alltag, während einer Krankheit und bei allem Unverstandensein, das Dennoch in der Einsamkeit schafft der frohmachende Glaube. Singende Menschen sind frohe Menschen, also »Frohmacher«. Singen ist davon unabhängig, ob wir musikalisch sind oder nicht. Im Alter läßt ohnehin auch die beste Singstimme nach. Aber unser Herz kann singen, und mit ihm gehen wir auf den anderen zu.

K. Christansen sagt: »Mit dem Herzen suchen, heißt Brücken bauen zu anderen Menschen. Die Brücke heißt Liebe.« Wer so lebt, hat die Möglichkeit, die Welt zu verwandeln. Gewiß, wir haben keinen Einfluß auf das große Weltgeschehen im Völkerleben oder auf dem Gebiet der Politik. Wir können nicht die wirtschaftliche Lage ändern noch verschiedene religiöse Strömungen unserer Zeit steuern, aber wenn jeder in seinem kleinen Lebenskreis Liebe übt, gütig ist und Verständnis für den anderen hat, kann unsere Welt um einiges schöner werden. Das ist der Auftrag, den Gott uns gegeben hat.

Ganz wesentlich gehört dazu das Gebet. Wie recht hat Basilea Schlink, die Mutter der Marienschwestern in Darmstadt, wenn sie sagt: »Das Gebet ist eine Möglichkeit sondergleichen: Durch das Gebet können wir alles verwandeln: Menschen, Dinge, Nöte, Verhältnisse. Das Gebet hat eine unendliche Kraft.« Der in der Gottesferne lebende Mensch hat dazu keinen Zugang, denn er vernimmt nichts vom Wirken des Geistes Gottes. So sagt schon die Heilige Schrift. Ich kann mir mein Leben ohne Gebet, ohne Fürbitte nicht vorstellen. Unzählige machen die gleiche Erfahrung. Manche Geschehnisse unserer Zeit, die uns mit Furcht und Zittern erfüllen könnten, wären nicht zu ertragen, ohne die Verbindung mit Gott und ohne das Wissen, daß er das letzte Wort haben wird.

Ein bekannter Staatsmann nannte unlängst die kaum zu fassenden Ereignisse unserer Tage »Stationen auf dem Wege zur Hölle!« Gibt das nicht zu denken? Ein anderer schrieb in einem Zeitungsartikel: »Welch ein Satanswahn beherrscht doch vielfach die Menschen von heute!« Muß man nicht unwillkürlich vor solchen Aussprüchen erschrecken, und bringen sie uns nicht zum ernsten Nachdenken oder gar zum Verzweifeln? Nein, zum Verzweifeln nicht; denn wir wissen, daß Gottes Macht die stärkste ist, obgleich sich scheinbar die Macht der Finsternis durchsetzt. Wir halten dennoch an dem sieghaften Glauben fest, der die Welt überwindet.

Christen wissen um ein ewiges Ziel, dem sie bewußt entgegengehen. Es ist sinnlos, vor der Tatsache die Augen verschließen zu wollen, daß die Wegstrecke, die vor uns liegt, immer kürzer wird. Professor Köberle schreibt in »Personale und universale Hoffnung im Gespräch der Gegenwart«: »Es muß jeder seinen eigenen Tod sterben, und darum muß jeder wissen, wessen er sich in der letzten Stunde getrösten will.«

Wir leben anders, wenn wir wissen, daß das Tor zum Jenseits bereits offensteht. Albrecht Bengel hat dazu gesagt: »Wenn die Tür zur Ewigkeit sich öffnet und einer aus unserer Mitte hindurchgeht, so weht allen, die zurückbleiben, ein Lüftlein an, das sie dieses Weges vergewissern soll.«

In der Einführung zu diesem Buch schrieb ich, daß ich versuchen will, auf die Fragen einzugehen: Wo kommst du her? Wo gehst du hin? Ich hoffe, daß es allen Lesern klar geworden ist: Wir sind von Gott ausgegangen und kehren zu ihm zurück. Darum ist es von größter Wichtigkeit, was wir aus unserem Leben machen, wie wir es gestalten, was wir einmal vorzuweisen haben, wenn wir darüber Rechenschaft geben müssen.

Schreckt uns vielleicht der Gedanke an das bereits offene Tor, dem wir mit jedem Tag, mit jedem Gedanken und jedem Atemzug näherkommen? Es ist nur allzu verständlich, wenn uns Gedanken bewegen, die denen gleichen, die ich an einem Sylvesterabend vor einigen Jahren niederschrieb. In veränderter Form möchte ich sie hier wiedergeben im Blick auf das, was uns vielleicht bewegt oder auch erschreckt, wenn wir an unseren Lebensabend, an den Übergang vom Diesseits zum Jenseits denken.

O Gott, nun neigt das Leben sich zu Ende.
Wo ist die Zeit geblieben? Meine Hände,
die wollten noch so vieles halten;
sie wollten sich viel öfter falten –
sie wollten Gutes tun und Gaben spenden,
sie wollten viel mehr helfen, Trauer wenden
in Freude, und dem Nächsten seine Last mittragen.
Nun ist die Zeit dahin. Wie manch Versagen
liegt doch in der Vergangenheit!
Könnt ich es nur, wie gern wär ich bereit
zu fangen ganz von vorne an.
O Gott, ich weiß, daß ich es niemals kann.
Ach, daß ich nicht gewissenhafter war!

Ach, daß ich nicht mehr Liebe übte
und ungewollt vielleicht manch Herz betrübte.
Ach, daß den Sinn der Stille ich so wenig hab erkannt
und oft den Weg zum anderen nicht fand,
der auf mich wartete, und dem ein gutes Wort
vielleicht schon Trost bedeutet hätte!
O Gott, so ging die Zeit dahin.
Was alles hatte ich mir vorgenommen! Und nun?
Ist's nicht, als ständ mit leeren Händen ich vor dir?
Darf ich denn trotzdem wieder zu dir kommen,
zu dir, des Auge jeden Winkel
meines Seins durchdringt?
O Gott, wie soll vor dir ich so bestehn?
Ich werde still. Ich höre dich. Du sprichst: Mein Kind,
trotz allem darfst du glauben und darfst hoffen.
Es steht für dich das Tor der Heimat offen,
seit Christus mit dem Vater dich versöhnt.
Nimm diese Tatsache im Glauben an und sei gewiß,
er will und kann in deinem Leben
alles noch zum Besten wenden.
Vertrau dich seinen Händen.

Manch einem alten, aber auch jungen Menschen ist im Angesicht der Ewigkeit und des bereits offenstehenden Tores in die andere Welt der Gedanke aufgestiegen und zur peinigenden Angst geworden: Nun habe ich keine Zeit mehr. Nun kann ich nicht mehr gutmachen, was ich verkehrt getan habe, kann nichts Versäumtes mehr nachholen! Dazu sagt die Bibel: Nicht du mußt oder kannst es gutmachen. Das ist bereits geschehen durch Jesus Christus, der deine Schuld gesühnt hat. Wer das glauben kann und in diesem Glauben Christus als seinen Herrn annimmt, der wird nicht nur selbst froh, sondern auch für andere ein »Frohmacher«, ein Freudenbringer. Dem ist es ein Anliegen, das weiterzugeben, was Christus gesagt hat: »In der Welt habt ihr Angst« – Angst vor so manchem, was über uns hereinbrechen könnte, auch Angst vor dem Tod – »aber seid getrost, ich habe die Welt überwunden.«

Sehen wir uns noch einmal gemeinsam das Titelbild dieses Buches an: das offene Tor. Steigt da nicht unwillkürlich in uns eine Sehnsucht auf nach dem, was dahinter liegt? Weht uns nicht ein Lüftlein von Friede und Freude an, wenn wir vor diesem Bild still werden?

»Ergreife das ewige Leben, wozu du berufen bist« (1. Timotheus 6, 12). Das Tor steht offen. Der Weg aus dieser Welt in die jenseitige ist frei.